CONSTANTIN MAGNIS

GEFALLENE RITTER

Malteserorden und Vatikan – Der Machtkampf
zwischen zwei der ältesten Institutionen der Welt

Harper
Collins

HarperCollins®

1. Auflage: November 2020
Originalausgabe

Umschlaggestaltung: Hafen Werbeagentur, Hamburg
Umschlagabbildung: picture alliance / ZUMA Press / Evandro Inetti,
Bridgeman Images, Sk_Advance studio / shutterstock
Satz: GGP Media GmbH, Pößneck
Printed in Germany
Dieses Buch wurde auf FSC®-zertifiziertem Papier gedruckt.
ISBN 978-3-95967-368-6

www.harpercollins.de

Für Veilchen, Detti und Rudi

Inhalt

Ritter, gestrandet

Als mein Vater starb, es war Frühling, wurde er bei uns in der Kapelle aufgebahrt. Meine Mutter und wir Kinder gingen vor der Beerdigung noch einmal hinein, und da standen um den Sarg meines Vaters herum lauter Ritter in dunklen Umhängen. In meiner Erinnerung waren es vier auf jeder Seite, den Rücken zum Altar, die Gesichter versteinert und unverwandt nach vorne gerichtet, zu uns, die wir in der Bank knieten und weinten.

Ich habe meinen Vater geliebt und verehrt. Dass Ritter in wallenden Roben für ihn aufmarschieren und Spalier um seinen Sarg stehen, kam mir deshalb vollkommen normal und angemessen vor. Ich hätte mich damals auch nicht gewundert, wenn Natogeneräle, die Ministerpräsidenten oder Kurienkardinäle die Ehrenwache gestellt hätten.

Abgesehen davon kannte ich die Männer, die meinen toten Vater da bewachten. Es waren alle Freunde oder Verwandte meiner Eltern. Und ich wusste ja, dass mein Vater Mitglied beim Malteser-Ritterorden gewesen war. Nach seinem Tod hatten wir festgestellt, dass er sich in insgesamt über fünfzig Clubs, Orden, Kreisen oder sonstigen Vereinigungen engagiert hatte, die oft sonderbare Namen wie »Mars und Merkur« oder »Hausritterorden vom Heiligen Georg« trugen. Unter all diesen Vereinen waren mir die Malteser wahrscheinlich am vertrautesten.

Nicht nur meine Eltern, sondern auch die Mehrheit meiner Onkel und Tanten waren im Malteserorden. Meine Großeltern waren es gewesen, mein Urgroßvater, mein Ururgroßvater und dessen Vater, meine Familie ist im Orden vertreten mindestens seit dem 18. Jahrhundert. Für meinen Großvater war er so wichtig, dass er das achtspitzige Malteserkreuz in den buntsandsteinernen Altar unserer Kapelle hat meißeln lassen. Als er starb, ließ man, genau wie später bei meinem Vater, das Ordensemblem oben auf die Todesanzeige drucken. Dieses Kreuz begriff ich deshalb immer auch als so eine Art Familienlogo, und der Malteserorden war für mich sowieso vor allem ein Verwandtschaftsclub, der gelegentlich auch etwas Gutes tat. Mein Vater zum Beispiel leitete einen Pilgerzug, der jährlich mit kranken und behinderten Menschen ins französische Lourdes fuhr. Vor der Teilnahme hatte ich mich bis dahin immer erfolgreich gedrückt.

Als Erwachsener wurde ich dann schließlich selbst gefragt, ob ich Mitglied werden wolle. »Ein Magnis muss eigentlich Malteser werden«, sagte meine Tante und senkte beim Aussprechen des Familiennamens bedeutungsvoll ihre Stimme. Ich soll mich nicht so anstellen, sagte ein Freund meiner Eltern. Er und mein Vater seien damals gar nicht gefragt worden, ihre Väter hätten ihnen die Mitgliedschaft einfach zum achtzehnten Geburtstag geschenkt. Beides hat mich nicht restlos davon überzeugen können, Mitglied in einem religiösen Orden werden zu müssen, und ich bin es auch bis heute nicht geworden.

Trotzdem habe ich seitdem nie aufgehört, den Orden und seine Projekte zu umkreisen. Ein Freund überredete mich schließlich dazu, als Pfleger mit nach Lourdes zu fahren. Dann flog ich mit den Maltesern in den Libanon und später auch nach Jordanien, machte Ferien mit Kranken aus dortigen Heimen. Ich machte die Zeitung für ein internationales Behindertencamp des Ordens. Zu jedem dieser Projekte musste ich gedrängt und überredet werden. Überraschenderweise war es im Nachhinein immer eine berührende und extrem beglückende Erfahrung, sich für kurze Zeit vorbehaltlos in den Dienst anderer zu stellen.

Erst Jahre später, als Journalist, wurde mir klar, dass ich es auch sonst mit einem ganz interessanten Verein zu tun hatte. Dass der Malteserorden nicht nur religiöser Orden und kulturelles Refugium des katholischen europäischen Adels ist, sondern auch souveränes Völkerrechtssubjekt, mit eigenem Staatsgebiet, eigenen Pässen, eigener Währung, eigenen Autokennzeichen und einem ständigen Sitz bei den Vereinten Nationen. Dass er im Jahr rund 1,5 Milliarden Euro umsetzt, mit Hilfsprojekten in über 120 Ländern aktiv ist, diplomatische Beziehungen zu mehr als hundert Staaten pflegt. Und dass der Malteserorden mit seiner fast tausendjährigen Geschichte nach der katholischen Kirche die älteste noch existierende souveräne Institution der westlichen Christenheit ist.

Als jemand mit Hang zur epischen Erzählung hat mich allerdings nichts von alldem so sehr fasziniert wie die Tatsache, dass die Malteser offenbar das Äquivalent zu dem hatten, was in »Star Wars« der »Imperator« auf dem »Todesstern« war: ein »Großmeister«, der den Orden aus dem sogenannten Magistralpalast in Rom heraus regiert. Einen auf Lebenszeit gewählten, konstitutionellen Monarchen, ein Staatsoberhaupt mit dem kirchlichen Rang eines Kardinals und dem weltlichen Status des letzten Fürsten des untergegangenen Heiligen Römischen Reiches Deutscher Nation. Diesen Mann, beschloss ich, musste ich treffen, um eine Geschichte über ihn zu machen. Schon allein, um seinen Berufstitel in die Unterzeile schreiben zu können.

Als ich im Frühjahr 2008 mit der Anbahnung des Interviews begann, war der 78. Großmeister der Malteser, ein Brite namens Andrew Bertie, gerade gestorben. Als Nachfolger hatte man seinen Landsmann Matthew Festing gewählt. Die deutsche Ordensführung wies mich an, Festing als »Your Highness« anzuschreiben, und leitete meine untertänige Anfrage weiter.

Ich kann mich nicht erinnern, als Journalist je so lange auf die Zusage für ein Interview gewartet zu haben. Aber nach einem Jahr kam sie schließlich:

Von: XXXXXXXXXXXXXXXXXXXXXXXXXXX
Betreff: R: R: R: Interview for Cicero
Datum: 2. März 2009 um 13:14:48 MEZ
An: XXXXXXXXXXXXXXX

Dear Mr. Magnis,
His Most Eminent Highness the Prince and Grand Master will be very glad to meet you on Tuesday 10 March at 10:30 at the Magistral Palace, Via Condotti, 68.
Sincerely yours,
XXXXXXXXX

Der Palazzo des Großmeisters an der Piazza di Spagna in der Altstadt von Rom liegt in einer der prachtvollsten Steinlandschaften Europas. In direkter Nachbarschaft stehen die Paläste großer römischer Familien wie der Borghese oder der Torlonia, gegenüber erheben sich die Kirche Trinità dei Monti und die Spanische Treppe, von der sich unaufhörlich Menschen auf die Via Condotti ergießen, Japaner mit Selfiesticks, vollverschleierte Damen mit Guccitasche, fabelhaft aussehende Männer im Maßanzug und zu weit aufgeknöpftem Hemd. Auf Roms teuerster Einkaufsmeile duftet es nach den Raumparfums der Flagshipstores, der Straßensound ist das wohlig aufgeregte, kollektive Schnurren des bummelnden Geldadels.

Zwischen den protzigen Insignien von Prada, Bulgari oder Hermès und all der architektonischen Grandezza fällt die rot beflaggte Renaissancefassade des Magistralpalastes, in dem seit 1834 die Großmeister des Ordens residieren, nicht sofort auf. Doch wer die Via Condotti besucht, wandert lediglich eine historische Kulisse ab. Wer dagegen die bewachte Pforte zum

Magistralpalast passiert, verlässt nicht nur Italien. Er betritt zugleich eine andere Epoche.

Ein poliertes Messingschild mit goldener Klingel informiert einen, auf wessen Gebiet man nun wechselt: »Sovrano Militare Ordine Ospidaliero di San Giovanni di Gerusalemme, di Rodi e di Malta – Palazzo Magistrale – Sede Extraterritoriale.« Hier beginnt das exterritoriale Gebiet der Malteser – ein Vierundsiebzigstel mal kleiner als der Vatikan und damit der kleinste Staat der Welt – und auf seinen 6.000 Quadratmetern trotzdem ein riesiges in sich verschachteltes Labyrinth, das für Außenstehende ähnlich verwirrend ist wie die Organisation und der Kodex des Ordens selbst.

Pförtner im Frack fertigen die Pässe der Besucher ab. Eine uniformierte Charge sagt mit vollkommen ernster Miene: »Seine Eminenz, der Fürst und Großmeister erwartet Sie«, und führt dann über den gepflasterten, kühlen Innenhof vorbei an einem wasserspeienden Satyr zu einem Aufzug, der den Besucher mühsam ruckelnd ins Palastinnere befördert.

Kling, Türe auf, es riecht nach Pergamentpapier, Bohnerwachs und morschem Leder, der nächste Diener im Frack eskortiert einen über lange, mit Perserteppichen ausgelegte Marmorgänge. An den hölzernen Kassettendecken hängen bonbonfarbene Kristalllüster, auf den Fluren des Palastes herrscht Krieg: Rüstungen, Helme und Kanonen, in einer Vitrine Hut und Schwert, die der Papst im 16. Jahrhundert dem Großmeister als »Verteidiger des Glaubens« verliehen hatte, die Ölgemälde an der Wand zeigen blutige Seeschlachten zwischen Ordensrittern und Osmanen und lassen wenig Zweifel daran, wie dieser Auftrag der Glaubensverteidigung damals zu verstehen war. Jahrhundertelang waren die Malteser vor allem Seestreitkräfte, das »Bollwerk gegen den Islam« auf dem Mittelmeer. Erst als Napoleon sie 1798 von der Insel Malta vertreibt, stranden die Ritter auf dem europäischen Festland, schließlich hier in Rom.

Matthew Festing ist ein Mann, den man hört, lange bevor er da ist. Es poltert, schnauft, stampft und dröhnt, dann fliegt die Türe auf, und eine riesenhafte Figur im dunkelblauen Anzug schiebt sich in den Raum. Eine dicke Nase mit geplatzten Äderchen, kleine, freundliche, lustige Augen hinter einer überdimensionalen Hornbrille, wüst zerzaustes wildschweinfarbenes Haar, die Stimme eines Baumriesen. Der Großmeister strahlt, streckt unter Aaaah- und Hellooo-Rufen die mächtige Hand aus und lässt sich dann seufzend und krachend in den Samtsessel fallen, der dabei angstvoll quietscht.

Was als gravitätisches, staatstragendes Interview angelegt war, kippt innerhalb von Minuten in eine unangestrengte, komische Plauderei, wie sie nur englische Gentlemen zustande bringen. Festing, zu dem Zeitpunkt achtundfünfzig Jahre alt, ehemaliger Offizier der Queen, Sotheby's-Kunstexperte, Jäger, Bewohner eines alten Herrenhauses in Nordengland und seit einem Jahr Großmeister, besitzt einen ausgeprägten Sinn für Selbstironie und die Kuriosität seines neuen Amtes, über das er redet, als sei es ihm als bizarrer Unfall der Geschichte in den Schoß gefallen.

Kopfschüttelnd berichtet er von seinen auf einmal regelmäßig stattfindenden Treffen mit dem Papst, dem er nun als katholischer Ordensregent direkt untersteht. Er scherzt über seinen »Hofstaat« und die »merkwürdig uniformierten Menschen« im Palast und sagt von seinem gerade absolvierten EU-Besuch in Brüssel, er habe dort »jeden getroffen, den man treffen kann, vom Präsidenten abwärts, vorwärts, seitwärts, rückwärts«.

Wir sitzen an seinem schweren Holzschreibtisch, der komplett bedeckt ist mit Büchern, Zeitschriften, Unterlagen und vergilbten Manuskripten. Tja – er zeigt resigniert auf das Chaos. Seit einem Jahr sitzt er hier nun schon als Großmeister: »Die Zeit vergeht angeblich besonders schnell, wenn man sie genießt. Ob das auf mich zutrifft, weiß ich nicht. Meine fröhliche ländliche Existenz im Norden Englands ist vorbei, und jetzt hänge ich hier in Rom fest.«

Er schaut aus dem Fenster mit dem Goldbaldachin, die Kuppeln der Ewigen Stadt liegen ihm von hier oben zu Füßen. Dieses Amt ist sein Schicksal, er ist auf Lebenszeit gewählt. »Vorher«, sagt er, »werden sie mich nur dann wieder los, wenn ich komplett verrückt werde und sie mich ins Irrenhaus sperren müssen.«

An den mit Seidentapeten ausgeschlagenen Wänden seines Büros hängen Bilder seiner uniformierten Vorgänger, sie blicken ohne Mitleid auf Festing herab. Im Orden selbst ist man dagegen begeistert vom neuen Regenten. Die deutschen Ordensvertreter gerieten in Vorgesprächen geradezu ins Schwärmen, auch der neben Festing sitzende Presseoffizier wirkt hochzufrieden mit der Performance seines Fürsten. Vielleicht liegt das auch daran, dass der letzte Großmeister die Öffentlichkeit und Interviews hasste und berühmt dafür war, Journalistenfragen vorwiegend mit »Ja« oder »Nein« zu beantworten.

Festing hingegen bewegt sich eloquent, charmant und gut gelaunt durch das Gespräch, das er regelmäßig mit bassig-schmetternden Disney-Weihnachtsmann-Lachsalven durchbricht: haaaahahahahaa; gelegentlich klingt Festings Lachen auch, als würde jemand tief in einem uralten Brunnenschacht Steine klopfen, es ist dann eher ein Heeh e e e oder Aah a a a a a.

Wirklich ernst wird der Großmeister erst, als es um den fehlenden Ritternachwuchs geht. Nicht bei den normalen Mitgliedern, die sich in Europa vor allem aus dem ehemaligen Adel rekrutieren und von denen es mehr als 13.000 gibt. Es mangelt an sogenannten Professrittern, die wie Mönche Armut, Keuschheit und Gehorsam versprechen und den Maltesern erst den kirchenrechtlichen Status eines Ordens sichern. Sterben sie aus, stirbt auch der Orden in seiner bisherigen Form. Festing ist so ein Professritter. Doch neben ihm gibt es weltweit nur noch sechsundfünfzig von ihnen, lediglich vier davon sind jünger als er. »Es ist mir ein Rätsel«, sagt Festing. »Ich selbst war als Profess immer glücklich. Und wenn jemand Blödes wie ich das schafft, warum sollten das andere nicht schaffen?« Er ist, sagt er, fest entschlossen, neue Ordensmänner an Bord zu holen, tatsächlich ist das für ihn die wichtigste Mission seiner Amtszeit. »Der Same muss gesät werden«, ruft Festing. »Berufungen muss man ermutigen, statt sie kaputtzureden.«

Mit seinem exzentrischen Habitus, dem altmodischen Wortschatz und seinem gewaltigen Körperbau ist Matthew Festing ein Relikt vergangener Jahrhunderte, ein Original, wie es sie eigentlich gar nicht mehr gibt. Und doch hatte man sich den Großmeister des weltweit ältesten Ritterordens phänotypisch anders vorgestellt. Großväterlich, asketisch und weise, vielleicht wie den Zauberer Gandalf in »Der Herr der Ringe« oder Harry Potters Professor Dumbledore. Doch die Figur, die da durchs Büro des Großmeisters rumpelt und pumpelt, erinnert eher an Hagrid, den struppigen Halbriesen, oder den Tim-und-Struppi-Seebären Kapitän Haddock. Eine sofort auf maximal liebenswerte Weise halb seriös wirkende Erscheinung, von der man sich in solchen Geschichten sicher sein konnte, dass sie bald sehr lustigen Unfug anstellen würde. Der skurrile Onkel, nach dessen Besuch wahrscheinlich die Bude in die Luft fliegt.

Diese Beobachtung hatte mich nicht daran gehindert, höflich an der Grenze zur Unterwürfigkeit gewesen zu sein. Motiviert von meinen freundlich eingeworfenen Stichpunkten, hatte Festing über die globalen Hilfsprojekte, die Geschichte, die Mission und das Selbstverständnis der Malteser referiert. Wirklich kritische Fragen waren mir dazu so recht keine eingefallen. Zur Begrüßung hatte ich unwillkürlich eine Verbeugung angedeutet, und zum Abschied hätte ich beinahe die Hacken zusammengeschlagen, beides keine so guten Haltungen für einen Reporter.

Der Text las sich am Ende wie ein etwas betulich geschriebener, mit Zitaten und atmosphärischen Ortsbeschreibungen durchsetzter Malteser-Wikipedia-Eintrag. Ich war dem sensationslustigen Impuls gefolgt, das aus der Zeit gefallene Universum des Großmeisters besichtigen zu wollen, als wäre er der Häuptling eines aussterbenden Amazonasstammes. Für eine echte Geschichte hatte das nicht ganz gereicht. Es gab damals für mich keine ungeklärten Fragen, es gab keinen Konflikt, es gab noch nicht einmal umstrittene Figuren, es gab also eigentlich gar keine Story.

*

Nur einige wenige Tage im Dezember 2016 änderten diesen Eindruck grundlegend. Was sich fortan über Monate vor aller Öffentlichkeit im Orden abspielte, verfolgte ich als interessierter Außenstehender betroffen und zugleich fasziniert, wie der Beobachter einer spektakulären Kneipenschlägerei.

Es beginnt damit, dass Matthew Festing überraschend seinen Großkanzler, den deutschen Albrecht Freiherr von Boeselager, aus der Ordensregierung schmeißt und vom Dienst suspendiert. »Wegen schwerwiegender Probleme« und deren »Verschleierung«, wie das Großmagisterium am 8. Dezember 2016 kryptisch verlauten lässt. Offenbar geht es dabei unter anderem um Kondome, die unter Boeselagers Aufsicht massenhaft im Namen des Ordens verteilt worden seien.

Keine zwei Wochen später schaltet sich überraschend der Heilige Stuhl ein: Papst Franziskus lässt erklären, er habe eine Kommission zur Untersuchung der Vorgänge im Malteserorden beauftragt. Die letzte päpstliche Untersuchung eines katholischen Ordens, die ich bewusst wahrgenommen hatte, war der Fall der Legionäre Christi. Der Ordensgründer, so hatte sich herausgestellt, war ein krimineller Triebtäter, der ein Doppelleben geführt und rund um den Globus Kinder, Jugendliche und die eigenen Seminaristen missbraucht hatte. Einer der vier damaligen Kommissare, der Jesuit Gianfranco Ghirlanda, war nun auch Mitglied der Malteserkommission. Wenn die Untersuchung des Papstes der Rauch war, bedeutete das: Irgendwo bei den Maltesern musste es lichterloh brennen.

Zwei Tage darauf meldet der Magistralpalast, man weigere sich, mit der päpstlichen Kommission zu kooperieren. Um die »Souveränität des Ordens« zu schützen, heißt es. Außerdem, erklärt wenig später der Großmeister selbst, gäbe es einen Interessenkonflikt: Drei der fünf Kommissionsmitglieder seien in ein Finanzgeschäft in Genf verwickelt. Zur Klärung der Sache habe er nun seinerseits eine Kommission eingesetzt. Diverse Medien berichten, auch Boeselager sei in die Geldsache verstrickt, es gehe um über 100 Millionen Euro einer ominösen Schweizer Stiftung, die Angelegenheit sei vor Festing geheim gehalten worden. Es heißt, Festing habe nicht nur die finanziellen Interessen Boeselagers, sondern auch die gewisser vatikanischer Kreise gestört, als er versucht habe, die Sache aufzuklären.

Dass ein Papst sich in die inneren Angelegenheiten eines Ordens einmischt, ist bereits außergewöhnlich genug. Wenn ein solcher Orden sich dann aber weigert, dem Papst Folge zu leisten, ist das innerkirchlich ein Eklat. Mit dieser Eskalation hatten die Ritter schlagartig die volle Aufmerksamkeit aller Rom-Korrespondenten: Ritter, Kondome, dubiose Millionen in der Schweiz, ein katholischer Orden im offenen Konflikt mit dem Heiligen Stuhl, ein Machtkampf der beiden kleinsten Staaten und zugleich ältesten souveränen Institutionen der westlichen Zivilisation – niemand schien die Geschichte wirklich zu durchblicken, aber in den medialen Netzwerken der kirchenpolitischen Lager überschlugen sich nun Schuldzuweisungen und Verschwörungstheorien in alle Richtungen.

Mit einer für päpstliche Untersuchungen höchst ungewöhnlichen Geschwindigkeit präsentiert die Kommission dem Heiligen Stuhl am 23. Januar 2017, keine fünf Wochen nach ihrer Einsetzung, ihren Bericht. Schon am Tag darauf bestellt Papst Franziskus den Großmeister ein und verlangt seinen Rücktritt. Matthew Festing gehorcht. Es ist das erste Mal in der fast tausendjährigen Geschichte der Malteser, dass der Papst einen Großmeister aus dem Amt kommandiert.

Der gefeuerte Kanzler Boeselager wird reinstalliert und ein Statthalter des neu zu wählenden Großmeisters eingesetzt. Gleichzeitig verordnet der Papst den Maltesern und »insbesondere den Professrittern« die »moralische und spirituelle Erneuerung«. Anschließend entsendet er einen seiner Staatssekretäre, Erzbischof Giovanni Angelo Becciu, als Sonderdelegaten in den Orden, um den befohlenen Reformprozess zu überwachen. Becciu ist inzwischen selbst in eine vatikanische Finanzaffäre verstrickt. Und der Inhalt des Kommissionsberichts und damit die Begründung für diese drastischen Schritte wird vor der Öffentlichkeit bis heute unter Verschluss gehalten.

Die Frage, was den Papst bei alldem motiviert, was diese dramatische Kette von Ereignissen überhaupt in Gang gesetzt hat, was sich in den letzten Monaten und Jahren hinter den Mauern des Magistralpalastes abgespielt haben könnte, spaltet seither nicht nur den Orden, sondern Katholiken von Boston bis Beirut.

Klar scheint nur zu sein, dass es in dem Konflikt um weit mehr ging als, als um Kondome oder katholische Sexualmoral.

Offenbar hat der amerikanische Kardinal Raymond Burke eine Schlüsselrolle bei der Eskalation gespielt. Von Burke heißt es, er sei ultraorthodox und einer der schärfsten Kritiker von Papst Franziskus. Vieles spricht dafür, dass im Malteserorden ein Stellvertreterkrieg zwischen Papst Franziskus und seinen Gegnern ausgefochten wurde.

Dann ist da noch der für viele bis heute rätselhafte Vorgang um die Mitglieder der päpstlichen Kommission und das Geld aus der Schweiz. Kurz vor seinem Rücktritt wollte Festing das Finanzgeschäft noch untersuchen lassen. Aber nur vier Wochen später vereinbart der Orden unter dem wieder eingesetzten Boeselager die Entgegennahme von 30 Millionen Schweizer Franken.

Als finalen Paukenschlag lässt der Papst im Januar 2018 verkünden, dass bis auf Weiteres keine Professritter mehr in den Orden aufgenommen werden dürfen. Die Sperre gilt bis heute. Damit sind die Malteser abgeschnitten vom Nachwuchs, der ihr Überleben als religiöser Orden sichert. Der Papst will neue Professen erst wieder zulassen, wenn die Malteser sich fundamentalen Reformen unterzogen haben. Doch für solche Reformen bräuchte es die Mehrheit der Professritter, die sich bislang dagegen sperren und währenddessen aussterben. Es scheint, als sei das Schiff der Malteser auf Grund manövriert worden, und Wasser ist keins mehr in Sicht.

*

Die öffentliche Rezeption des Malteser-Skandals verlief nach den kaputten Mustern, die sich in dieser Zeit für innerkirchliche Debatten etabliert hatten. Bei den Diskussionen dieser Jahre, etwa um den Missbrauchsskandal, den Limburger Bischof Franz-Peter Tebartz-van Elst oder die Familiensynode, ging es auch unter Katholiken inzwischen meist gar nicht mehr um die Frage der Wahrheit, sondern vor allem um die Frage der Lagerzugehörigkeit. Es fanden keine ergebnisoffenen Diskurse mehr statt, sondern Meinungsschlachten, die primär der Konsolidierung der eigenen Wagenburg dienten. Die Akteure solcher

Konflikte galt es, je nachdem ob man sie vorab dem eigenen oder dem gegnerischen Rudel zugeordnet hatte, um jeden Preis zu schützen oder mit allen Mitteln zu diskreditieren. Das alles hatte den Verlauf solcher Debatten – und auch die Antwort auf die Frage, wer sich wie zu welchem Thema positionieren würde – beängstigend vorhersehbar gemacht.

Genauso war es auch, als der Großmeister stürzte. Der konservative Block, insbesondere der Teil, der mit Papst Franziskus haderte, solidarisierte sich intuitiv mit Matthew Festing und verklärte ihn zur orthodoxen Lichtgestalt. Sein Antagonist Albrecht Boeselager galt damit fast automatisch als Feind. Und umgekehrt sympathisierten schon deshalb viele Unterstützer des neuen Papstes mit Boeselager, weil sie ihn als Gegner eines rückschrittlichen Erzkonservativen wahrnahmen, der folglich liberal, reformorientiert und damit zwangsläufig einer von den Guten sein musste. Auf beiden Seiten verfestigten sich die abenteuerlichsten Narrative über die wahren Hintergründe des Skandals und verbreiteten sich unkontrolliert und ungehindert von der tatsächlichen Faktenlage in ihren medialen Echokammern.

In den Wochen und Monaten nach Festings Rücktritt bekam ich auf einmal E-Mails und Anrufe aus England, Deutschland und Italien, von Maltesern der jeweiligen Lager, die um die mediale Deutungshoheit des Geschehens kämpften. Irgendwie hielten mich offenbar Vertreter beider Seiten für einen ihrer potenziellen Grabenkämpfer. Je mehr ich hörte, desto überzeugter wurde ich, dass zwischen den schwarz-weißen Darstellungen der beiden Lager eine äußerst ungewöhnliche, hochgradig spannende Geschichte lag. Überall in Europa gab es plötzlich Leute, die bereit waren, sie mir zu erzählen. Ich wollte wissen, wie sie ging, und verstehen, was wirklich passiert war. Und ich entschloss mich zu einer Buchrecherche. Im August 2018 machte ich mich mit einem Mietwagen, den ich im britischen Linksverkehr bereits in der erstbesten Kurve demoliert hatte, auf den Weg, den abgesetzten Großmeister Matthew Festing in seinem nordenglischen Exil aufzusuchen.

*

Der Landsitz der Festings liegt in Northumberland, der über Jahrhunderte umkämpften Grafschaft an der schottischen Grenze, historischer Rückzugsort der von der Krone verfolgten englischen Katholiken und deshalb bis heute Heimat der ältesten katholischen Familien des Königreichs. Die einspurige Landstraße führt über weite, mit violettem Heidegras bewachsene Hügel, vorbei an zusammenfallenden Mäuerchen, Schafherden und moosigen Holzzäunen, über alte Brücken und plätschernde Bäche. Alle paar Kilometer liegt überfahrenes Wild am Straßenrand, ein Dachs, ein Wildkaninchen, ein zerfledderter Fasan.

»The Birks« heißt das Anwesen der Festings. Der Weg dorthin führt durch zwei meterhohe steinerne Säulen und eine verwachsene Eichenallee, bis sich das Wäldchen auf einen weiten, hellen Hain mit einem viktorianischen Herrenhaus aus grau verwittertem Stein öffnet.

Im Schatten einer Birke steht, auf einen Krückstock gelehnt, Matthew Festings riesenhafte Gestalt. Er hat zugenommen und trägt jetzt an beiden Beinen Schienen aus Stahl. Sein Gesicht ist zerfurcht, das zerzauste Haar inzwischen schütter und fast weiß. Seine Gesten sind weniger animiert, seine Stimme ist leiser geworden, das Lachen endet nun oft als rasselnder Husten, auch wenn es sonst wie damals klingt. In nur zehn Jahren, seitdem wir uns das letzte Mal gesehen haben, ist aus dem kraftstrotzenden Großmeister ein alter Mann geworden.

Er lässt das Herrenhaus links liegen und stapft langsam, mühsam und schwer atmend zu einem kleinen, dahinterliegenden

Cottage. Bevor er Großmeister geworden war, gehörte das hier alles ihm, sagt er. Aber als er dann Ordensregent gewesen war und damit auf einmal Hausherr im Magistralpalast, einem Landschloss in Umbrien und einem Sommerpalazzo an der Riviera, und das alles eigentlich auf Lebenszeit, hatte er das englische Familienanwesen seinem Neffen vermacht.

Keiner der beiden hatte damit gerechnet, dass er schon 2017 wieder mit seinen Koffern auf dem Hof stehen würde. Jetzt lebt der Neffe mit seiner Familie im Haupthaus, und Onkel Matthew hat sich das Gartenhäuschen hergerichtet, das früher mal die Garage seiner Mutter war, und zahlt dem Neffen dafür Miete. Der Malteserorden überweist ihm eine kleine Rente, sie reicht für die Miete, die Unterhaltung seines kleinen, gelben Autos und das Gehalt von James, dem einzigen Hausangestellten, der ihm nach einem Leben mit über neunzig Dienstboten, Hofchargen und Zuarbeitern in der Via Condotti geblieben ist. Andere würden James vielleicht einen »Butler« oder »Personal Assistant« nennen, Festing, der die Welt gerne in militärischen Termini beschreibt, nennt ihn seinen »Adjutant«.

James kümmert sich um den Haushalt, erledigt Hofarbeiten, deckt den Tisch oder kauft ein. Und wenn, wie jetzt, die Beinschiene des Ex-Großmeisters quietscht, bückt er sich routiniert und besprüht das Stahlgerüst mit Waffenöl. »Hau schon ab«, ruft Festing von oben und gibt ihm in gespielter Genervtheit einen Schubs, James lacht glaubhaft amüsiert.

Festing hat sein kleines gemütliches Haus mit der Stilsicherheit eines Kunstliebhabers eingerichtet, der sein Auge ein Leben lang am Interieur befreundeter Schlossbesitzer schulen konnte. Elegante Vorhangstoffe an den großen Fenstern, an den pastellfarbenen Wänden über dem antiken Mobiliar fröhliche Ölbilder, Tiergemälde, Ikonen und Landschaftsstiche in gekonnt gehängten Gruppen. Auf dem Kaminsims stehen die Einladungskarten der kommenden Saison, darunter auch eine zur Saujagd beim Fürsten von Thurn und Taxis in Regensburg, adressiert an »H.M.E.H. The Prince Matthew Festing« – für viele bleibt der Brite auch nach seinem Rücktritt noch Großmeister der Herzen. Es riecht nach schwarzem Tee, Jackenfett und nassem Tweed, ein aufgeregt wedelndes Jagdhündchen springt zur Begrüßung an Festing hoch.

Plopp, er öffnet eine Flasche Dubonnet. »Ein Lieblingsdrink der Queen«, sagt er. »Wenn ich erschöpft bin, gieße ich Gin dazu.« Noch ist Festing nicht erschöpft, aber das geht bei ihm inzwischen schnell. Er war schon lange nicht mehr gut zu Fuß unterwegs, aber neuerdings braucht er für längere Strecken den Rollstuhl. Sein Asthma ist so schlimm geworden, dass er regelmäßig zischend und keuchend in Atemnot gerät, über der Lehne seines Sessels hängt für alle Fälle eine Sauerstoffmaske. Als dem Hörgerät in seinem Ohr laut piepsend die Batterie ausgeht, flucht er leise. Es ist nicht so, als wäre Festing vor seinem Rücktritt gesund gewesen. Aber die Affäre, sagen seine Freunde, habe ihm noch mal richtig zugesetzt.

Nein, sagt er, sein Leben als Großmeister vermisse er eigentlich gar nicht. Das Essen war sehr gut. Die Jagd auf den Landgütern des Ordens hat Spaß gemacht. Die Sommer im Palazzo an der Riviera waren schön. Und die reizenden loyalen Diener im Palast, die fehlen ihm auch. Aber ansonsten? »Ansonsten«, sagt Festing, »habe ich jede Minute gehasst.«

Das Grundproblem seiner Amtszeit, sagt Festing, sei gewesen, dass die Ordensregierung sich unter seinem Vorgänger Andrew Bertie daran gewöhnt habe, machen zu können, was sie wolle. Bertie habe meistens weggeschaut, wenn es Probleme gab. »Aber so bin ich nicht gebaut«, sagt Festing. »Ich wollte dieses Amt nie haben. Aber als ich den Job hatte, wollte ich ihn auch richtig machen. Das hat einigen Leuten gar nicht gepasst.«

Er berichtet, wie er versucht habe, im Orden aufzuräumen. Wie er unsaubere Immobiliendeals unterbunden, unkoschere Manager entlassen und versteckte Vatikanbankkonten aufgedeckt habe. Wenn Festing komplexe Sachverhalte schildert, dann bevorzugt in Form von nachgestellten Dialogen, bei denen er sowohl die eigene als auch die Stimme seines damaligen Gegenübers laut imitiert. Erregt von der eigenen Erzählung, richtet er sich dann oft ruckartig zu seiner vollen, stattlichen Größe auf, poltert mit Furcht einflößendem Bass auf den Zuhörer ein und richtet ihm den dicken Zeigefinger immer wieder wütend und anschuldigend zwischen die Augen. Man ist in solchen Momenten ganz froh, kein korrupter Manager im Dienst der Malteser zu sein.

Schließlich erzählt er von Großkanzler Boeselager. Davon, wie der Deutsche nicht nur in die massenhafte Verteilung von Kondomen im Namen des katholischen Ordens involviert gewesen sei, sondern auch in eine millionenschwere, undurchsichtige Finanzaffäre. Schließlich sei Festing misstrauisch geworden und habe Fragen gestellt. Das war ihm scheinbar zum Verhängnis geworden. »Als ich wirklich wissen wollte, was zur Hölle da los war, dauerte es nur ein paar Stunden, bis der Heilige Stuhl begann, ausgerechnet die Leute in die Position zu bringen, den Orden zu untersuchen, die an der Sache beteiligt waren.« Das Ergebnis dieser Untersuchung war, dass der Papst ihn, der auf Lebenszeit gewählt worden war, ad hoc aus dem Amt entfernte.

»Gehen wir raus«, sagt Festing. Er hievt sich ächzend in seinen elektrischen Rollstuhl, manövriert das Gefährt aus der Haustüre und quält es den Grashügel vor dem Haus hinauf, der Motor heult heiß und schrill um Gnade. Die Abendsonne steht tief über der Heide, in den alten Eichen gurren die Tauben. Als sie davonfliegen, kneift Festing ein Auge zu, folgt der Flugrichtung mit dem ausgestreckten Zeigefinger, krümmt ihn dann und lässt Luft aus seinen Lippen knattern: badumm.

So ungefähr, erzählt er, haben sie ihn in Rom auch abgeschossen. Er ist froh, dass es endlich vorbei ist. Dass er weg ist. Der Vatikan, sagt Festing, ist wie ein kleiner Teich mit sehr großen Fischen und zu wenig Futter. Man denkt, es sei ganz ruhig und friedlich, bis plötzlich einer dieser Monsterfische klatschend aus dem Wasser springt und einen beißt. Und dann gleitet er zurück ins Wasser, und alles ist wieder still. »Ich bin dankbar, dass ich im Schiff des heiligen Petrus reisen durfte«, sagt Festing. »Aber ich will nie wieder in die Nähe des Maschinenraums. Ich will nie wieder, niemals etwas mit dem Vatikan zu tun haben. Es ist ein Albtraum. Es ist der komplette, absolute Albtraum.«

Das Schiff

Um den Albtraum des Matthew Festing zu verstehen, muss man ein bisschen was von der spektakulären Historie und der ungewöhnlichen Struktur des Malteserordens mit all ihren Fallstricken wissen. Zumal dies nicht das erste Mal war, dass ein Ordensgroßmeister zwischen die Mühlräder höherer Mächte geraten ist.

Der Mann, der heute als Gründer des Ordens gilt, mutmaßlich ein Italiener namens Bruder Gerhard, führte im 11. Jahrhundert ein christliches Pilgerhospital im muslimisch besetzten Jerusalem. Das Hospital ist Johannes dem Täufer geweiht, die Gemeinschaft um Gerhard nennt sich deshalb Johanniter. Der erste, mörderische Kreuzzug erreicht Jerusalem 1099, das Hospital existiert da schon mehrere Jahrzehnte lang. Der Legende nach soll Gerhard den christlichen Belagerern Brot über die Stadtmauern geworfen haben und dafür von den muslimischen Verteidigern fast umgebracht worden sein.

Es gibt wenig Quellen über diesen Mann, der im Orden als Seliger verehrt wird. Aber etwas Ungewöhnliches, Anziehendes muss von ihm und seiner Gemeinschaft ausgegangen sein. Denn als Jerusalem schließlich erobert und eingenommen ist, schließen sich Hunderte Kreuzfahrer, darunter auch adelige Offiziere mit eigenem Gefolge, Männer, die angereist waren, um die christliche Weltherrschaft mit dem Schwert zu erkämpfen, stattdessen als Brüder den Johannitern an, um das Gegenteil zu tun, nämlich Arme und Kranke, Christen genauso wie Juden und Muslime zu pflegen und zu versorgen. Der Papst erklärt die Johanniter 1154 zum kirchlichen Orden.

Auf der Kleidung tragen die Brüder ein achtspitziges Kreuz, es symbolisiert die Seligpreisungen aus dem Evangelium und damit die Leiden, die der Orden in der Welt lindern will. Um für diese Aufgabe auch innerlich frei zu sein, versprechen die Brüder Armut, Keuschheit und Gehorsam und darüber hinaus ein Leben als »Diener und Sklaven unserer Herren Kranken«. Sowohl das achtspitzige Kreuz als auch das Versprechen, den Kranken zu dienen, gehören bis heute zum Orden.

Dahinter steht die biblisch begründete Idee, dass Dienst am Notleidenden immer auch ein Dienst an Jesus Christus ist, dass man Gott also gerade in der Linderung des Elends seiner Mitmenschen besonders nahekommen kann. Dieser Gedanke war damals nicht neu. Trotzdem existiert im frühen Hochmittelalter praktisch kein Sozialwesen, Krankenpflege und Armenfürsorge werden allenfalls von Klöstern betrieben. Die Radikalität und Hingabe, mit der die Brüder in Jerusalem ihren Auftrag leben, ist zu der Zeit revolutionär.

Mit wachsenden Spenden und Schenkungen aus Europa wird das Haus der Johanniter bald zu einer der bedeutendsten Institutionen im Heiligen Land. Zeitzeugen berichten, wie täglich bis zu zweitausend Kranke in den Marmorhallen des Hospitals versorgt werden. »Niemand kann glauben, wie … hingebungsvoll man sich bemüht, die Bedürftigen zu versorgen. Niemand, nicht einmal die mächtigsten Könige und Herrscher, könnten so viele Menschen erhalten, wie es dieses Haus jeden Tag tut«, schreibt der Kleriker Theodericus um 1170.[i]

Offenbar dienen die Brüder den Notleidenden tatsächlich, als wären es königliche Herrschaften. Bis zu tausend Arme werden täglich vor den Toren gespeist. Um ihre Kleider und Schuhe auszubessern, werden Brüder als Schneider und Schuster eingeteilt. Wird unter den Armen der Umgebung Hochzeit gefeiert, spenden die Brüder die eigenen Essensrationen. Im Hospital servieren sie den »Herren Kranken« Täubchen und Lämmer, Früchte oder Pasteten, und das alles auf Silberbesteck. Sie waschen die Kranken mit der Hand, stutzen ihnen die Bärte, schrubben ihnen die Füße, beten von morgens bis abends für sie und halten Nachtwache. Sind alle Betten belegt, geben die Brüder die eigenen frei und schlafen auf dem Boden. »Die Kranken aber, die aus Schwäche ihre Notdurft in ihren Betten überkommt, sollen die Sergenten trocknen und sanft säubern und unter sie weiße, weiche und saubere Betttücher legen, und … die Brüder selbst sollen dies gerne tun«, heißt es in der Hospitalordnung.[ii]

Das alles muss man nicht nur wissen, um die ursprüngliche, theoretisch bis heute gültige Idee der Malteser zu begreifen, nämlich selbst abzusteigen, von oben nach unten, um den Armen zu trösten, aufzurichten und zu würdigen. Erst vor diesem Hintergrund zeigt sich auch das immer wieder ausbrechende Ausmaß der Korruption dieser Idee im weiteren Verlauf der Geschichte bis in die Gegenwart hinein.

Vielleicht ist es vor allem die Einführung des Rittertums in den Orden, die den Weg bereitet für die vielen Aufsteiger, Profilneurotiker, Demagogen und manchmal auch Verbrecher, die den Orden seither als Steigbügel zur Selbstverherrlichung und Selbstbereicherung genutzt haben, um also genau andersherum, von unten nach oben, zu kommen.

»Der Christ rühmt sich, wenn er einen Ungläubigen tötet, weil Christus zu Ehren kommt«, hatte der Zisterzienserabt Bernhard von Clairvaux als theologisch irre Parole ausgegeben.[iii] Darauf beruft sich die Bewegung der Kreuzfahrer, und schließlich besetzt der Geist der Zeit auch den pflegenden

Johanniterorden. Gerade erst waren die Kreuzfahrer Mönche geworden, nun werden aus den Mönchen wieder Kreuzritter. Schon ab der ersten Hälfte des 12. Jahrhunderts greift der Orden zum Schwert. Zunächst nur als bewaffnete Schutztruppe der Pilgerkarawanen im Heiligen Land, bald aber auch als kämpfendes Heer mit militärischen Stützpunkten im ganzen Land. Mit der neuen Selbstdefinition als Ritterorden ziehen die Johanniter nun vor allem junge abenteuerlustige Adelige an. Auch diesen Snob-Appeal wird der Orden bis heute nicht mehr loswerden.

Keine zweihundert Jahre nach Beginn der Kreuzzüge werden die Christen 1291 mitsamt dem Ritterorden wieder aus dem Heiligen Land vertrieben. Nach wochenlangen Rückzugsgefechten gegen das osmanische Heer flüchtet der amtierende Johanniter-Großmeister, ein Franzose namens Jean de Villiers, selbst schwer verletzt, mit den überlebenden Rittern nach Zypern.

Die folgende Sinnkrise des Ordens hält nicht lange an. 1310 nehmen die Ritter mit päpstlicher Erlaubnis die Insel Rhodos ein. Gleichzeitig löst der Papst den Templerorden auf, der ebenfalls aus Palästina flüchten musste und von dem es heißt, er zelebriere heidnische Kulte und Orgien. Die Gerüchte, weiß man heute, gehen auf eine Intrige des französischen Königs zurück. Trotzdem werden der Templer-Großmeister und dreiundfünfzig seiner Ritter in Paris auf dem Scheiterhaufen verbrannt, und das Vermögen des damit vernichteten Ordens wird den Johannitern übertragen, deren Besitz sich so schlagartig mehr als verdoppelt. Als wohlhabende, souveräne Macht mit eigenem Herrschaftsgebiet baut der Orden Rhodos zu einer der wehrhaftesten Festungen der Christenheit aus.

Auch hier führt der Orden wieder ein Hospital, das Maßstäbe für die westliche Welt setzt. »Die Hospitalität nimmt den ersten Rang unter allen Werken der Frömmigkeit und Menschlichkeit ein«, behauptet die Ordensregel.[iv] In Wirklichkeit stecken die Johanniter aber bald einen erheblichen Teil ihrer Mittel in den Aufbau einer eigenen Kriegsflotte für den »Heidenkampf zur See«.

Das macht Sinn, denn die Türken bringen 1453 mit der Eroberung Konstantinopels das Byzantinische Reich zu Fall und stehen damit vor den Toren Europas. Im Mittelmeer stellen die Johanniter nun die vorderste Verteidigungslinie des »Westens«. Einen ersten osmanischen Angriff auf Rhodos wehren die Ritter 1480 noch erfolgreich ab. Doch 1522 greifen die Türken unter Sultan Süleyman dem Prächtigen, der kurz zuvor schon Belgrad eingenommen hat, ein zweites Mal an. Die Johanniter verteidigen ihre Insel fünf Monate lang gegen ein 140.000 Mann starkes Heer. An Neujahr 1523 kapitulieren die Ritter und verlassen Rhodos, im Gepäck immerhin all ihre Schätze, Reliquien und das Ordensarchiv. Wieder muss sich ein Großmeister, der Franzose Philippe de Villiers de l'Isle-Adam, als gedemütigter Nachlassverwalter engagieren.

»Nichts ging der Welt so glanzvoll verloren wie Rhodos«, erklärt Kaiser Karl V. und überträgt den Johannitern 1530 ersatzweise die Insel Malta als souveräne Landesherrschaft. Als symbolische Abgabe dafür schicken die Ritter dem Kaiser jährlich einen Falken.

Der tatsächliche Preis für das Wesen des Ordens ist freilich weitaus höher. Die Ritter, die sich fortan »Malteser« nennen, sind zu diesem Zeitpunkt längst Legenden in Europa, allerdings nicht mehr nur für ihre Hingabe in der Pflege, sondern vor allem auch für ihr Kriegsheldentum. Der Kaiser aus dem Haus Habsburg mit seinen Weltmachtambitionen braucht zur Bekämpfung der Osmanen und zur Sicherung der Seewege Legionäre auf dem Mittelmeer. Der Heiligkeit des Ordens dient das nicht.

Unter dem Vorwand des Glaubenskampfes betreiben die Malteser ein florierendes Raubrittertum auf dem Wasser. Erst jagen sie vor allem muslimische Piraten, bald gehen sie aber dazu über, osmanische Handelsschiffe zu überfallen und auszuplündern. Dabei erbeuten sie nicht nur Handelsware, Gold und Silber, sondern vor allem auch Rudersklaven für ihre wachsende Kriegsflotte.

Als selbst Angehörige des Sultanhofes oder Pilger nach Mekka und Medina nicht mehr sicher vor Überfällen und Entführungen durch die Malteser sind, reicht es dem alten Sultan. Süleyman der Prächtige, der die Ritter als junger Herrscher noch aus Rhodos vertrieben hatte, verschifft 1565 ein Heer von 40.000 Soldaten nach Malta, um das christliche Piratennest endgültig auszuheben.

Die folgende Schlacht wird in den kommenden Jahren und Jahrhunderten zum Mythos werden, im Magistralpalast zeigen heute noch Dutzende Gemälde, wie Türken und Malteser sich im Kampf um Malta gegenseitig massakrieren. Die Türken nageln verstümmelte Ritter an Kreuze und werfen sie ins Meer, die Malteser stopfen ihre Katapulte mit den Köpfen enthaupteter Türken und beschießen damit die Belagerer. »Ein Abbild der Hölle«, notiert ein Augenzeuge.[v] Nach drei Monaten sind 25.000 Menschen gestorben, die Türken geben auf, ziehen ab und versuchen nie wieder, Europa über das Mittelmeer anzugreifen. Ein Weltreich ist an einem kleinen Haufen Ritter gescheitert.

Dieser Moment macht die Malteser zu Rockstars der Christenheit. In ganz Europa läuten die Kirchenglocken, der Papst lässt in Rom Dankmessen lesen. »Nichts ist so berühmt wie die Belagerung Maltas«, wird Voltaire später schreiben.[vi] Und als der damalige Großmeister Jean de la Valette drei Jahre später stirbt, preist ihn die Inschrift seines Grabes als »die Zuchtrute Afrikas und Asiens und der Schild Europas, als er die Barbaren mit heiligen Waffen vertrieb«.

Die Malteser gelten spätestens jetzt als Märtyrer, als »Bollwerk Europas« gegen den Islam, als letzter Schutzwall gegen die drohende Unterwerfung des Abendlandes durch die muslimischen »Diener Satans«. Mit kaiserlicher Erlaubnis dürfen die Großmeister des Ordens sich nun »Fürsten des Heiligen Römischen Reiches« nennen, die Kirche gewährt ihnen bald darauf den Status von Kardinälen. Der Papst und diverse Könige überschütten den Orden mit Spenden, in der Folge wird Maltas Hauptstadt Valetta zu einer der opulentesten Städte der Barockzeit ausgebaut. Doch der Höhepunkt ihres Reichtums und Ruhms führt die Malteser zugleich auf ihren moralischen Tiefpunkt.

Friedrich Schiller schreibt noch 1792 über die Malteser: »Wenn eben die Hand, welche wenige Stunden zuvor das furchtbare Schwert für die Christenheit führte … einem ekelhaften Kranken um Gottes Willen die Speise reicht und sich keinem verächtlichen Dienst entzieht, die unsere verzärtelten Sinne empören, wer, der die Ritter des Spitals zu Jerusalem … bei diesen Geschäften überrascht, kann sich einer innigen Rührung erwehren?«[vii]

Allerdings ist viel mehr als solch schwülstige Prosa zu diesem Zeitpunkt vom einstigen Heldentum der Malteser kaum mehr übrig. Immerhin gibt es auch auf Malta wieder ein Hospital für die »Herren Kranken«, das als größtes und bestes seiner Zeit gilt. Und auch die fürstlichen Großmeister schieben dort regelmäßig Dienst als pflegende Brüder.

Ansonsten drückt sich aber das Trauma der Belagerung und die folgende Türkenparanoia architektonisch im unaufhörlichen Bau von immer weiteren, dickeren und größeren Schutzwällen und Verteidigungsmauern aus, die den Orden schließlich fast ruinieren und Besucher über bedrückende Gefühle von Beengung und Traurigkeit klagen lassen.

Den ehemals asketischen Großmeistern, meist einfache Adelige, die mit ihrer Wahl nun ruckartig in den Rang eines Monarchen katapultiert werden, steigt ihr neuer Status zu Kopf. Sie lassen Orchester zu ihren Mahlzeiten aufspielen, wandeln in purpurner Seide durch Valetta, engagieren Perückenmacher, Fackelträger und Vorkoster und ergeben sich so dem barocken Zeitgeist. Die Ausschweifung der Großmeister überträgt sich auf die Ordensritter. Zu deren Weiheversprechen gehören zwar noch immer Armut, Keuschheit und Gehorsam. Das hindert viele von ihnen aber nicht daran, sich Paläste mit Lustgärten und Wasserspielen herzurichten, Spitze zu tragen und derartig herumzuhuren, dass Prostituierte aus ganz Europa anreisen, um die Nachfrage auf der Insel zu befriedigen. Schließlich wird es sogar dem Papst zu bunt, der einen Inquisitor nach Malta schickt, um im Orden aufzuräumen.

Während die Sitten der Malteser sich zunehmend lockern, werden bezeichnenderweise die Adelsregeln immer straffer. Ritter aus Deutschland etwa müssen inzwischen sechzehn aristokratische Vorfahren nachweisen, um in den Orden aufgenommen zu werden. Die Malteser werden so endgültig zum Auffangbecken für die nachgeborenen Söhne europäischer Adelsfamilien. Ende des 18. Jahrhunderts ist aus dem Orden, der einmal angetreten war, den Armen und Kranken als »Sklave« zu dienen, eine paranoide und dünkelhafte Karikatur seiner selbst geworden.

Es braucht offenbar die Brutalität der Französischen Revolution, um den Orden vom Joch der eigenen Dekadenz zu befreien. In Frankreich und später auch in Teilen Deutschlands und Italiens werden die Güter und Besitzungen des Ordens beschlagnahmt. Und 1798 beschließt Napoleon, Malta einzunehmen. Als er mit 600 Schiffen an der Küste aufkreuzt, dauert es keine 24 Stunden, bis die erschlafften Ordensritter dem französischen Feldherrn ihre mehrfach ummauerte Insel in kampfloser Resignation übergeben.

Die Malteser um den deutschen Großmeister Ferdinand von Hompesch verladen zum vierten Mal in der Geschichte ihr Inventar und segeln davon. Ihren Gold- und Silberschatz müssen sie diesmal zurücklassen. Der Orden ist pleite und heimatlos, er versinkt über die kommenden Jahrzehnte in den Augen der Welt in völliger Bedeutungslosigkeit. Nach dreißig Jahren diplomatischer Irrfahrt beziehen die Malteser 1834 schließlich den Palast auf der Via Condotti in Rom, bis dahin ihre Botschaft beim Heiligen Stuhl, als neues Hauptquartier.

Der Orden, dessen nationale Zweige durch die Umstürze der Epoche zerschlagen werden, organisiert sich in Form von Landesvereinen, den Assoziationen, neu. Erst 1859 in Deutschland, wenige Jahre später auch in England, Italien, Spanien und Frankreich, 1926 sogar in den USA, inzwischen gibt es insgesamt 47 nationale Assoziationen von Argentinien bis Singapur.

Während zwei Jahrhunderte zuvor weltliche Pracht den Orden von seinem ursprünglichen Auftrag weggezogen hat, geschieht nun das Gegenteil. Erst der Verlust von Vermögen, Herrschaftsgebiet und Prominenz legt den Kern des Ordens wieder frei. Erlöst vom Ballast der eigenen Glorie, gelingt den Maltesern wieder die Konzentration auf das Wesentliche ihrer Mission.

Die militärische Rolle und das Geschäft der Heidenzüchtigung lässt der Orden mit Malta hinter sich. Und statt die Armen und Kranken wie bisher vor allem innerhalb der eigenen Bastion zu versorgen, trägt der Orden den Dienst an den Notleidenden nun in die Welt hinaus. Auf den Schlachtfeldern des 19. Jahrhunderts und im Ersten Weltkrieg stellen die Malteser Feldlazarette und Verwundetentransporte. Hitler bremst die Ritter aus, unter denen sich auch Mitglieder des Widerstands befinden, und verbietet ihnen das Tragen von Ordensabzeichen und den Betrieb von Kriegslazaretten.

Trotzdem leiten die Malteser während des Kriegs Krankenstationen in ganz Europa und organisieren anschließend Hilfsprojekte rund um den Globus. Es beginnt damit, dass sie Flüchtlinge in Ungarn und Vietnam, Dürreopfer in Somalia und Kranke im Libanon versorgen. Inzwischen sind die Ritter mit humanitären Projekten in 120 Ländern aktiv, und sie betreiben weltweit über 1.500 Medizinzentren und Krankenhäuser.

In Deutschland ist der Orden der größte Anbieter im Bereich der Altenpflege und beschäftigt alleine über den Malteser Hilfsdienst 35.000 Mitarbeiter und mehr als 50.000 aktive Freiwillige.

Doch während der Orden so zu seinen originären Aufgaben zurückfindet, haben die geweihten Ordensmänner, die Professritter, die über Jahrhunderte der Kern des Ordens waren, mit der direkten Versorgung der Armen und Kranken in all diesen Projekten kaum mehr etwas zu tun. Und während die Anzahl der Projekte des Ordens kontinuierlich wuchs, ist die der zölibatären Professritter seit dem Fall von Malta stetig gesunken.

Heute gibt es zwar noch knapp 50 Professritter. Noch immer gelten sie als »Erster Stand« des Ordens, noch immer wird der Großmeister aus ihren Reihen gewählt, und noch immer sind sie das Feigenblatt, das den Maltesern den privilegierten Status eines religiösen, kirchlichen Ordens sichert.

Doch daneben haben die Malteser schon seit dem 17. Jahrhundert begonnen, auch ungeweihte Männer als »Ehren- und Devotionsritter« in den Orden aufzunehmen. Während für die Professritter seit 1989 keine Adelsregeln mehr gelten, fordert der Ordenskodex für die »Ehren- und Devotionsritter« bis heute rigorose, anachronistische Adelsnachweise. Beispielsweise müssen dafür Mitglieder der deutschen oder britischen Assoziation 300 Jahre aristokratische Vorfahren im Mannesstamm vorweisen, in Italien sind es sogar 450 Jahre. In einer

Welt, die den Adel eigentlich längst abgeschafft hat, fungiert der Malteserorden so auch als gesellschaftliches Naturreservat, das es der Aristokratie inklusive Geburtsprivilegien ermöglicht, unverändert fortzubestehen, im Magistralpalast sogar samt Hofkultur. Darüber hinaus wurden inzwischen weitere, niedrigschwelligere Aufnahmegrade eingeführt: »Gratial- und Devotionsritter«, die ihre aristokratische Abstammung nur ein Jahrhundert lang nachweisen müssen, und »Magistralritter«, die ganz ohne Ahnennachweis durchgehen. Während es etwa in Amerika heute fast nur Magistralritter gibt, dominieren im alten Europa, besonders in Deutschland, Italien und Spanien, die Ehren- und Devotionsritter den Orden, und damit der ehemalige Adel.

In die Ordensstände ohne ewige Gelübde werden heute auch Frauen als »Ordensdamen« aufgenommen. In den Orden kann man sich nicht bewerben, man muss angefragt werden. Voraussetzung dafür ist vor allem das »Bekenntnis zum katholischen Glauben« und ein Engagement in den Projekten des Ordens. Inoffiziell muss man aber auch für sozial »passend« befunden werden, was dem Orden besonders in Europa gesellschaftlich maximale Homogenität sichert.

Es sind diese ungeweihten Laienritter, die inzwischen zahlenmäßig und organisatorisch den Ton im Orden angeben. Von ihnen gibt es heute mehr als 13.000 gegenüber den paar Dutzend Professrittern. Die globalen Projekte des Ordens werden dazu von etwa 120.000 haupt- und ehrenamtlichen Mitarbeitern geführt, die selbst überwiegend keine Ordensmitglieder sind, was sich im Laufe der folgenden Geschichte noch rächen wird.

Das Ergebnis von alldem ist ein dezentrales, riesiges, den Globus umspannendes, trotzdem hochexklusives Gefüge, dessen über Jahrhunderte gewachsene Strukturen mit ihren diversen, miteinander verbundenen, aber teils gegeneinander arbeitenden

Ständen und Gruppierungen an den Schaltkreis eines komplizierten Computersystems erinnern. Alle diese Stränge laufen im Magistralpalast in der römischen Via Condotti zusammen. Und an den Kontrollhebeln wird 2008 der Brite Matthew Festing als Großmeister platziert.

Marsch an Deck

So spektakulär sein Trip als Großmeister werden wird: Dass Festings Leben vorher normal gewesen wäre, kann man nicht sagen. Matthew Festing, geboren 1949, ist der jüngste der vier Söhne von Generalfeldmarschall Francis Festing, zwischenzeitlich Oberbefehlshaber der britischen Armee. Die Festings sind seit Generationen entweder Seefahrer oder Soldaten. Francis, genannt »Frankie« Festing ist Waffensammler, Kunstliebhaber, passionierter Jäger und eine martialische Erscheinung: ein Hüne von fast zwei Metern, der mit seinem unzähmbaren Kopfhaar und der meist derangierten, mit Schnupftabak besprenkelten Garderobe »ständig aussah wie ein ungemachtes Bett«, wie sein Adjutant einmal zu Protokoll gab.[viii]

Matthew Festing wächst zwischen Northumberland und den Einsatzorten seines Vaters im Nahen und Fernen Osten auf. Als Befehlshaber der Armee in den letzten Jahren des Britischen Empires genießt Frankie Festing den Status eines Quasimonarchen. Als Kind erlebt Matthew, wie Demonstranten in Ägypten das Auto der Familie mit Melonen bewerfen und dafür umgehend von den Soldaten seines Vaters niedergeknüppelt werden. In Singapur bewohnen die Festings einen Palast mit 17 Dienern, von denen einer ausschließlich für Matthew und sein Kindermädchen zuständig ist. Sonntagsausflüge zum Picknick auf den umliegenden Inseln macht die Familie mit einer Militärjacht samt eigener Crew. Und wenn der kleine Matthew in Malaysia im Rolls-Royce mit der Nanny zum Baden an den Fluss gefahren wird, umstellt eine bewaffnete Militäreskorte das Ufer und sperrt den umliegenden Dschungel ab.

Zu der prägenden Erfahrung, Kind des Mannes zu sein, dem die Armeen des gesamten Commonwealth gehorchen, kommt in England das Erleben fast grenzenloser Freiheit. Matthew Festings Mutter Mary ist eine geborene Riddell, die aristokratische Dynastie lebt seit 600 Jahren in Northumberland. Dass ihre Kinder hier aufwachsen dürfen, macht sie gegenüber Frankie Festing zur Ehebedingung. 1944 kaufen sie »The Birks« im nordenglischen North Tyne Valley. Die Festings sind Teil des dortigen Landadels, in der Umgebung haben auch Familien wie die Stourtons, die Charltons, die Percys oder die Ridleys Anwesen oder Schlösser; man sieht seine Standesgenossen regelmäßig auf Cocktailpartys, bei Hochzeiten oder Jagden. Ansonsten gilt bei den Festings übertriebenes Interesse an Geld als geschmacklos, zu viel Reinlichkeit als spießig und ein sauberes Auto als schlichtweg vulgär. Für Mary Festing, eine robuste, resolute Frau mit tiefer Stimme und trockenem Humor, ist das Landleben die einzig denkbare Existenzform. Sie interessiert sich für Gärten, Hunde, Pferde und ansonsten nicht viel, Städte findet sie so unerträglich wie die offiziellen Anlässe ihres Mannes.

Frankie Festing ist ein abwesender Vater. Wenn er zu Hause ist, verehren die Kinder seinen originellen Witz und fürchten seine cholerischen Anfälle. Wenn er wütend wird, schmeißt der Generalfeldmarschall auch schon mal sein Essen durchs Zimmer und stürmt dann aus dem Haus. Mary Festing nimmt solche Szenen mit britischer Ungerührtheit hin. Morgens scheucht sie ihre Kinder zum Spielen an die frische Luft, zu den Mahlzeiten werden sie mit einer Glocke wieder hereingebimmelt. Als Matthew geboren wird, sind die drei Brüder bereits im Internat. Er streift tagsüber allein oder mit seinem Pony durch die Wiesen und Wälder oder spielt am North Tyne River im Tal. Der Hofknecht, ein alter Kriegsveteran, bringt dem achtjährigen Matthew das Schießen bei. Seit er zwölf ist, jagt Matthew unbeaufsichtigt mit der Flinte. Wer so unbeengt groß wird, kann frei wuchern wie die alten, knorrigen Eichen auf dem Anwesen der Festings: einige angebrochen und vernarbt, jede Ehrfurcht gebietend und unverwechselbar in ihrer wild gewachsenen Exzentrik.

Zwei- bis dreimal die Woche fährt die Familie mit dem Auto ins Dorf, um den Gottesdienst zu besuchen. Beide Eltern sind glühende Katholiken. Zu den Vorfahren der Mutter gehört der Märtyrer Adrian Fortescue, der 1539 geköpft wurde, weil er sich weigerte, Heinrich VIII. als neues Kirchenoberhaupt anzuerkennen. Die Riddells gehören in England zu den »Recusant Families«, den Widerstandsfamilien, die seit der Reformation gegen alle Repressionen bis heute katholisch geblieben sind. Frankie Festing dagegen konvertiert erst als Jugendlicher zum Katholizismus und praktiziert den Glauben seitdem mit der Inbrunst eines Spätberufenen. Als der damalige Premierminister Macmillan ihn einmal vor Ostern zu einer Kabinettssitzung einbestellen will, soll er mit den Worten abgesagt haben: »Ich lasse mir doch nicht vom Premierminister meine Karwoche versauen.«[ix] Und als in den 1960er-Jahren die katholische Messliturgie reformiert und auf ein leicht verdauliches, volksnahes Format eingedampft wird, deprimiert ihn das zutiefst. Die Verzweiflung über den Verlust der Messform, die ihn zum Glauben geführt hat, habe den Vater »fast umgebracht«, sagt Matthew Festing.

Wie viele alte katholische Familien in England schicken die Festings ihre Söhne auf die Benediktinerschule Ampleforth. Das viktorianische Internat an den weiten bewaldeten Hängen der

Hochmoore von Yorkshire mit seinen windschiefen Türmen, steilen Schieferdächern und verschlungenen Gewölbegängen hatte die Autorin J. K. Rowling zur Erfindung von Harry Potters Zauberschule Hogwarts inspiriert. Aber für Matthew ist der Wechsel von der Vogelfreiheit ins spartanische Regime der Mönche ein Kulturschock: Er hasst die Disziplin, den reglementierten Tagesablauf und den sportlichen Drill.

Sein Trost in dieser Zeit sind die Jagdhunde. Ampleforth hat eine eigene Hundemeute, ein gutes Dutzend Beagle. Matthew weiß von zu Hause, wie man Hunde führt und zur Jagd treibt, immer mittwochs und freitags darf er mit raus, wenn die Hunde auf dem weiten Schulanwesen Hasen hetzen. Er wird über die Jahre so gut darin, die Tiere anzutreiben und zu koordinieren, dass man ihn zum Hundeführer des Internats macht. Später, als er am St. John's College in Cambridge Geschichte studiert, wird er sogar »Master of Beagles« der Universität. Erst danach, als Festing zur Armee geht und auf einer längeren Friedensmission in Belize eingesetzt wird, muss er auf die regelmäßige Hundejagd verzichten.

Eine echte Karriere beim Militär bleibt aus. Vielleicht auch, weil Festing offenbar sowohl über ein gewisses Gemütlichkeitsbedürfnis als auch einen ausgeprägten Freiheitsdrang verfügt. Nach kurzer Zeit wechselt er zu den »Grenadier Guards«, einem der Leibregimenter der Queen. Festing ist nun einer der uniformierten Palastwächter mit Bärenfellmütze, die vor dem Buckingham Palace auf- und abmarschieren und sich dabei von Japanern fotografieren lassen. Bei den Windsors weiß man, wer Festing ist, sein Vater war nach seiner Zeit als Armeechef persönlicher Adjutant der Queen. Als Königin Elisabeth Matthew Festing nach einer Schicht am Windsor Castle einmal zum Dinner mit der Royal Family einlädt, begrüßt sie ihn mit den Worten: »Vorsicht Captain Festing! Das letzte Mal, als ein Festing hier zum Abendessen kam, hat er den Stuhl kaputt gemacht.«

Fünf Jahre lang folgt Festing so den Fußstapfen seines übermächtigen Vaters beim Militär. Dann lässt er es sein und geht zurück nach Northumberland. Einer professionellen Gutsverwaltung hilft er bei der Betreuung einiger großer Landgüter. Schließlich endet er beim Auktionshaus Sotheby's als Kunstgutachter für den Norden Englands. Will jemand seine antiken Möbel oder Bilder zu Geld machen, kommt Festing und wirft einen ersten Blick auf die Sachen, winkt dann ab oder bestellt den Fachexperten. Er hat ein gutes Auge für Kunst und ein Händchen für die Klienten, die zum Großteil ohnehin Bekannte aus dem Landadel sind.

In der Londoner Firmenzentrale ist Festing allerdings bald gefürchtet. Er hat den ungeduldigen Jähzorn seines Vaters geerbt; Formalitäten, Papierkram und bürokratische Vorschriften lösen bei ihm unkontrollierte Fluchtiraden und Wutanfälle aus. Kollegen erzählen, Festing habe dabei auch schon mit Schreibmaschinen durch geschlossene Räume und mit Büroartikeln auf Sekretärinnen geworfen. Aber Sotheby's ist, genau wie der Malteserorden, ein Verein von Standesgenossen. Und weil Festing seinen Job sonst gut macht, erträgt man solche exzentrischen Gewaltausbrüche mit zunehmend angestrengter, aber diskreter Nachsicht.

Matthew Festing hat in diesen Jahren diverse Freundinnen und hätte vielleicht irgendwann auch geheiratet. Aber mit Mitte dreißig hat er auf einmal unerklärliche Schmerzen in den Beinen, die er monatelang ignoriert. Festing ist zu dem Zeitpunkt bereits Malteser, obwohl der Orden ihn kaum beschäftigt. Er ist mit 28 Jahren dem Appell eines Verwandten folgend eingetreten wie in einen Country Club. Seitdem nimmt er jährlich an den Malteser-Wallfahrten ins französische Lourdes teil. Ausgerechnet dort drängt ihn schließlich ein befreundeter Arzt, sich untersuchen zu lassen. Man diagnostiziert Hodenkrebs im fortgeschrittenen Stadium, der Tumor hat inzwischen auch das Rückenmark angegriffen. Er wird sofort operiert und überlebt versehrt. Er verliert eine Niere und Teile seines Gehörs, in den Beinen bleiben Durchblutungsstörungen, chronische Schmerzen und Muskelschwäche, zum Gehen braucht er eine Beinschiene, die Wahrscheinlichkeit, Vater werden zu können, hält er selbst seitdem für höchst gering.

Stattdessen ist er zunehmend fasziniert von der Rolle der zölibatär lebenden Professritter. In Lourdes sind ihm die mysteriösen Herren in schwarzen Roben das erste Mal im Umfeld der Malteser aufgefallen. Jemand erklärt ihm, dass diese Männer im Prinzip wie Mönche leben und der Garant für den Fortbestand des Malteserordens sind. Dass es viel zu wenig von ihnen gibt. Dass der Orden ohne sie stirbt. Und dass es dringend neue Berufungen bräuchte. Dieser Gedanke lässt Festing nicht los.

Es ist von außen nicht zu beurteilen, ob es das Bedürfnis ist, einem körperlich angeschlagenen Junggesellendasein Bedeutung abzuringen, oder tatsächlich eine Berufung, also nach katholischem Verständnis der Ruf Gottes in ein geweihtes Leben. Jedenfalls wächst in Festing über die Jahre der Wunsch, mit gutem Beispiel voranzugehen und selbst Professritter zu werden, um weitere Eintritte zu motivieren und so mit seinem Leben maßgeblich zum Überleben des jahrhundertealten katholischen Ordens beizutragen.

Festing ist tiefgläubig, er hätte sich auch vorstellen können, Priester zu werden. Aber er teilt die Abscheu seines Vaters für die Reformen des Zweiten Vatikanischen Konzils. Ein Leben als Priester in einer derart modernisierten Kirche ist für ihn nicht denkbar. Stattdessen legt Matthew Festing mit 38 Jahren die ewigen Gelübde ab und wird einer von damals weltweit 42 Professrittern.

Es gehört – je nachdem mit wem man spricht – zu den einzigartigen Vorteilen oder schwerwiegenden Problemen der Professritter im 21. Jahrhundert, dass ihnen mit dem Ordensgelübde praktisch keine sichtbare Änderung ihres bisherigen Lebens abverlangt wird. Weil den Maltesern bisher das Geld fehlte, die zölibatären Ordensbrüder finanziell zu unterhalten, werden Professritter mit einem Indult vom Gelübde der Armut entbunden, sobald sie es abgelegt haben. Da sie selten in Ordenswerke eingebunden sind, wird der versprochene Gehorsam kaum je abgerufen. Und weil sie nicht wie andere Mönche in Gemeinschaft leben, lässt sich die Einhaltung des Keuschheitsgelübdes nicht überprüfen.

Deshalb ändert sich auch an Matthew Festings Lebensstil mit seiner Profess nach außen hin wenig. Er lebt in Birks weiterhin das freie Landleben eines aristokratischen Junggesellen, der unter der Woche Kunst in alten Herrenhäusern jagt und am Wochenende Hasen und Fasane in der nordenglischen Natur. Inzwischen gibt es auf dem Familienanwesen auch wieder eine Meute Jagdhunde, mit denen Festing glücklich durch die Hochmoore streift.

Die britische Assoziation des Malteserordens ist zu der Zeit vor allem ein kleiner, eingeschworener Club der dortigen katholischen Adelsfamilien. Es gibt etwa 300 Mitglieder, die meisten Absolventen der katholischen Internate Ampleforth und Downside, Durchschnittsalter 60 Jahre. Die jährlichen Aktivitäten der Assoziation beschränken sich im Wesentlichen auf ein Gala-Dinner in einem Londoner Gentlemen-Club wie dem Boodle's- oder dem Brooks's-Club, Pilgerfahrten nach Lourdes oder Holywells in England, Einkehrwochenenden und das halbherzige Engagement für diverse Altersheime.

Zur Jahrtausendwende wird der legendäre Rolling-Stones-Manager Prince Rupert Loewenstein Präsident der Assoziation und erweckt den Eindruck, er wolle aus dem diskreten Klüngelverein einen schillernden Celebrity-Club machen. Er verdoppelt die Höhe der Mitgliedsbeiträge, erscheint im Rolls-Royce oder im Privatjet zu Ordenstreffen, lässt sich das Ordensgewand von seinem Chauffeur anlegen und macht öffentlichkeitswirksam Bischöfe und Mitglieder der Royal Family zu Ordensmitgliedern. »Wir wollen schließlich nicht das Rote Kreuz für Arme sein«, gibt er als Parole aus.

Matthew Festing erlebt man in England damals als wohltuenden Gegenentwurf. Er gilt als bodenständig, fromm, bescheiden und tatkräftig in der konkreten Umsetzung der Ordensmission. In den 1990er-Jahren organisiert er Hilfskonvois nach Bosnien und fährt selbst mit Hilfsgütern beladene Lkw in die Kriegsgebiete, zum Teil unter lebensgefährlichen Umständen. Jedes Jahr meldet er sich während der Ordenswallfahrten in Lourdes freiwillig für den berüchtigten Dienst am Bahnhof. Eine Woche lang steht er dann trotz eigener körperlicher Gebrechen an den Gleisen und lädt bis zu acht Stunden täglich Gepäckstücke, Rollstühle und behinderte Menschen aus den Pilgerzügen. Dabei scherzt er mit den Kranken und verbreitet mit seinem donnernden Lachen gute Laune.

Vor allem macht Festing ernst mit seinem Vorsatz, mehr Professritter für den Orden anzuwerben. Anfang der 1990er-Jahre hat er in Großbritannien fünf Professen zusammengesammelt, laut den Ordensstatuten die Mindestanzahl, um ein Großpriorat zu gründen; so nennt der Orden eine Gemeinschaft von Professrittern. Weltweit gibt es heute nur sechs solcher Großpriorate, die im Orden einmal die übliche Form der lokalen Körperschaft waren, bevor im 19. Jahrhundert die modernen Landesvereine, die Assoziationen entstanden sind, die im Gegensatz zu Prioraten auch von normalen, nicht mönchischen Ordensrittern gegründet und geführt werden können.

Festing wird also 1993 Gründer und Regent des späteren »Großpriorats England«. Während in der englischen Assoziation eher ein gemütlich-liberaler Katholizismus gepflegt wird, sammeln sich im nun parallel existierenden neuen Großpriorat zunehmend traditionalistische Hardliner. Auch Festing selbst ist Traditionalist, doch im Gegensatz zu einigen Mitbrüdern im Priorat macht ihn das nicht zum religiösen Eiferer. Er hat den Ruf, kirchlich unpolitisch, aufrichtig spirituell und gleichzeitig unverbissen und humorvoll in Fragen der katholischen Praxis zu sein. Ein Mann, mit dem man den ganzen Abend lang Whisky trinken und sich Tränen lachend unflätige Anekdoten erzählen kann, der dabei hundertmal »shit« und »fuck« ruft, aber dann gegen Mitternacht das Stundenbuch zückt, um vor dem Schlafengehen noch eine halbe Stunde zu beten. Festing ist so auch eine Inspiration für viele Profess-Anwärter, denen er mit seinem ständig wiederholten Mantra Mut macht: So schwer sei das geweihte Leben nicht, und wenn selbst jemand wie er es schaffe, schafften andere das locker.

*

Es wäre für Festing wohl noch lange so gemütlich weitergegangen, hätte sich nicht in Rom der amtierende Ordensgroßmeister, der Brite Andrew Bertie, angeschickt zu sterben.

Bertie, ein 1929 geborener zierlicher Herr mit großen Tränensäcken, silbergrauem Scheitel und einer leisen Flüsterstimme, war wie Festing Ampleforth-Absolvent und Soldat gewesen, hatte dann Sprachen am englischen Internat Worth unterrichtet, bis man ihn 1988 zum Großmeister gewählt hatte. Jahrzehntelang hatte Berties drahtiger, von langem Judo- und Rudertraining gestählter Körper der beinahe täglichen Zufuhr von hochprozentigem Alkohol und manchmal mehreren Dutzend

Zigaretten getrotzt. Doch schließlich hatte man einen bösartigen Tumor an seiner Bauchspeicheldrüse entdeckt. Immer seltener verließ der 78. Fürst und Großmeister des Malteserordens seine schlichten Gemächer im zweiten Stock des Magistralpalastes. Während das kollektiv-geschäftige Gemurmel der Via Condotti leise durch seine geschlossenen Fensterläden drang, lag er in seinem Bett, betete den Rosenkranz und bereitete sich auf den Abschied vor.

Im Frühjahr 2007, ein Jahr vor Berties Tod, erfährt Festing vom Zustand des Großmeisters und ahnt schnell, was für drastische Konsequenzen die Frage der Nachfolge für sein eigenes, komfortables Leben haben könnte. Ein Großmeister muss Professritter sein, davon gibt es zu diesem Zeitpunkt weltweit lediglich 57. Darüber hinaus muss er aber auch die steilen Adelsbedingungen eines »Ehren- und Devotionsritters« erfüllen, was den Kreis der möglichen Kandidaten auf nur noch zwölf Männer reduziert. Unpraktischerweise besteht die kleine Gruppe dieser zwölf mehrheitlich aus über 75-jährigen Greisen, ein Teil davon bereits dement, bettlägerig oder inkontinent, nicht mehr in der Lage, den eigenen Haushalt zu führen, geschweige denn den Malteserorden.

Überhaupt auch nur theoretisch infrage kommen deshalb lediglich etwa eine Handvoll Männer. Doch von einem hieß es immer schon, er sei charakterlich ungeeignet, ein anderer ist an allen bisherigen Aufgaben im Orden gescheitert, ein dritter gilt als grenzdebil. Dann gibt es noch den amtierenden Chef der Professen, den Großkommandeur, einen Italiener namens Giacomo Dalla Torre, der außer Italienisch keine lebende Sprache zu sprechen scheint und den Ruf hat, gutherzig, fromm, aber auch manipulierbar, naiv und einfältig zu sein.

Und schließlich gibt es Matthew Festing: vergleichsweise jung, vergleichsweise tüchtig, vergleichsweise international, vergleichsweise prominent und beliebt im Orden. Die Idee der Großmeisterschaft hatte Festing noch nie besonders gereizt. Im Gegenteil, die Vorstellung einer öffentlichen Existenz im schwülen, lauten Rom unter den rituellen Zwängen eines quasimonarchischen Hofstaats hatte bei ihm bisher immer Beklemmungsgefühle ausgelöst. Und trotzdem weiß er, schon nach dem Ausschlussprinzip ist er bereits jetzt der aussichtsreichste Kandidat für Berties Nachfolge.

Kein Jahr später, im Januar 2008, vollzieht der todkranke Bertie den letzten Staatsakt seines Lebens, als er in der Kapelle des Magistralpalastes den Großherzog von Luxemburg und dessen Frau persönlich in den Orden aufnimmt. Anfang Februar bricht er endgültig zusammen und wird in eine Klinik eingeliefert. Die Mitglieder der Ordensregierung halten Gebetswache an seinem Krankenbett, täglich bringt ihm sein Beichtvater die heilige Kommunion. »Hoheit, Jesus ruft Sie«, sagt ihm der Priester schließlich am 7. Februar unter Tränen. »Ich gehe zu ihm«, antwortet Bertie. Dann sagt er nichts mehr und stirbt um 22:42 Uhr desselben Tages.

»Jetzt geht es los«, denkt Festing bedrückt, als er die Todesnachricht erhält.

Neun Tage später wird Bertie auf dem Gelände der Villa Malta beerdigt. Der zweite Hauptsitz des Ordens gehört noch zu den Erbstücken aus dem Vermögen des vernichteten Templerordens. Der von Palmen, Zypressen, Zitronenbäumen und ausladenden Hecken umwachsene Palazzo ganz oben auf dem Aventin, dem südlichsten Hügel Roms, ist vielleicht der friedlichste und beschaulichste Ort der ewigen Stadt. Neben der Villa liegt die Ordenskapelle aus dem 18. Jahrhundert, das einzige Bauwerk, das der legendäre Kupferstecher Giovanni Battista Piranesi je entworfen hat. In diese Kapelle, in deren Boden bereits zwei Ordensgroßmeister begraben liegen, wird Berties Leichnam nun von Gardeoffizieren der italienischen Armee eskortiert, während die Benediktinermönche der benachbarten Abtei Sant'Anselmo gregorianische Choräle anstimmen.

Doch als man Berties Sarg in den vorbereiteten Schacht lässt, passt er nicht waagrecht hinein. Die Trauergäste, darunter sieben Kardinäle, verharren in peinlichem Schweigen, während die Sargträger die Holzkiste schließlich schwitzend senkrecht in die Grube ruckeln. Auch Festing ist unter den Gästen. Er muss sich plötzlich vorstellen, wie man wohl damit fertigwürde, wenn man ihn selbst, doppelt so schwer und drei Köpfe größer als Bertie, mal in so ein schmales Loch hineinbekommen müsste. Vielleicht ist es der Druck, der sich ein Ventil sucht, jedenfalls muss er bei dem Gedanken auf einmal loskichern, dann murmelt er seinem Nachbar für die Umstehenden deutlich hörbar zu: »Das ist ja, als würde man einen Fuchs ausgraben.«

In Berties Familie ist man empört über diesen Kommentar. Im Rest des Ordens überhört man ihn freundlich. Und als am 7. März Fürsten, Staatsoberhäupter und Prominente aus aller Welt nach Rom reisen, um in Anwesenheit des italienischen Staatspräsidenten Napolitano noch einmal ein öffentliches Requiem für Bertie zu feiern, hat sich die Idee von Festing als sein Nachfolger bereits in weiten Teilen des Ordens durchgesetzt.

Dazu trägt vor allem Erich, genannt »Agi«, Prinz von Lobkowicz bei. Der Präsident der deutschen Malteser hat Festing seit den 1980er-Jahren regelmäßig in Lourdes erlebt. Er ist begeistert von der zupackenden und lebenslustigen Art des Briten und von dessen liebevollem Umgang mit den Kranken. Als Bertie stirbt, ist der Deutsche entschlossen, Festing zum Großmeister zu machen.

Gewählt wird ein Großmeister von knapp 60 Delegierten, im Orden Kapitulare genannt, aus den wichtigsten Gremien des Ordens, etwa die Hälfte sind per Ordenskodex Professritter. Mit dieser Mehrheit könnten sie theoretisch jede Wahl kontrollieren. Doch üblicherweise sind die Professen unfähig, sich auf einen Kandidaten zu einigen, auch weil mancher hofft, selbst Großmeister zu werden. Die zweitgrößte Gruppe unter den Wählern besteht aus den Präsidenten der 47 nationalen Assoziationen. Ihnen stehen bei Wahlen 15 Plätze nach dem Rotationsprinzip zu. Weil diese 15 Präsidenten in der Regel nahezu geschlossen wählen und ihnen dazu meist auch noch die Abstimmung mit den Vertretern der Ordensregierung gelingt, steht am Ende oft ein Block von über 30 Stimmen, der dann tatsächlich das Wahlergebnis bestimmt. Weil die deutsche Assoziation die älteste des Ordens ist, obliegt ihrem Chef als »Doyen der Präsidenten« traditionell die taktische Koordination dieses Manövers. Damit ist Lobkowicz so etwas wie der Königsmacher des Ordens.

Es ist eine Rolle, die ihm sichtlich gefällt und auch steht. Mit seinem Patrizierprofil, dem routiniert triumphalen Feldherrenblick und dem zahnreichen Lachen erinnert der hochgewachsene Prinz an Christopher Lee in seinen diversen Aristokratenrollen. Trägt er den schwarzen Ordensumhang, kann man gar nicht anders, als an Graf Dracula zu denken. Wenn Freunde ihn mal amüsiert imitieren, strecken sie übertrieben weit die Brust heraus, machen den Rücken gerade, ziehen die Augenbrauen nach oben, halten die Lider halb geschlossen, heben das Kinn, lächeln maliziös und geben ein tiefes, nasales Klagen von sich, das schließlich zu einem Lachen wird: Hoooohoohohoho! Das trifft ihn meistens ganz gut. In einem Orden, der mehr alten Adel vereint als jede andere Gesellschaft der Welt, verkörpert wohl kaum jemand sonst so sehr den Bilderbuch-Aristokraten wie Lobkowicz.

Zu den Voraussetzungen einer Ordenspräsidentschaft gehören die Muße und die nötigen finanziellen Mittel, die strategischen Treffen der Malteser rund um den Globus abzufliegen oder selbst auszurichten. Besonders in Europa tragen die Präsidenten deshalb nicht nur alte ehrwürdige Familiennamen, sondern sie sind oft auch wohlhabende Großgrundbesitzer und Eigentümer großer »Häuser«, wie man im Adel Schlösser euphemistisch zu nennen pflegt.

Lobkowicz ist keine Ausnahme. Der Familiensitz, Maxlrain in Oberbayern, ist ein pittoreskes Renaissanceschloss mit Zwiebeltürmen, Springbrunnen, eigener Brauerei und traumhaftem Blick auf die Alpen. Von dort telefoniert er in den Tagen nach Berties Tod mit den Schlüsselfiguren im Orden, um diskret die Frage der Nachfolge zu sondieren und für seinen Kandidaten zu werben.

Man würde denken, dass jemand, dem laut Ordensverfassung die »höchste Amtsgewalt« in einer Organisation mit 120.000 Mitarbeitern und einem Jahresumsatz von 1,5 Milliarden Euro übertragen werden soll, einer rigorosen Eignungsprüfung unterzogen wird. Dass man zumindest Erkundigungen beim Arbeitgeber einholt, was in Festings Fall ja schon informativ, wenn nicht alarmierend gewesen wäre. Aber die Mühe macht sich niemand. Und es ist ja auch nicht so, als hätte man viele Alternativen. Also lässt man sich von Lobkowicz' Begeisterung anstecken. Man sieht in Festing den Soldaten und Sohn des Generalfeldmarschalls mit der erforderlichen Trittsicherheit auf dem internationalen Parkett. Man sieht den Offizier und Leibgardist der Queen, der weiß, wie ein Souverän zu agieren und ein Hofstaat zu funktionieren hat. Und man sieht den Großprior von England mit seiner Erfahrung in geistlichen Dingen und dem Händchen für Nachwuchs. Einen Mann wie geschaffen für das Amt des Ordensfürsten.

Es gibt letzte Vorbehalte, vor allem aus Frankreich, England und Italien: Festing spricht kein Italienisch, ein Handicap für den zukünftigen Hausherrn eines römischen Palastes mit über 90 italienischen Dienern und Angestellten. Es gibt Zweifel wegen Festings schlechtem Gesundheitszustand, man fragt sich, ob er das Amt konditionell durchhalten würde. Im Vatikan sorgt außerdem die Vorstellung eines Traditionalisten, exponiert an der Spitze eines konservativen aristokratischen Ordens, für latentes Unbehagen.

Lobkowicz nimmt es auf sich, diese Bedenken auszuräumen. Er bittet Festing um ein Treffen in Rom. Es sind die Tage vor der Wahl, die am 11. März 2008 stattfinden soll. Malteser aus der ganzen Welt, von Argentinien bis Polen, vom Libanon bis Portugal sind inzwischen in der heiligen Stadt eingeflogen. Üblicherweise steigen die Präsidenten im prachtvollen Grand Hotel Plaza auf dem Corso ab, nur wenige Hundert Meter unterhalb vom Magistralpalast an der Via Condotti. Überall, an der Hotelbar und in den umliegenden Restaurants, stößt man nun auf Ritter in Zivil. Nur ein geschultes Auge würde die Ordensleute im Gewimmel der römischen Altstadt erkennen, vielleicht an der Rudelbildung von ungewöhnlich selbstsicher auftretenden, etwas zu laut redenden Herren mit markanten Nasen, Budapester Schuhen, Cordhosen und Tweedjackets. Jeder von ihnen hätte sofort gewusst, was ein Treffen zwischen dem deutschen Präsidenten und einem Professritter wie Festing in diesen Tagen zu bedeuten hatte.

Um nicht gemeinsam gesehen zu werden, verabreden Lobkowicz und sein Kandidat sich fernab der Via Condotti in einem kleinen Restaurant am Vatikan. Beide geben sich Mühe, so zu tun, als sei dies kein Vorstellungsgespräch, obwohl es im Grunde genau das ist. Schließlich erklärt der Deutsche dem Briten, dass die Präsidenten ihn zum Großmeister wählen wollen. »Nur ein Wahnsinniger würde diesen Job wollen«, ruft Festing.

Das ist die Antwort, auf die Lobkowicz gehofft hat, denn als charakterlich geeignet für das Amt gelten paradoxerweise nur Kandidaten, die es eigentlich nicht anstreben. Lobkowicz bittet Festing, die Kandidatur trotzdem zu akzeptieren, und klopft die vorgebrachten Einwände ab: ob er das Amt gesundheitlich durchhalten könne? Ob er Italienisch lernen und sich verkneifen könne, als Lobbyist einer vorkonziliaren Kirche aufzutreten?

Unter zwei Männern, die ansonsten die im Adel gängige Disziplin der gänzlich unverbindlichen Konversation perfekt beherrschen, ist dies der irgendwie peinliche, weil formelle Teil des Abends. Doch Festing bejahte alle Fragen, erinnert sich Lobkowicz. Festing dagegen erinnert sich vor allem daran, selbst Bedingungen gestellt zu haben: Er würde ein unbequemer Großmeister werden. Anders als Bertie, der immer nur widerspruchslos abgenickt habe, was man ihm vorlegte, werde er sich einmischen. »Aber«, sagt er schließlich, »wenn ihr mich wirklich wählt, werde ich den Job verdammt noch mal machen.« Beide würden noch oft an diesen Abend zurückdenken.

Die Verwandlung

Am Morgen des 11. März 2008 ist der mit Steinskulpturen und Ordenswappen gesäumte Vorplatz der Villa Malta auf dem Aventin noch menschenleer. Hier oben hört man so früh meist nur den Straßenlärm weit unten vom Tiber und das Zwitschern der Vögel in den Palmen und Zitronenbäumen des Parks. Später werden hier, wie fast jeden Tag, Touristen Schlange vor der stets verschlossenen grünen Holzpforte der Villa stehen, um einmal durch das berühmteste Schlüsselloch Roms zu gucken. Man blickt darin, gerahmt durch einen Heckentunnel im Park der Villa, schnurgerade auf die Kuppel des Petersdoms. Zwei der ältesten noch existierenden Institutionen der Welt nehmen sich auf diese Weise ins Visier. Das Innere des hochdiskreten Ordens ist für die Öffentlichkeit so schwer einsehbar wie der Park der Villa Malta. Wer durchs Schlüsselloch spähen will, sieht stattdessen den Vatikan, und das ist gewollt: Die Malteser unterstehen als katholischer Orden direkt dem Heiligen Stuhl, sie begreifen sich selbst als starker Arm des Papstes.

Auf die Idee, dass diese Blickachse zum Vatikan in absehbarer Zeit einmal Schießscharte in einem Kampf dieser beiden historischen Bastionen der Christenheit werden würde, kommt an diesem Tag der Großmeisterwahl niemand. Die über die Grandhotels, Paläste und Klöster der Ewigen Stadt verteilten Ritter bewegen sich am frühen Morgen zu Fuß und mit Bussen den Hügel hinauf.

Das sonst verschlossene grüne Tor ist heute geöffnet. Was dahinterliegt, der Park, die alten Bäume, das Heckenlabyrinth und die Villa Malta selbst, gehört nicht mehr zu Italien. Das Grundstück genießt, genau wie der Magistralpalast, exterritorialen Status. Die Ritter betreten mit feierlicher Miene ihr eigenes Staatsgebiet. Dann legen sie in der Sakristei der Piranesi-Kapelle das volle Ordensgewand an: den schwarzen Umhang mit hohem weißem Kragen und achtspitzigem Kreuz auf der Brust, um den Hals eine Kette mit dem goldenen Malteser-Orden. Die Professritter tragen über dem Arm außerdem eine Goldstola, bestickt mit den Passionswerkzeugen Christi.

Die Malteser empfehlen sich in der Kapelle mit einer heiligen Messe dem Schöpfer. Anschließend ziehen sie mit wehender Ordensfahne in einer Prozession über den Hof wie eine festlich gestimmte Kolonie behäbiger Kaiserpinguine, dabei bemüht, nicht über den Saum ihrer schwarz-weiß flatternden Mäntel zu stolpern. Durch das Treppenhaus der Villa wandeln sie schließlich nach oben, in den Ratssaal im dritten Stock: Ein weiter Raum mit goldener Kassettendecke und großen Fenstern in alle Himmelsrichtungen, von dem die Schriftstellerin Sybille Lewitscharoff schreibt, es sei »der schönste Saal, den ich je gesehen habe«.[x]

Einer der 60 Ritter, die sich nun an den gewaltigen mit rotem Tuch überspannten Tisch setzen, ist Matthew Festing. In den Tagen zuvor hatte er beim Whisky an der Bar des Plaza-Hotels noch laut darüber gewitzelt, dass niemand mit Grips im Kopf ausgerechnet ihn zum Großmeister wählen würde. In Wirklichkeit machte er sich aber kaum mehr Illusionen über das, was ihm bevorstand. Um sich zu sammeln, war er deshalb auch nicht wie andere Professritter im Grand Hotel abgestiegen, sondern im Benediktinerkloster Sant'Anselmo auf dem Aventin. Auf manchen Ordensbruder wirkte er an diesem Tag, als würde er zu seiner eigenen Hinrichtung schreiten.

Das jahrhundertealte Ritual der Großmeisterwahl beginnt, indem die Wähler Geheimhaltung versprechen: »Ich schwöre, die Stimme des Rates nicht zu offenbaren, so wahr mir Gott helfe. Wo nicht, gereiche mir dies zur Verdammnis meiner Seele.« Im ersten Wahlgang werden die Namen der Kandidaten auf Zetteln in Wahlurnen aus Pappe geschoben. Festing wird blass, als sein Name als einer von drei Kandidaten verlesen wird. Im zweiten Wahlgang wird über die Kandidaten abgestimmt. Schon in einer der ersten Runden bekommt Matthew Festing die notwendige Mehrheit. Selten in der Ordensgeschichte wurde derartig schnell und eindeutig gewählt. Auch wenn das Jahre später allen absurd erscheinen wird: In diesen Tagen spricht man im Orden von einer Fügung des Heiligen Geistes.

»Warum habt ihr mir das angetan«, wird Festing später rufen, nur halb im Scherz. In Wahrheit ist er auch erfüllt von großem Stolz für sich und seine Familie. Von allen vier Wänden des Saales blicken die goldgerahmten Porträts seiner Vorgänger auf ihn herab. Selige wie der Ordensgründer Bruder Gerhard, Helden wie Jean de la Valette, Verteidiger von Malta und »Schild Europas«, Unglücksraben wie Ferdinand von Hompesch, der ebendiese Insel kampflos Napoleon überlassen hatte. Der Maßstab für sein Handeln sind jetzt nicht mehr Ordensbrüder, wie die 59 um ihn herumsitzenden Männer, sondern die 78 Großmeister über ihm.

Draußen vor dem grünen Tor wartet bereits ein Wagen. Wie das Protokoll es vorsieht, fährt nun ein Vertreter des Ordens, der Marchese Gian Luca Chiavari, der Schatzmeister, zum Vatikan, um den Papst per Brief über das Wahlergebnis zu informieren.

Von dort wird mit dem Segen des Heiligen Vaters der Vertreter des Papstes im Orden auf den Aventin entsandt: Kardinal Pio Laghi, ein faltiger Italiener mit überbordenden silbergrauen

Augenbrauen. Von Kopf bis Fuß gekleidet in knallrotes Tuch, bezeugt Laghi den Amtseid des designierten Großmeisters. Die beiden Männer, die sich von diversen Events des Ordens gut kennen, müssen dabei breit grinsen. »Ich, Matthew Festing, schwöre feierlich bei diesem hochheiligen Kreuzesholz und Gottes heiligen Evangelien, Verfassung, Codex, Regel und die lobenswerten Gewohnheiten unseres Ordens zu wahren und dessen Angelegenheiten gewissenhaft zu leiten«, sagt Festing. »Dazu helfe mir Gott. Und wenn ich darin fehle, sei es auf Gefahr meines Seelenheils.« Und dann, es ist später Vormittag, tritt der Brite hinaus in sein neues Leben.

Er bekommt keine Zeit, darüber nachzudenken. Noch im Hof der Villa greift ihn Schatzmeister Chiavari am Arm und zieht ihn zu einer abfahrbereiten Limousine. Was ein Großmeister zuallererst brauche, erklärt er Festing, sei eine Uniform. Der Wagen bringt die beiden vor eine kleine Schneiderei in der römischen Altstadt: das legendäre Atelier der Familie Barbiconi, seit vier Generationen Schneider des Vatikans. Umgeben von Holzkommoden, großen Spiegeln und ballenweise Seiden- und Brokatstoffen, wird Festings massiver, übergewichtiger Körper vermessen. Er wird sich hinterher darüber ärgern, dass der Orden seine Uniformen bei einem Ausstatter für Kirchengewänder machen lässt und nicht bei einem der berühmt guten italienischen Militärschneider. In der fertigen Uniform, sagt Festing Jahre danach, habe er ausgesehen wie ein Sack Kartoffeln. Der *New Yorker* wird später schreiben, er sähe darin aus »wie ein Nussknacker«.[xi]

Zum Mittagessen wird Festing im Magistralpalast erwartet. Man chauffiert ihn zur Via Condotti. Er hat Hunger, ist müde und etwas desorientiert. In den letzten Jahren war er hier immer mal wieder zu Gast. Aber seit heute Vormittag ist er nicht mehr Fra Matthew, der kauzige Großprior, der sich höflich zum Besuch im Großmagisterium anmeldet. Am Morgen des Vortages konnte er noch darauf hoffen, als freier Junggeselle zurück nach England zu fliegen. Stattdessen wird er nun vorgefahren als Hoheit und Eminenz, als auf Lebenszeit gewählter 79. Fürst und Großmeister der Malteser, Regent von weltweit 13.000 Rittern und Damen, als Hausherr mehrerer Paläste, unabhängiger Monarch im Kardinalsrang, als letzter Fürst des »Heiligen Römischen Reiches Deutscher Nation«. Matthew Festing ist immer noch der Alte und doch komplett verwandelt. An der Balustrade über dem Einfahrtstor weht die Flagge des Großmeisters. An der Pforte stehen aufgereiht livrierte Diener in elfenbeinfarbenen Knickerbockern und Frack. Er steigt aus und blickt sich um. Dies hier ist ab heute sein Hofstaat.

Auf der Brücke

Andrew Bertie, der nach heutigen Maßstäben einem exzessiven Zigaretten- und Alkoholkonsum frönte, ansonsten aber asketisch lebte und keinen großen Wert auf Komfort legte, besaß keinen privaten Salon. Besucher, die er schnell wieder loswerden wollte, hatte der Großmeister auf einem eleganten, aber unbequemen Stuhl in seinem Büro empfangen. Freunde und alte Bekannte dagegen verwies er in sein Schlafzimmer im zweiten Stock, wo sie auf dem Bett sitzen durften, während er selbst sich auf dem einzigen Sessel im Raum niederließ. Auch Festing gehörte zu den Besuchern, die es sich auf Berties Bettwäsche bequem machen mussten und sich dabei über die herumliegenden Pyjamas wunderten.

Für seine ersten Nächte in der Via Condotti wurden dem neuen Großmeister die Gemächer des verstorbenen Vorgängers hergerichtet. Matthew Festing schläft nun in dem Bett, auf dem er selbst oft saß, dem Bett, in dem Bertie einen Großteil seiner Krankheit durchlitten hatte. Es fühlt sich sonderbar an. Nachts wälzt er sich unruhig hin und her. Die Hitze, der Lärm der Stadt und die Erkenntnis, dass sein altes Leben unwiederbringlich vorbei ist, lassen ihn miserabel schlafen.

Der Großkanzler des Ordens, der aufbrausende Franzose Jean-Pierre Mazery, hatte Festing gefragt, ob er anlässlich seiner Wahl eine Party in einem der Paläste wünsche. Festing winkte ab. Er hasst Partys, bei Stimmengewirr fiept sein Hörgerät, Herumstehen quält ihn. Stattdessen verbringt er die ersten zwei Tage damit, sich erschöpft durch die endlosen Gänge des Palastes führen zu lassen. Er stellt fest, dass er keine Ahnung hat, wie genau das Großmagisterium funktioniert, was die 90 Mitarbeiter im Haus den ganzen Tag machen, wer sie überhaupt sind. Als er schließlich um eine Liste der kompletten Belegschaft samt Anstellungsdatum und Familienstand bittet, um sich eine Übersicht zu verschaffen, verursacht er Panik unter den Angestellten, die fürchten, es stünde eine Entlassungswelle bevor.

Festing hatte für ein langes Wochenende in Rom gepackt, allmählich werden die Unterhosen knapp. Aber noch bevor er zurück nach England fliegen kann, um sich neu auszustatten, wird der frisch gewählte Großmeister zum Antrittsbesuch beim Papst einbestellt. Festing ist völlig unvorbereitet, er sucht sich den saubersten seiner Anzüge heraus und wird in einer großen Ordenslimousine in den Vatikan chauffiert. Die Schweizer Garde salutiert vor den Toren. Die päpstliche Gendarmerie salutiert dahinter. Der Chef des päpstlichen Haushalts bringt ihn persönlich zum Empfangszimmer des Papstes. Da sitzt Benedikt XVI., der Stellvertreter Christi auf Erden, mit einem feinen Lächeln, klopft einladend mit der Hand auf den freien Sitzplatz neben sich und will ein bisschen mit Festing plaudern, der jetzt formell ranghöchster Laie der katholischen Kirche ist. Während sie reden, will Festing sich mehrmals zwicken, weil ihm alles so unwirklich vorkommt. So sehr, dass er sich bis heute nicht daran erinnern kann, worüber sie gesprochen haben. »Bloody Hell«, denkt er nur. »Was um Himmels willen ist mit mir passiert?«

Dann fliegt er nach Northumberland, um seine Sachen zu packen und Abschied von Birks zu nehmen, seinem Zuhause mit den uralten Eichen, den gurrenden Tauben, den Fasanen und Jagdhunden, mit der kleinen Kapelle hinter dem Haus, der frischen, würzigen Luft und dem weiten grünen Blick auf die Hochmoore, von dem Ort, an dem er geboren wurde, an dem er fast sein komplettes Leben verbracht hat, an dem er glücklich war.

Möbel oder Bilder braucht er keine, der Palast ist vollständig ausgestattet. Also nimmt er nur das Allernötigste mit, Klamotten, Medikamente, ein paar Bücher und Dokumente. Außerdem packt er einen der vielen Teddybären ein, die in einem kleinen Puppen-Stockbett in seinem Schlafzimmer wohnen: ein hellbraunes Kuscheltier mit einem roten Seemannspullover.

Zurück in Rom wird Festing ohne Übergang und Coaching ins Programm geschubst. Wenige Tage nach seiner Wahl will bereits der Präsident der UN-Vollversammlung in der Via Condotti empfangen werden, dann der slowakische Außenminister, der Präsident von Albanien und schließlich der bulgarische Vizepremier. Anschließend trudeln die Dutzenden beim Malteserorden akkreditierten Botschafter ein, um sich vorzustellen. Dazwischen besucht Festing verschiedene Ordensprojekte in Italien und muss noch einmal zum Papst, bevor er selbst zu Staatsbesuchen in Lettland, Kroatien und Ungarn ausgeflogen wird.

Festing, auch das hat er von seinem Vater geerbt, ist keine prinzipiell aufgeräumte Erscheinung. Dass er nun Großmeister ist, ändert daran wenig. Immer wieder mal hängt ihm das Hemd aus der Hose, oder man sieht den Bauch durch die offenen Knöpfe, nicht selten hat er Suppenreste auf der Krawatte, seine widerborstige Kopfbehaarung gilt als unkämmbar. Am Morgen des ersten Staatsbesuchs in Lettland tritt der Pressesprecher des Ordens, Eugenio Ajroldi, mit den Worten »Highness, do you mind?« an Festing heran und versucht, ihm das kreuz und quer vom Kopf stehende Haar zu richten. Festing wird wütend, zerstrubbelt sich die Haare mit beiden Händen und erklärt, die Letten sollen ihn gefälligst nehmen, wie er ist. Ajroldi versucht Derartiges nie wieder.

Doch selbst mit der abenteuerlichsten Frisur sind Festings öffentliche Auftritte besser als alles, was man in den Jahrzehnten zuvor vom Großmeister gewohnt war. Andrew Bertie lebte zurückgezogen, trat nur an die Öffentlichkeit, wenn es gar nicht anders ging, und wenn Journalisten ihn interviewten, antwortete er nie frei, sondern spulte bestenfalls vorbereitete Statements ab.

Festing ist das Gegenteil davon. Durch Menschenmengen bewegt er sich souverän und mit dem gütig zwinkernden Charme eines altgedienten Royals, den er am englischen Königshof über Jahre an Prinz Philip studieren konnte. Er hat spürbar Freude an Gesellschaft, hat für jede Journalistenfrage eine spontane Antwort, für jede Situation eine treffende Anekdote, für jedes Gegenüber den passenden Scherz. Auf Reisen schafft er es, Tische mit fünfzehn Leuten stundenlang mit Witzen und komischen Geschichten zu fesseln. Ein Mitglied seines Stabes erinnert sich an einen Abend in Lissabon, an dem Festing ihn so zum Lachen bringt, dass er keine Luft mehr bekommt. So fliegen dem neuen Großmeister die Herzen vieler Malteser, Volontäre, Mitarbeiter und Kranken zu. Die Präsidenten sind hochzufrieden mit ihrer Wahl. In den ersten Jahren seiner Amtszeit verschafft Festing dem alten Orden, jedenfalls nach außen hin, so etwas wie eine begeisterte Aufbruchstimmung.

Vom Inneren des Großmagisteriums kann man das nicht behaupten. Der Palast auf der Via Condotti ist ein in sich geschlossenes Biotop mit einer ganz eigenen Fauna. Der Großteil des Hofpersonals betritt den Palast frühmorgens und verlässt ihn am Abend wieder. Zu den permanenten Bewohnern gehören, neben den wichtigsten Dienstboten, vor allem die zehn

Mitglieder der Ordensregierung, der so genannte Souveräne Rat. Die Hälfte davon besteht aus Rittern ohne Gelübde, die oft Familien in anderen Teilen der Welt haben und am Wochenende nach Hause fliegen. Die andere Hälfte sind Professritter, deren Lebensmittelpunkt in der Regel die Via Condotti ist. In Ausnahmefällen wohnen dort auch ranghohe Professen, die nicht zum Kabinett gehören.

Die geweihten Männer um Andrew Bertie bildeten eine skurrile, aus der Zeit gefallene Hausgemeinschaft. Es sind zum großen Teil exzentrische Relikte aus der ersten Hälfte des letzten Jahrhunderts, die noch ein Hauch von Monarchie umweht. Als Hommage an den im Palast geschätzten humoristischen Upperclass-Autor P. G. Wodehouse hatten die Herren sich untereinander nach dessen Romanfiguren benannt. Der inzwischen verstorbene Majordomus, Hubert Pallavicini, trug dabei den Spitznamen »Tante Connie«. Pallavicini hatte, genau wie heute sein Nachfolger Leonardo Marra, die strikte Einhaltung des Hofprotokolls zu überwachen.

Zum bis heute streng ritualisierten Tagesablauf gehörten Morgengebet und Messe in der Hauskapelle um 08:15 Uhr, danach das gemeinsame Frühstück um 9 Uhr, das Mittagsgebet, ein Drink im Salon, dann Lunch um 13:30 Uhr, anschließend der Espresso, ein Aperitif um 18:30 Uhr und danach das Dinner und ein Abendgebet; täglicher Dresscode: dunkler Anzug mit Krawatte. Wenn Bertie sich die Extravaganz leistete, dazu rote Socken zu tragen, rümpfte Pallavacini entsetzt die Nase und ließ ihm noch mehr schwarze Strümpfe besorgen. Die Mahlzeiten wurden von livrierten Dienern serviert. Wer eine Minute zu spät erschien, bekam nur im Glücksfall einen Tadel, ansonsten wurde er nicht mehr zum Tisch vorgelassen. Wenn der Großmeister mit dem Wagen einfuhr, hatten sich die Palastbewohner zur Begrüßung im Innenhof aufzureihen. Und wenn er abends ins Bett ging, begleitete man ihn bis zu seiner Schlafzimmertür.

Eigentlich drückt sich in solchen Gewohnheiten vor allem die Achtung vor dem Amt aus, Festing aber erlebt das als Rummel um seine Person, er findet es nicht nur ungemütlich, es geht ihm auf den Geist. »Bleibt sitzen!«, ruft er in den Salon, wenn er hereinkommt und alle aufstehen, und auch auf Empfangskomitees im Hof und Gänsemärsche zum Schlafzimmer legt er keinen Wert. Die Pflicht zum dunklen Anzug schafft Festing ab, die Krawattenregel behält er bei. Um seinem Hunger entgegenzukommen, wird das Mittagessen auf 13 Uhr vorverlegt. Außerdem dürfen am Mittagessen nun auch ausgesuchte Gäste teilnehmen, bis dahin in der Via Condotti ein No-Go. Ansonsten behält der neue Großmeister im Wesentlichen das Protokoll des alten bei.

Allerdings stellt Festing beim Blick auf seine neuen Mitbewohner schnell fest, dass auch das Protokoll in der Aufrechterhaltung von Formen seine Grenzen hat. Ein Professritter im Haus ist inzwischen so alt, dass er regelmäßig Sätze von sich gibt, die keinen Sinn mehr machen, oder von imaginären Vorgängen wie seiner Brieffreundschaft mit der Königin von England berichtet. Außerdem hat er zum Leidwesen seiner Mitbrüder die Kontrolle über seine Blase verloren. Ein anderer Ritter ist oft auch tagsüber derartig betrunken, dass man irgendwann die Flaschen in seinem Zimmer konfisziert. Daraufhin beginnt er, Dienstboten zu bestechen, um seine dauerhafte Alkoholversorgung zu gewährleisten – mit Erfolg. Einmal muss ein Abendessen unterbrochen werden, weil er in einem anderen Teil des Palastes im Vollrausch auf dem Fußboden kollabiert und von mehreren Dienern ins Bett getragen werden muss. Und dann gibt es noch den Professritter mit der offensichtlichen Schwäche für junge Männer, von denen nicht immer klar ist, ob sie überhaupt volljährig sind. Es kommt vor, dass er männlichen Besuch von der Straße durch den Hintereingang des Palastes in sein Zimmer schleust, zum Entsetzen der Dienstboten. Und auf

Auslandsreisen wird er manchmal schon vor dem Hotel von jungenhaften Gestalten erwartet, mit denen er dann in die Nacht verschwindet.

Der letzte Fall wird intern nie aufgearbeitet oder näher untersucht, aber Festing bemüht sich, diese Problemritter loszuwerden, und es gelingt ihm im Laufe seiner ersten Amtsjahre auch. Ob sein Vorgänger diese Männer, denen allen zentralen Rollen in der Funktion oder Repräsentation des Ordens übertragen worden waren, überhaupt als Problem identifiziert hatte, ist unklar.

Andrew Bertie, für den der Orden inzwischen einen kirchlichen Seligsprechungsprozess angestrengt hat, soll seine Rolle vor allem als spirituelle Gallionsfigur der Malteser begriffen haben. Von ihm heißt es übereinstimmend, er habe sein Leben in zurückhaltender, frommer und bescheidener Askese geführt, jedenfalls im Rahmen seines Universums. Zu dieser Zurückhaltung gehörte offenbar auch, dass er sich aus Details im Leben seiner Ordensbrüder heraushielt, genau wie aus den Entscheidungsprozessen seiner Ordensregierung. Kam es zu sachlichen oder zwischenmenschlichen Konflikten im Haus, soll Bertie sich in sein Zimmer zurückgezogen haben, um den Rosenkranz zu beten.

Eine andere Rolle als die eines repräsentativen, konstitutionellen Monarchen von der Art der Queen, der sich nicht einmischt, ist von den meisten Regierungsmitgliedern, die zum Teil bereits seit Jahrzehnten amtieren, für den neuen Großmeister deshalb weder vorgesehen noch gewünscht. Man war bisher ja auch nichts anderes gewohnt.

Es gibt deshalb auch kaum jemanden, der sich im Palastalltag wirklich für Festing zuständig fühlt. Die Granden des Magisteriums hören sich während der gemeinsamen Mahlzeiten amüsiert Festings Anekdoten an und lachen über seine Witze, dann verschwinden sie an ihre jeweiligen Arbeitsplätze und gehen dort ihren Aufgaben nach, als hätte nie ein Großmeisterwechsel stattgefunden. Und Festing, der jenseits der vielen öffentlichen Termine eigentlich so recht keine Aufgabe hat, geht allein zurück in sein zunehmend unaufgeräumtes Büro im zweiten Stock und prusselt dort unkoordiniert und unbetreut vor sich hin. Er liest ein bisschen was. Er verfasst lange Briefe und diktiert sie seinen Sekretärinnen. Er schaut aus dem Fenster. Er fragt sich, was er hier soll.

Es ist nicht so, dass sein neues Leben keine Annehmlichkeiten mit sich bringen würde. Neben der Via Condotti stehen Festing nun unter anderem auch die beiden komplett ausgestatteten großmeisterlichen Ferienresidenzen samt Dienstpersonal zur Verfügung: Magione, ein etwas finsteres, aber früher von Bertie geschätztes mittelalterliches Schloss am Lago Trasimeno in Umbrien, und La Pagana, ein weitläufiger Sommerpalazzo aus dem 17. Jahrhundert, direkt an der Riviera. Besonders dort verbringt Festing oft längere Zeit, immer wieder lädt er dazu auch seine Familie aus England ein.

Sobald er einen der Paläste betritt, hisst man dort die Fahne des Großmeisters, das achtspitzige Kreuz, umgeben von einer Ordenskette, darüber eine Fürstenkrone. Alle nennen ihn jetzt »Your Highness«. Wenn er irgendwohin will, setzt er sich einfach in eine der drei wartenden Limousinen im Innenhof und wird loschauffiert, von einem Fahrer mit Uniform. Man putzt seine Schuhe. Man macht sein Bett. Man reinigt und bügelt seine Kleidung. Man kocht für ihn. Die Küche der Via Condotti gilt als exzellent, vom hauseigenen Chefkoch werden Festing nun Tag für Tag Menus in Restaurantqualität kreiert, serviert von livrierten Dienern mit weißen Handschuhen auf Silber aus den glorreichen Zeiten des Ordens, darunter zwei Tabletts, deren Wert pro Stück auf mehr als eine Million Euro geschätzt wird.

In seinem Salon hängen ähnlich wertvolle Gobelins aus der Hofmanufaktur der französischen Könige. Sein Auge ruht täglich auf alten Meistern der Renaissance, sein Körper auf prachtvollen Barockmöbeln. Doch all die Kunstschätze und Privilegien ändern nichts daran, dass Matthew Festing in Rom vorerst hoffnungslos vereinsamt.

Gleichzeitig beginnen ihn seine Aufgaben immer mehr anzustrengen oder zu langweilen. Im Laufe des Jahres wird Festing für Staatsbesuche um die ganze Welt geflogen, in den Libanon, nach Kenia, Kanada, Portugal, Holland und Taiwan. Er und seine Entourage fliegen dann Business Class, trotzdem sind schon die langen Flüge für ihn eine körperliche Tortur. An den Flughäfen wird Festing als Staatsoberhaupt von diplomatischen Corps empfangen und von riesigen, imposanten Polizeieskorten mit Blaulicht zum Hotel gebracht, dann gilt es Ordensprojekte zu besuchen, Grußworte abzuspulen, endlos aufeinanderfolgende Empfänge und Essen mit Staatsführern, Ministern, Ordensvertretern und Würdenträgern zu absolvieren. Manches daran macht Festing Spaß. Etwa als er in Kanada auf einer internationalen Flottenparade seinem Exarbeitgeber Prinz Philip begegnet, der ihn – so berichtet es Festing selbst – laut gefragt haben soll, was zur Hölle er denn hier mache. Daraufhin kann Festing ihm erklären, dass auch er jetzt Monarch sei.

Überhaupt hat Festing eine neugierige Freude an exotischen Ländern und Menschen, öffentliche Auftritte bleiben seine Stärke. Aber das jeweilige Programm beginnt oft schon um 6 Uhr morgens und endet selten vor 23 Uhr, es würde jeden Teenager fertigmachen. Festing aber ist ein bald 60-jähriger übergewichtiger, gesundheitlich angeschlagener Mann, die straff getakteten, gnadenlosen Abläufe quälen ihn nicht nur, sie machen ihn wütend. Schon im ersten Amtsjahr beginnt er, offen dagegen zu rebellieren. Dann bleibt er morgens einfach liegen bis sieben, während im Hotel sein mitgereistes Kabinett mit den Füßen scharrt. Er lässt den Bus mal eine halbe Stunde warten, um ein Gespräch in Ruhe zu Ende zu führen. Oder er weigert sich einfach, Termine wahrzunehmen, die er für überflüssig hält, und bleibt auf dem Zimmer. Es ist der trotzige Versuch, die eigene Unabhängigkeit gegen die Fremdbestimmung zu verteidigen.

Auch seine primäre Pflicht in Rom, nämlich Leute im Magistralpalast zu empfangen und höfliche Konversation zu betreiben, kommt ihm zunehmend absurd vor. Unter den Besuchern sind zwar auch interessante Figuren, Präsidenten, Religionsführer oder Menschen, die ihn amüsieren wie etwa der König von Tonga, der ihm zur Begrüßung erklärt, er sei sehr enttäuscht darüber, dass der Großmeister gar nicht so fett sei, wie man es ihm angekündigt hatte. Darüber kann Festing auch Jahre später noch Tränen lachen.

Aber weil für die weltweiten Projekte des Ordens die Pflege seines diplomatischen Netzwerks überlebenswichtig ist, werden in der Via Condotti auch alle in Rom stationierten Botschafter sowohl zum Antritt als auch zum Abschied ihrer Amtsperiode zum Essen empfangen, meist mitsamt den Ehepartnern. Solange ihm ebenbürtige Konversationspartner vorgesetzt werden, genieß Festing diese Essen. Sitzt er aber neben einsilbigen, von der Situation überforderten Gästen, wie das besonders mit den Ehegatten der Botschafter oft der Fall ist, ermüden und langweilen ihn solche Verpflichtungen unfassbar. In seiner Verzweiflung und um solchen Momenten ein Mindestmaß an Unterhaltungswert abzuringen, erfindet er schließlich das »Alphabet-Spiel«. Er stellt seinem Gegenüber dann so lange alphabetische Fragen, bis das Gespräch wieder flüssig läuft: Mögen sie Äpfel? Fahren sie gerne Boot? Waren sie schon mal in Caracas? Manchmal gelingt es ihm, das Spiel bis zum Buchstaben F zu treiben.

Abgesehen von alldem ist er extrem genervt davon, immer wieder seine feuerrote Nussknackeruniform mit dem klappernden Zeremonialsäbel tragen zu müssen oder das umständliche Ordensgewand, das er »Kirchenkostüm« nennt. Und Rom findet er schwer erträglich mit seinem Straßenlärm, der einen selbst in Palästen beim Schlafen stört, dem ständigen hektischen Gewusel auf der Straße und der Hitze, bei der einem auch im Spätherbst noch das Hemd am Körper klebt. Noch bevor es so richtig angefangen hat, hängt Matthew Festing das Leben als Großmeister, das er nie haben wollte, zum Halse heraus.

*

Festing macht aus seinem Unglück keinen Hehl. Er klagt darüber, oft humoristisch verpackt, aber insgesamt unverhohlen, vor seinen Ordensbrüdern, den Dienstboten, vor Besuchern und auch Journalisten. Es gibt Gruppen, die das mit großem Interesse zur Kenntnis nehmen und mehr als bereit sind, dem Frust und der Einsamkeit des neuen Großmeisters tröstend abzuhelfen.

Zunächst einmal in Rom selbst. Der Orden hat in Italien knapp 3.000 Mitglieder, etwa fünfmal so viel wie in Deutschland, außerdem sind die Malteser mit Hunderten meist historischen Immobilien und fast fünftausend Hektar Land – das Ergebnis unzähliger Schenkungen und Erbschaften seit dem Verlust von Malta – einer der größten italienischen Grundbesitzer. Schon deshalb ist der Großmeister in Italien eine öffentliche, relativ prominente Persönlichkeit, besonders der römische Adel erhebt traditionell Anspruch auf rege Interaktion mit dem Ordensfürsten. Diesen Anspruch hatte Andrew Bertie, der keinerlei Interesse an gesellschaftlichem Engagement außerhalb seiner Ordenspflichten zeigte, dauerhaft frustriert. Er zeigte sich nicht in den Clubs der Hauptstadt, er ging weder auf

Jagden noch auf Cocktailpartys, er war für die Italiener nicht greifbar.

Umso schmerzhafter war für die Italiener, dass mit Festing zum zweiten Mal in Folge ein Brite und nicht, wie es seit Malta fast zur Gewohnheit geworden war, ein Italiener den Orden regierte. 2008 hatten die italienischen Kapitulare deshalb auch mehrheitlich gegen Festing gestimmt.

Über einige Ecken ist Festing mit den alten römischen Dynastien Borghese und Doria Pamphilj verwandt, ein paar Figuren in Rom kennt er deshalb bereits, als er in der Stadt ankommt. Schon kurz nach seinem Amtsantritt meldet sich ein römischer Fürst im Großmagisterium an. Diesen Mann gälte es umgehend zu empfangen, heißt es aus Festings römischen Kontakten, er kenne jeden in Rom und ziehe hier die Strippen. Festing kann wunderbar komisch vom ersten Besuch dieses alten aristokratischen Alphatiers erzählen, es klingt dann wie eine Filmszene aus dem *Paten*. Wie der Fürst in den Palast geschlurft kommt, sich selbstbewusst breitmacht und ihn dann vor allen Italienern nördlich von Rom warnt, weil das verlogene kleine Bauern seien. Wie er ihn vor allen Italienern südlich von Rom warnt, weil das verschissene, intrigante Verräter seien. Die einzigen Leute, sagt der Fürst, dem der Großmeister vertrauen dürfe und müsse, seien die Römer. Wenn er das täte, werde man sich im Gegenzug gut um ihn kümmern. Ob er das verstanden hätte?

Andere hätten so eine Begegnung vielleicht als bedrohlich empfunden, Festing dagegen erkennt darin vor allem den Stoff für eine komische Anekdote und die willkommene Verheißung auf gute Unterhaltung. Als der Großmeister die letzte Frage des alten Fürsten in amüsierter Höflichkeit bejaht, zeigt der sich zufrieden, erklärt, er habe gehört, dass Festing gerne jage, und ob er ihn demnächst zur Jagd auf Wildschweine oder Enten einladen dürfe. Der Großmeister gewährt ihm diese Ehre gerne.

Das ist Festings Einführung in die Welt des schwarzen römischen Adels. Dazu muss man wissen, dass die italienischen Patrizierfamilien sich bis heute in »schwarzen« und »weißen« Adel unterteilen. Weißer Adel, das sind Familien, die sich 1870 nach dem Fall des Kirchenstaates auf die Seite des neuen italienischen Königs gestellt haben oder überhaupt erst von ihm geadelt wurden. Schwarzer Adel, das sind alte Familien wie die Ruspoli, die Colonna oder die Borghese, die zum Teil schon vor Jahrhunderten vom Papst geadelt wurden und ihm bis zur Schaffung des Vatikanstaates 1929 die Treue gehalten haben. Dafür wurden sie mit Privilegien und Posten als Kammerherren am päpstlichen Hof belohnt. Der Job des Kammerherrn wurde mit der Reform des päpstlichen Haushalts Ende der 1960er-Jahre entschlackt, reformiert und umbenannt in »Gentiluomo di Sua Santità« – »Edelmann seiner Heiligkeit«. Mit schwarzem Frack und goldener Kette dürfen diese Männer Besucher des Papstes empfangen und zu ihm führen, sie sind die Türöffner des Heiligen Stuhls.

Die exklusive Vergabe dieser Ämter an den alten Adel wurde inzwischen abgeschafft. Trotzdem besetzen Vertreter der wichtigsten schwarzen Dynastien bis heute einen Großteil dieser insgesamt hundert Positionen im inneren Dunstkreis des Papstes. Fast jeder dieser aristokratischen päpstlichen »Edelmänner« ist gleichzeitig Mitglied im Malteserorden. Adel, Kirche und Orden bilden in der Ewigen Stadt noch immer einen kaum zu trennenden Filz.

Keine Institution ist im gesellschaftlichen Leben dieses verwachsenen anachronistischen Milieus in Rom so relevant wie der »Circolo della Caccia«. Diesen 1869 gegründeten römischen Jagdclub im prachtvollen ersten Stock des Palazzo Borghese soll Prinz Philip als »schönsten Club der Welt« angepriesen haben. Wie im Malteserorden wird man dort nur auf Einladung Mitglied, vorausgesetzt man ist männlich. In der Regel muss man außerdem Aristokrat sein. Damen werden lediglich als gelegentliche Besucher zugelassen. Es gibt weltweit etwa 700 handverlesene Mitglieder, Prinz Charles gehört dazu, Albert von Monaco, der spanische König Juan Carlos. In den Salons der ehemals reichsten Familie Roms, in Sälen aus dem 16. Jahrhundert mit Ledertapeten, gigantischen Kristalllüstern und acht Meter hohen Stuckdecken, liegen tagsüber Fürsten und Kardinäle Zeitung lesend in den Chaiselongues, spielen Karten unter Jagdtrophäen oder besprechen sich bei einer Zigarre auf den Balkons mit Blick auf die umliegenden Plätze, während ihnen von Dienern in Frack, Seidenstrümpfen, lapislazulifarbenen Samthosen und barocken Schleifenschuhen Drinks serviert werden. Abends kann man beobachten, wie dieselben Diener tapsende, betrunkene alte Herren im Blazer und aufgekratzte Damen in flatternden Seidenkleidern durch die schluchtartigen Säulenhallen der Borghese-Residenz zu ihren wartenden Limousinen führen.

Der Caccia-Club liegt nur wenige Hundert Meter entfernt vom Magistralpalast. In der Zeit, als für Professritter der Via Condotti noch Adelsregeln galten, waren auch die meisten von ihnen Clubmitglieder, der Jagdclub galt lange als erweiterter Aufenthaltsraum des Großmagisteriums. Der Ordenshistoriker Henry Sire zitiert den inzwischen verstorbenen Professritter Cyrille Toumanoff, ein georgischer Fürst, dessen Mutter während der Russischen Revolution von Bolschewiken ermordet wurde, mit den Worten: »Zwischen Magistralpalast und dem Caccia vergisst man komplett, dass je eine Revolution stattgefunden hat.«[xii]

Wie allen römischen Malteser-Großmeistern vor ihm wird auch Matthew Festing die Mitgliedschaft im »Circolo della Caccia« angetragen. Er nimmt sie interessiert an und lässt sich im Gegensatz zu Andrew Bertie auch mit Vergnügen dort blicken.

Festing ist begeistert, dort auf eine gut Englisch sprechende, originelle, exzentrische und so für ihn maximal unterhaltsame Gesellschaft zu stoßen, in der man sich noch dazu passioniert für die Jagd interessiert. Und die Römer, die sich an Bertie die Zähne ausgebissen hatten, sind entzückt, im vereinsamten Festing einen überraschend ansprechbaren Großmeister vorzufinden.

So erschließt sich Festing ein italienisches Paralleluniversum, in dem man gerne bereit ist, ihn mit großzügigen Einladungen über die Mühsal seiner Amtsführung hinwegzutrösten. Zu seinen neuen Freunden gehören bald römische Instanzen wie der Fürst Leopoldo Torlonia, dessen Familie den Palazzo Torlonia, weitere Paläste in Rom und dazu die weltweit größte Privatkollektion antiker Marmorstatuen als Eigentum verwaltet, oder Prospero Colonna, Fürst von Avella, dessen Familie seit 23 Generationen den 500 Zimmer großen Palazzo Colonna mit seinen Kunstschätzen bewohnt und dort bereits Gastgeber für Michelangelo oder Caravaggio war – und es nun immer wieder auch für Matthew Festing ist.

Wie eine Trophäe wird der Großmeister nun in den Palästen der großen römischen Familien herumgereicht. Und seine Freunde im Caccia-Club sorgen dafür, dass seine wohl größte private Leidenschaft, die Jagd, in Italien umfassend bedient wird. Zu Festings neuen Bekanntschaften gehört auch der Chef eines traditionsreichen italienischen Waffenkonzerns. Als der Großmeister einmal auf einen Besuch im Unternehmenssitz am Rand der Alpen vorbeikommt, bittet man ihn, sich eine Waffe seiner Wahl als Geschenk auszusuchen. Festing entscheidet sich für eine elegante Flinte mit kleinem Kaliber. Er bewahrt sie zusammen mit der Büchse, die er aus England mitgenommen hat, in seinem Badezimmer im Großmagisterium auf.

So ist er bestens gerüstet für Jagdeinladungen, die nun regelmäßig aus Italien eintrudeln. Beispielsweise zu der vom Caccia-

Club organisierten Fuchsjagd vor Rom, während der man den Großmeister in der Kutsche des italienischen Meisters für Cross-Country-Kutschfahrten platziert, einem Marchese aus Sizilien. Das Gefährt wird von vier französischen Pferden in rasender Geschwindigkeit durch die Wälder gezogen, über Bachläufe oder eingefallene Mauern hinweg, immer den Füchsen hinterher, während Festing versucht, nicht herauszufallen, und vor Freude juchzt und gluckst.

Oder zu den etwa zweimal im Jahr stattfindenden Saujagden einer römischen Fürstenfamilie in deren mehrere Tausend Hektar großen Revieren in weiten umgatterten Eichenwäldern nordwestlich der Hauptstadt. An Samstagen im Herbst kommen dann frühmorgens die Standesgenossen im Jaguar, Range Rover oder auch im kleinen Fiat angefahren und werden im Losverfahren auf Hochsitze auf Schneisen im Dickicht der Krüppeleichen verteilt. Dann werden den Schützen die Wildschweine zugetrieben von Jagdhelfern auf Pferden, mit Trenchcoat, Cowboyhut und Hartholzspeeren. Viele Italiener schießen dabei mit Halbautomaten, es ist eine Geräuschkulisse wie im Krieg. Wenn sich der Pulverdampf verzogen hat und die erlegten, schmauchenden Wildschweine aufgereiht am Waldrand liegen, sitzt Festing umringt von Jagdhunden und alten römischen Fürsten bei Rotwein und Pasta an einem Holztisch unter den Bäumen, lässt sich die Welt erklären und ist glücklich.

Bald entfaltet das gewaltige soziale Upgrade des Matthew Festing auch jenseits der Alpen seine Wirkung. Die umtriebige deutsche Fürstin Gloria von Thurn und Taxis, die einen Teil des Jahres am historischen Palazzo del Grillo am Forum Trajanum residiert und Festing bereits von den Lourdes-Pilgerfahrten kennt, freundet sich mit dem Großmeister an und nimmt ihn unter ihre Fittiche. In ihrem Salon, von dem sie selbst einmal sagte, man könne dort als Gast auf »Transvestiten oder Nonnen« stoßen, vernetzt sie ihn mit der orthodoxen Elite im Vatikan, mit Kardinälen wie dem Amerikaner Raymond Burke oder dem deutschen Walter Brandmüller. Bald beginnt sie, den Großmeister außerdem zur jährlichen Wildschweinjagd nach Regensburg einzuladen.

Im Thurn-und-Taxis-Schloss St. Emmeram begegnet er auch Mitgliedern vom »Orden vom Goldenen Vlies«, dem alten Hausorden der Habsburger Kaiser. Seit dem 15. Jahrhundert wird dieser Orden an die Chefs der wichtigsten Familien der Habsburger Einflusssphäre vergeben. Noch heute treffen sich die weltweit etwa hundert Ordensträger unter dem Vorsitz von Karl Habsburg-Lothringen, dem Enkel des letzten Kaisers von Österreich, regelmäßig einmal im Jahr an wechselnden Orten in Europa, gedenken in einer feierlichen Messe der Verstorbenen des Hauses Habsburg und halten anschließend in einem Hotel oder dem Anwesen eines Mitglieds ein Dinner ab.

Der Vliesorden ist noch immer der wichtigste Verein katholischer Monarchen und Fürsten Europas. Zu den Mitgliedern gehören der belgische König, der Großherzog von Luxemburg und der Chef des portugiesischen Königshauses, aber inzwischen auch Großindustrielle wie der österreichische Milliardär Max Turnauer und traditionell der Großmeister des Malteserordens, mit dem die Habsburger immerhin über Jahrhunderte eine Allianz auf dem Mittelmeer geführt haben. Als der Vliesorden 2011 in Rom tagt, wird Matthew Festing deshalb gebeten beizutreten. Auch darum lässt der Großmeister sich nicht zweimal bitten. Festings Parkett ist jetzt ganz Europa. Er wird in die schönsten »Häuser« und Jagdreviere des Kontinents eingeladen, von Ungarn bis Spanien beginnt man, sich mit der Anwesenheit des äußerst unterhaltsamen Maltesergroßmeisters zu schmücken.

Festing, der sich bis vor Kurzem noch darüber freute, wenn der Bürgermeister seines Heimatortes seinen Namen kennt, spielt jetzt nicht nur dem Titel nach, sondern tatsächlich in der Liga der Monarchen. Er und seine Ordensbrüder im Goldenen Vlies nennen sich im Scherz gegenseitig »lieber Cousin«, so wie es früher zwischen Maltesergroßmeister und den Königen Europas üblich war, um ihre Augenhöhe deutlich zu machen. Im Adressbuch seines kleinen Nokia-Handys hat Festing zwischenzeitlich unter dem Buchstaben K »King of Spain« gespeichert, das hat Gloria von Thurn und Taxis ihm dort eingetippt, nachdem der König den Großmeister das erste Mal privat zu sprechen wünschte. Und in seinem Umfeld erinnert man sich, dass Festing sich am Telefon irgendwann nicht mehr mit »Festing«, sondern nur noch reflexhaft als »Highness« gemeldet habe, bis man ihn diskret auf diese Verwechslung von Anrede und Selbstbezeichnung hingewiesen habe. Sollte das so gewesen sein, wäre das nicht die einzige Schieflage, die im Laufe seiner ersten Amtsjahre entsteht.

Schnaufende Kessel

Bei all den Etagen, die sich dem Großmeister nun nach oben hin eröffnen, darf man sich Festing nicht als jemanden vorstellen, den das abgehoben oder protzig machen würde. Statussymbole und die Insignien seiner Macht sind ihm relativ egal, und soweit man das von einem Bewohner des Magistralpalastes behaupten kann, bleibt der von ihm gestaltbare Teil seines Lebens verhältnismäßig bescheiden. Er besitzt nicht mehr als eine Handvoll Hosen und Pullover, seine Hemden trägt er weiterhin bis zur Verschleißgrenze, und wenn er mal im kleinen Kreis essen geht, dann eher in die einfache Pizzeria als ins teure Nobelrestaurant.

Auch das Feuer für den Dienst an den Armen verlässt ihn nicht. Mehrmals im Monat, wann immer es sein Terminkalender zulässt, zieht er sich die alte Barbourjacke und seine Tweedmütze über und stellt sich an einer der Suppenküchen für Obdachlose, die der Orden an den Bahnhöfen Termini und Tiburtina betreibt, an die Töpfe. Er teilt dann Essen aus, plaudert, scherzt und lacht mit Junkies, Flüchtlingen oder Straßenprostituierten genauso gut gelaunt, herzlich und unbefangen, wie er das mit Fürsten tun würde.

Es ist auch nicht so, als würden ihn die Titel oder Vermögenswerte seiner neuen Bekanntschaften im Caccia-Club oder dem Vliesorden besonders faszinieren. Für ihn ist die Tatsache, jetzt mit Königen und Herzögen befreundet zu sein, nicht sonderlich aufregend, jedenfalls nicht mehr, als es die Freundschaft mit Motorradgangchefs oder Piratenschiffkapitänen wäre – ausschlaggebend sind für ihn Unterhaltungswert und Komfort, nicht so sehr die Statusfrage. Und in Wirklichkeit ist ihm die Welt dieser Menschen ja durch seinen biografischen Hintergrund auch relativ vertraut, in einem katholischen Fürstenhaus bewegt sich Festing viel natürlicher und selbstverständlicher, als er das im Lebensraum einer genderbewegten Yoga-Lehrerin in Berlin-Mitte je könnte.

Wer Festing über längere Zeit erlebt, gewinnt den Eindruck, dass er Menschen im Wesentlichen einteilt in solche, die ihm Spaß machen und die nett zu ihm sind, und solche, die ihm, aus welchen Gründen auch immer, das Leben schwer machen oder ihn langweilen. Mit Menschen der ersten Kategorie schließt Festing schnell und umstandslos Freundschaften, die oft von beiden Seiten als echt empfunden werden. Für seine Freunde ist Festing da und drückt auch mal ein Auge zu, wenn es sein muss. Menschen der zweiten Kategorie dagegen versucht er, scheint es, tendenziell eher loszuwerden. Aber anders als früher ist Festing jetzt in der Position, all das auf einmal mit der außergewöhnlichen Fülle seiner Amtsgewalt durchsetzen zu können. Damit beginnen die eigentlichen Probleme.

*

Das erste Gewitter seiner Amtszeit zieht über Festings Freunden und Rekruten aus dem von ihm gegründeten Großpriorat England auf. Dazu sollte man wissen, dass nicht nur die Professritter der alten Schule, sondern auch die Professen der neuen Generation ein außerordentlich schrulliger Haufen Männer sind, und das nicht nur in England. Das hängt vielleicht auch damit zusammen, dass die Einstiegshürden in diesen »ersten

Stand« vergleichsweise niedrig sind. Die Einhaltung der Gelübde von Armut, Keuschheit und Gehorsam wird kaum überprüft. Und die Adelsbedingung für Professritter wurde im letzten Jahrhundert abgeschafft. Gleichzeitig ist der Prestigegewinn in gewissen Kreisen noch immer extrem hoch: Immerhin stellt die kleine Gruppe der Professritter bei den alle fünf Jahre stattfindenden Regierungswahlen des Ordens, dem Generalkapitel, etwa die Hälfte der Wahlmänner. Und auch die Ordensregierung, der Souveräne Rat, muss zur Hälfte mit Professrittern besetzt sein. Als nicht völlig seniler Professritter stehen die Chancen auf einen Regierungsposten etwa eins zu fünf. Dadurch bietet sich auch sozialen Quereinsteigern die Möglichkeit, nahezu barrierefrei auf die höchste Hierarchiestufe des ansonsten noch immer vom alten Adel beherrschten Ritterordens zu gelangen – inklusive der realistischen Hoffnung, als Regierungsmitglied ein Palastleben mit allen Privilegien führen zu dürfen, mit gewaschener Wäsche, gebügelten Hemden, servierten Mahlzeiten, Fahrten in der Limousine und einem möblierten Apartment im Großmagisterium.

Schon seit mehreren Jahrhunderten leidet der »Erste Stand« darunter, dass er als Abstellbahnhof für Söhne adliger Familien benutzt wurde, die man sonst nirgendwo untergebracht bekam. Das ist eher der aussterbende Teil der Professen. Dafür wächst nach mehreren Berichten auch aus den Reihen der Professritter selbst offenbar der Anteil der Männer auf der Suche nach einem ästhetisch erträglichen Versteck für die eigene Homosexualität oder die Gruppe der vermögenden, verwitweten Pensionäre auf der Suche nach einer prestigeträchtigen Veredelung ihres letzten Lebensabschnitts.

Solche und andere Hintergründe schließen ein exemplarisches Ordensleben nicht aus. Es gibt heute noch Professritter, die sich auch im Alltag in den Suppenküchen, Altersheimen,

Krankenhäusern oder Besuchsdiensten des Ordens regelmäßig in den Dienst der »Herren Kranken« oder Armen stellen und mit ihrem frommen Lebenswandel für den Rest des Ordens ein Ansporn und Beispiel in der Gottes- und Nächstenliebe sind. In Gesprächen mit Ordensleuten werden solche Professritter aber so oft namentlich hervorgehoben und mit derartigem Nachdruck erwähnt, dass man den Eindruck bekommt, sie seien wunderliche Geistwesen, die sich versehentlich in die Wirklichkeit der Großpriorate verirrt hätten. Für die Gesamtqualität des religiösen Ordenskerns, den die Professritter verkörpern, spricht das eher nicht.

Bereits als Großprior von England war es Festings erklärtes wichtigstes Anliegen, die Anzahl der Professen zu erhöhen, er wollte ja schließlich seinen Teil zum Überleben des Ordens beitragen. Folglich bemühte er sich eher darum, Hindernisse für potenzielle Kandidaten aus dem Weg zu schaffen, und weniger darum, Anwärter kritisch auszusieben. Das britische Großpriorat hatte deshalb bald, gerechtfertigt oder nicht, den Ruf, es werde dort jeder aus welchen Gründen auch immer unverheiratete Mann im Umfeld des Ordens als Professritter angenommen, wenn er nur wolle.

Das hatte auch damit etwas zu tun, dass der im Grunde konfliktscheue Festing seine Rekruten nicht ernsthaft auf Herkunft oder Familienzugehörigkeit abklopfte. Kriterien, die in der englischen Assoziation noch immer eine erhebliche Rolle spielen. Anders als beispielsweise in Deutschland sind in Großbritannien Adelstitel nicht automatisch Bestandteil des Namens. Umso rigoroser wird dort Klassenidentität durch Codes wie Sprache oder Kleidung hergestellt und verteidigt – schon wer etwa das stille Örtchen »Toilet« nennt statt »Loo«, verrät damit augenblicklich, dass er nicht zu der Gesellschaft gehört, aus der englische Malteser schwerpunktmäßig ihre Mitglieder beziehen.

Aber Festings Professanwärter sind meistens keine aristokratischen Eton- oder Ampleforth-Alumni, es sind ganz normale Schullehrer, Busfahrer und Weinhändler darunter, nach den ungeschriebenen Regeln der englischen Upperclass tragen sie die falschen Schuhe, sagen die falschen Sachen, waren auf den falschen Schulen.

In der Assoziation nimmt man das skeptisch und naserümpfend, aber eher amüsiert hin, Festings Großpriorat wird als exzentrisches Kuriosum belächelt und unterm Strich gemocht. Das liegt auch daran, dass Festing bei allem Fremdeln mit dem modernen Katholizismus und aller Liebe zur alten, lateinischen Messliturgie nicht als militanter Verfechter einer vorkonziliaren Kirche auftritt. Das hatte die Mehrheit der englischen Malteser bis dahin auch davon abgehalten, dem unter Katholiken weitverbreiteten Ressentiment gegenüber den Traditionalisten zu folgen und die Liebhaber der alten Messe reflexhaft in die Schmuddelecke zu stellen.

Doch als Festing 2008 in England abtritt und als Großmeister nach Rom geht, ändert sich das. Denn der neue Großprior, Festings bisheriger Vize Frederik Crichton-Stuart, ist ein anderes Kaliber als sein Vorgänger. Festing selbst hatte in England sogar vergeblich davor gewarnt, Crichton-Stuart zum neuen Chef der dortigen Professen zu machen. Crichton-Stuart versucht nun auf gemeinsamen Einkehrtagen der englischen Malteser, die vom Großpriorat organisiert werden, den alten Ritus als Standardliturgie durchzusetzen. Er will das »Silentium« einführen, also Zeiten, in denen nicht einmal geflüstert werden darf. Er beginnt die Bibel auf Latein vorzulesen und verlangt von Ordensmitgliedern, sich während der Karfreitagsliturgie minutenlang flach auf den Kirchenboden zu legen. All das sorgt für Befremden in der Assoziation und für Begeisterung unter britischen Traditionalisten wie den Mitgliedern der »Latin Mass Society«, die sich nun um das Großpriorat scharen.

Schon unter Festing gab es zwischen Assoziation und Großpriorat ein riskantes Ungleichgewicht. Die Assoziation hat knapp 300 Mitglieder, 500 ständige Volontäre und ist Träger der karitativen Ordenswerke, in England sind das vor allem die etwa 70 Altenheime. Trotzdem unterliegt die Assoziation laut Ordensstatuten hierarchisch dem Großpriorat, zu dem damals nur sieben Professritter und 24 Anwärter gehören, die sich theoretisch primär mit dem geistlichen Ordensleben befassen. Gleichzeitig ist die Assoziation eine eingetragene Wohltätigkeitsorganisation und steht damit nach dem britischen Gesetz wiederum über dem Großpriorat, für das es juristisch mitverantwortlich ist. Dabei herrscht in beiden Gruppen ein völlig unterschiedliches Verständnis davon, was es bedeutet, Malteserritter zu sein: In der Assoziation begreifen viele den Orden primär als Wohlfahrtsverband, unter dessen Dach man Gleichgesinnte treffen und inspiriert vom christlichen Glauben Gutes tun kann. Im Großpriorat verstehen dagegen viele die Malteser vor allem als kirchlichen Orden, der sich zuerst auf die geistliche und liturgische Praxis und erst dann auf die Werke konzentrieren soll. Dabei sind diese beiden Bereiche seit dem Mittelalter bis heute untrennbar im Ordensmotto miteinander verbunden: »Tuitio Fidei et Obsequium Pauperum« – Bezeugung des Glaubens und Hilfe den Bedürftigen.

Das »Tuitio Fidei« des Großpriorats jedenfalls nimmt ab 2008 zunehmend verstörende Formen an. Das sichtbare Leben der englischen Professritter spielt sich zu dieser Zeit vor allem in der historischen Kapelle des Londoner Krankenhauses St John & St Elizabeth hinter dem Regent's Park ab. Im Vorstand des Krankenhauses sitzen mehrere Malteser. Der Orden hat für die angeschlossene Kapelle seit dem vorletzten Jahrhundert immer wieder Geld gespendet. Doch obwohl das viele Malteser glauben, gehört die Kirche nicht dem Orden, sondern dem

Bistum Westminster. Sie untersteht dem zuständigen Pfarrpriester, und sie wird zwar auch von vielen Maltesern, aber vor allem vom Personal und den Patienten des Krankenhauses besucht.

Trotzdem nutzt das Großpriorat diese Kapelle als primäre Anlaufstelle, feiert dort regelmäßig Messen und führt sich unter Crichton-Stuart auch immer mehr auf wie der eigentliche Hausherr. Die »Herren Kranken«, die in der Kirche auftauchen, werden von vielen Prioratsmitgliedern als Störung des Liturgiebetriebs wahrgenommen, man klagt über das unangemessene Tragen von Pyjamas, die lautstarke Nutzung von Sauerstoffmasken und Atemgeräten oder die im Weg stehenden Rollstühle. Und während für manche Patienten Anwesenheit von alten Männern in schwarzen Ordensroben und die Feier einer lateinischen Messe im tridentinischen Ritus etwas Tröstliches hat, erleben andere Krankenhausbesucher das Treiben der Professritter schlichtweg als Furcht einflößend. Es mehren sich die Beschwerden, das Verhältnis zwischen Assoziation und Priorat verschlechtert sich auch darüber zusehends.

Im englischen Orden häufen sich außerdem Gerüchte über das schwule Privatleben einiger Professritter. Unter den Katholiken in England ist man deutlich weniger homophob als anderswo in Europa, aber gerade die doppelmoralische Verquickung von angeblich privater Ausschweifung mit zölibatären Gelübden und der öffentlichen Zurschaustellung traditionalistischer Strenge sorgt in der Assoziation für Empörung.

Nur wenige Häuserblocks vom Krankenhaus entfernt befindet sich die Zentrale der britischen Assoziation, ein Wohnhaus aus dem 18. Jahrhundert, dessen Räume auch das Großpriorat für soziale Anlässe nutzen darf. Für sich und einen wachsenden Kreis Gleichgesinnter veranstalten die Professritter dort Mittagessen nach der Sonntagsmesse und Dinnerpartys am Donnerstagabend. Auch von diesen Essen dringen bald unvorteilhafte Berichte nach außen, die in der Beschreibung eines Abends kulminieren, an denen drei betrunkene Teilnehmer gemeinsam und textsicher das Horst-Wessel-Lied abgesungen haben sollen, die Hymne der NSDAP.

Die Situation eskaliert schließlich mit dem Fall Vernon Quaintance. Im Jahr 2007, als Festing noch Großprior ist, taucht Quaintance, ein über 60-jähriger Londoner Telefontechniker und Hobbyfotograf, erstmals im Umfeld des Großpriorats auf. Er erweist sich als kundig in liturgischen Fragen, hilft bald als Messdiener in der Kapelle aus und übernimmt 2009 schließlich für die Professritter den Dienst als Küster in der Sakristei der Hospitalkapelle. Quaintance engagiert sich außerdem in der »Latin Mass Society«. Dort entdeckt man etwa zeitgleich, dass Quaintance Betreiber einer Website namens »Gilgal Society« ist und sich dort obsessiv mit dem Thema adoleszenter Beschneidung, de facto also mit den Geschlechtsteilen männlicher Teenager beschäftigt. In der »Latin Mass Society« geht man daraufhin auf Abstand zu Quaintance. Es gibt damals mehrere Professritter, die sowohl in diesem Verein als auch im Großpriorat aktiv sind. Einer von ihnen informiert Festings Nachfolger Crichton-Stuart darüber, doch der soll den Betrieb der Website als exzentrisch, aber harmlos verbucht haben. Ebenfalls 2009 erfährt ein anderes Prioratsmitglied, dass Quaintance aus einer vorherigen Gemeinde entfernt worden sei wegen des Verdachtes auf pädophile Tendenzen. Es tut das als unbewiesenes Gerücht ab.

Unternommen wird wegen alldem nichts. Im Gegenteil, 2010 stimmt ein weiteres Mitglied des Priorats, ein Mann, der für die Messabläufe zuständig ist, Quaintances Vorschlag zu, einen Messdienerjungen privat zu unterrichten. Er beruhigt sich damit, dass die Mutter des Jungen dabei anwesend sei. Als er erfährt, dass Quaintance den Jungen zum Essen eingeladen und privat mit dem Auto durch die Gegend gefahren hat, ermahnt er Quaintance, dies »dürfe nicht wieder vorkommen«.

Im Oktober 2010 erfährt ein weiterer Professritter von Quaintances Rauswurf aus seiner vorherigen Gemeinde, weil der sich »merkwürdig« gegenüber männlichen Teenagern verhalten habe und weil bekannt geworden war, dass Quaintance davor bereits aus einer anderen Gemeinde geschmissen worden war wegen »unreiner Akte gegen minderjährige Jungen«. Das alles wird am 21. Oktober noch einmal dem Großprior Crichton-Stuart und seinem Kanzler Duncan Gallie, einem Schullehrer, vorgetragen.

Man schließt daraus nicht, Quaintance rasch zu entfernen, sondern nur, zur Sicherheit noch einmal seinen Hintergrund zu recherchieren. Schließlich, heißt es, sei immer noch nichts »bewiesen«. Mit dem zuständigen Bistumspriester teilt man die Informationen vorsichtshalber auch nicht, man will dessen ohnehin schlechte Meinung über die Professritter nicht bestärken. Allerdings habe man Quaintance ab dann »genau beobachtet«, heißt es im Großpriorat.

Trotzdem wollen der Großprior und Kanzler Gallie erst am 30. Januar 2011 davon erfahren haben, dass Quaintance auch einen Messdiener unterrichtet. Man lässt noch eine Woche verstreichen, dann erst wird der Pfarrer informiert und gleichzeitig der Kanzler der Assoziation, Nicholas Crean, der sofort die Krankenhausleitung einschaltet, die wiederum umgehend zur Polizei geht.

Was zwischen Quaintance und dem Messdiener genau vorgefallen ist, bleibt unklar. Britische Medien werden später berichten, 2011 sei ein Fall von sexuellem Missbrauch durch Quaintance polizeilich dokumentiert, aber nicht vor Gericht verhandelt worden. Jedenfalls wird Quaintance noch im selben Jahr wegen des Besitzes von Kinderpornografie festgenommen, 2014 wird er wegen fünf Fällen von Kindesmissbrauch aus der Zeit vor dem Großpriorat zu 18 Monaten Gefängnis verurteilt.[xiii]

Intern ist der Fall ein Eklat. Das Krankenhaus erteilt den verantwortlichen Professrittern Hausverbot auf seinem Gelände. Vincent Nichols, der Erzbischof von Westminster, will den Maltesern die Nutzung der Kapelle verbieten. Und die Assoziation sieht sich in allen über die letzten Jahre gewachsenen Vorurteilen über das Großpriorat als stramm rechtes Sammelbecken sexuell über die Stränge schlagender alter Männer bestätigt, man spricht jetzt gehässig vom »Grand Cottage« oder der »Pink Priory«. Allerdings ist man gegenüber dem hierarchisch höherstehenden Priorat nach wie vor nicht weisungsbefugt. Und trotz immer lauter werdender Proteste aus der Assoziation werden dort weder personell noch in sonst einer Form Konsequenzen gezogen.

Festing weiß von alldem und scheint aus Rom eine schützende Hand über das von ihm gegründete Großpriorat zu halten. Der Großprior, Frederik Crichton-Stuart, stirbt 2011 nach langer Krankheit, er wird von Ian Scott, einem Freund Festings, ersetzt. Der zweite Mann im Großpriorat, der für den Skandal mitverantwortliche Kanzler und Schullehrer Duncan Gallie, ebenfalls ein enger Freund Festings, sitzt seit 2009 auch in der römischen Ordensregierung und wurde dort von Festing zu allem Überfluss zum »Director of Vocations«, dem Verantwortlichen für die Rekrutierung neuer Professritter des Gesamtordens, ernannt. Seither pendelt Gallie zwischen Via Condotti, dem Großpriorat und seinem Arbeitsplatz, der katholischen Schule St. Edmunds. Auch an seiner Position ändert sich durch den Fall Quaintance nichts.

Am lautesten protestiert gegen all das Nicholas Crean, der Kanzler der Assoziation, der die Quaintance-Affäre an das Krankenhaus gemeldet hatte und den Professrittern nun die wöchentlichen Dinnerpartys in der Malteserzentrale verbietet. Kurz darauf wird Crean vom neuen Präsidenten der Assoziation, auch ein Freund und Cousin von Festing, abgesetzt.

In London kommt es im Frühjahr 2012 schließlich zu einer tumulthaften Sitzung der Assoziation, an deren Ende neun Mitglieder des Leitungsgremiums demonstrativ den Raum verlassen und aus Protest gegen die ausbleibende Konsequenz des Skandals kollektiv ihre Ämter niederlegen. Große Teile der Assoziation und des Großpriorats sind inzwischen derartig zerstritten, dass sie nicht mehr miteinander sprechen, die Aktivitäten des Ordens in England kommen darüber über Monate fast komplett zum Erliegen.

Im April desselben Jahres wird die Sache öffentlich. Ein Artikel in der *Daily Mail* berichtet erstmalig von der Quaintance-Affäre und einem »außergewöhnlichen Schisma im Herzen des Malteserordens«. Einen Monat später macht in England ein anonymer Brandbrief britischer Malteser die Runde. Die Autoren arbeiten sich darin an mehreren Professrittern namentlich ab, vor allem geht es darin um die angeblich rechtsextremistische und islamfeindliche Weltanschauung im Umfeld des Großpriorats und den Fall Quaintance. Die Verfasser des Briefes erklären, sie hätten die Professritter schon vor Jahren vor dem Pädophilen gewarnt. »Wir wollen, dass der Orden wieder zur Idee zurückfindet, auf der er vor tausend Jahren gegründet wurde«, schließt der Brief. »Stattdessen versinken wir in einem Sumpf aus Vertuschung, Täuschung und Unehrlichkeit.«

Beide Texte erreichen schließlich auch das St. Edmund's College, wo Duncan Gallie als Lehrer arbeitet. Dort zieht man umgehend Konsequenzen und bittet Gallie, seine Aufgaben an der Schule niederzulegen. Gallie folgt dieser Bitte.

Gallie ist Mitglied der Ordensregierung. Als er seinen Job verliert, lässt sich die englische Krise nun auch in Rom nicht mehr verdrängen. Ordensminister wie der deutsche Großhospitalier Albrecht Freiherr von Boeselager schlagen vor, dass Gallie temporär sein Regierungsamt ruhen lässt, bis die Vorgänge in England untersucht und abschließend geklärt sind. Festing sieht das nicht ein, im Gegenteil, er schützt seinen Freund und wird wütend, wenn es um Konsequenzen für Gallie geht, dem, findet Festing, schließlich juristisch bisher nichts vorgeworfen wurde. Als Festing auf einer Reise der Ordensregierung nach Moskau im Juli 2012 von zwei Professrittern aus seinem Kabinett noch einmal offensiv mit dem Fall Gallie konfrontiert wird, soll der Großmeister einen von ihnen mit erhobenen und kreisenden Fäusten unter lauten »Fuck off!«-Rufen davongescheucht haben.

Doch dann erklärt noch im selben Sommer der Heilige Stuhl, Papst Benedikt werde Duncan Gallie nicht zur alljährlichen Privataudienz der zehnköpfigen Ordensregierung empfangen, man wünsche, dass der englische Professritter dem Termin fernbleibt. Das steigert scheinbar nur Festings Zorn. Er untersagt daraufhin auch den restlichen Regierungsräten, an der Audienz teilzunehmen, und erscheint lediglich mit den drei höchsten Ministern beim Papst. Darüber wiederum sind die zurückbleibenden Kabinettsmitglieder entrüstet, die meisten von ihnen sind sich inzwischen ohnehin einig, dass sich die britische Krise nicht länger aussitzen lässt.

In der Via Condotti sehen die meisten das Problem vor allem in der Verfasstheit des englischen Großpriorats und der Vertuschung der jüngsten Ereignisse. Der Großmeister selbst dagegen deutet das britische Drama primär als Kompetenzgerangel zwischen den beiden koexistierenden Vereinigungen. Tatsächlich beschäftigt Festing sich seit Jahrzehnten mit dem Thema. Er hatte während der Diskussionen zur Gründung seines Großpriorats schon den damaligen Großmeister Bertie davor gewarnt, eine Assoziation und ein Priorat gleichzeitig aufrechtzuerhalten, das gäbe einen »doppelköpfigen Hund« und führe zwangsläufig zu Problemen. Wohl auch deshalb beschließt Festing nun, die aktuelle Krise zugunsten seiner alten Freunde zu lösen. Er erklärt, er wolle zur Lösung des Konflikts nun alle englischen Malteser, also das Großpriorat und die Assoziation, zu einem nationalen Großpriorat verschmelzen unter der Führung der englischen Professritter.

Damit löst Festing sowohl in England als auch in seinem römischen Kabinett große Nervosität aus. Auf der britischen Insel käme dieser Schritt einer feindlichen Übernahme aller dortigen Malteser durch die Professritter gleich. Außerdem gibt es Mitglieder des englischen Großpriorats, die völlig unumwunden zugeben, dass sie hoffen, aufgrund einer steigenden Anzahl von Professanwärtern bald ein zweites Großpriorat in England eröffnen zu können, um dem »Ersten Stand« so nicht nur die Kontrolle über die Malteser in England, sondern auch über den gesamten Orden zurückzugeben. Denn bei den Regierungswahlen der Malteser stellt jedes Großpriorat laut Ordensverfassung drei Kapitulare. Während die Professritter bisher nur die Hälfte der Wahlmänner stellen, würde das Gleichgewicht schon mit einem Großpriorat mehr zur absoluten Mehrheit für den »Ersten Stand« kippen, die Professritter könnten dann theoretisch unangefochten den Orden führen, so wie es früher üblich war und Festing es sich schon lange wünscht.

Für die meisten Assoziationspräsidenten ist die Vorstellung des Malteserordens in der Hand der Professritter in ihrer gegenwärtigen Verfassung ein Albtraum. Ganz abgesehen davon sind viele Präsidenten und auch Minister wie Albrecht Boeselager überzeugt davon, dass die Verschmelzung von Großpriorat und Assoziation in England die endgültige Spaltung und damit den Untergang der britischen Malteser einleiten würde. Boeselager gehört zu denjenigen, die das auch laut sagen. Am Ende drängen Boeselager, der Großkanzler des Ordens, Jean-Pierre Mazery, und andere darauf, die Vorgänge in England vor weiteren Schritten durch einen eigenen Delegaten untersuchen zu lassen. Festing ist alles andere als begeistert, aber er gibt dem Druck schließlich nach.

*

Der Mann, auf den man sich als Kommissar einigt, ist Marwan Sehnaoui, der Präsident der libanesischen Malteserassoziation. Über Sehnaoui gibt es schon deshalb einiges zu sagen, weil er auch im weiteren Verlauf dieser Geschichte eine besondere Rolle spielen wird. Er ist ein kleiner drahtiger Mann mit listigem Blick unter riesigen, buschigen, silbergrauen Augenbrauen, die etwa viermal so dick sind wie sein schütteres Bärtchen, sein Gesicht ist das eines alten Indianerhäuptlings. Wenn er spricht, wählt er seine Worte mit Bedacht, aber jedes sitzt. Bellt er mit seiner heiseren Stimme ein »Listen!« in den Raum, kann er davon ausgehen, dass man schlagartig den Mund hält und ihm zuhört. Als Typ könnte man sich den Libanesen auch als flamboyante Unterweltgröße vorstellen, die mit breitem Hut, diamantenbesetztem Stock und einem schillernden Anzug in der South-Bronx aus einem Cadillac steigt. In Wirklichkeit zieht er aber sportliche Rentnermode vor und kommandiert aus der sechsten Etage seines modernen Büroturms im Botschaftsviertel von Beirut heraus die einzige Assoziation der Malteser im Nahen Osten.

Es gibt verschiedene Gründe dafür, dass Sehnaoui und die libanesischen Malteser bereits damals einen legendären Status im Orden genossen. Das hat zum einen schon mit der Geschichte der Assoziation zu tun, die 1981 gegründet wurde, als im Land der Bürgerkrieg tobte und das Rote Kreuz den Libanon verlassen hatte, weil es ihm zu gefährlich wurde. Die Malteser dagegen entwickelten unter Mithilfe von Sehnaoui ein medizinisches Versorgungsnetzwerk bis in die entlegensten Kriegsgebiete, dabei wurden Mitarbeiter und Helfer beschossen, entführt und auch ermordet, trotzdem bauten die Ritter noch während der Gefechte und bis nach dem zweiten Krieg 2006 überall im Land Gesundheitszentren, mobile Kliniken und Krankenhäuser auf, in denen mittlerweile etwa 90.000 Menschen im Jahr behandelt werden, inzwischen zu einem Großteil syrische Flüchtlinge.

Im Libanon koexistieren heute 18 Religionsgemeinschaften auf einer Fläche, die halb so groß wie Rheinland-Pfalz ist. Große Teile der Region werden noch immer von der Schiitenmiliz Hisbollah kontrolliert. Mit den Flüchtlingen aus Syrien sind Millionen Sunniten ins Land geströmt. In dieser potenziell explosiven Gemengelage ist es Sehnaoui gelungen, die christlichen Malteser als Brückenbauer zwischen den teils verfeindeten Religionsgruppen zu positionieren. Die Ritter versorgen mit ihren Projekten Menschen aus allen Glaubensgemeinschaften. Sie kooperieren dabei mit Vertretern aller Religionen. Die kleine libanesische Assoziation verkörpert das, was der Gesamtorden im humanitären Bereich darstellen will: einen diplomatischen, karitativen und friedensstiftenden Player in den Krisengebieten der ganzen Welt.

Dazu kommt das »Chabrouh-Projekt«, für das junge Malteser und Volontäre aus der ganzen Welt jährlich Hunderte von schwerbehinderten Libanesen, Kinder und Alte, Muslime und Christen aus diversen Heimen im Land holen, um Ferien mit ihnen zu machen. Der Orden hat Millionen an Spendengeldern aufgewendet, um für diese internationalen Camps in den Bergen über Beirut einen behindertengerechten Ferienkomplex mit Schwimmbad und eigener Kapelle auszubauen. Inzwischen fliegen über das Jahr verteilt Gruppen aus fast allen Assoziationen in den Libanon, um in Chabrouh jeweils für einige Wochen die geistig und körperlich behinderten Gäste zu unterhalten, zu pflegen, zu waschen, ihnen die Mahlzeiten zu servieren, Lieder zu singen, mit ihnen zu beten, Feste zu feiern, Ausflüge zu machen und ihnen so schönstmögliche Ferientage zu organisieren. Die meisten Teilnehmer kehren verändert von solchen Wochen zurück. Das Projekt hat keinen anderen Zweck, als praktizierte Nächstenliebe – und damit den ersten und eigentlichen Auftrag des Ordens – für alle Beteiligten unmittelbar erlebbar zu machen. In Sehnaouis Assoziation spricht man deshalb auch, mit dem im Libanon üblichen Pathos, vom »Trainingscamp der Liebe«.

Für die Malteser ist dieses Projekt im Heiligen Land, wenige Autostunden von Jerusalem entfernt, die derzeit konkreteste Wiederannäherung an die eigenen Wurzeln und neben den Pilgerfahrten nach Lourdes die wohl anschaulichste Umsetzung des Geistes, dem sie ihre Gründung als Diener der Notleidenden vor knapp einem Jahrtausend zu verdanken haben.

Für all das steht Sehnaoui. Aber sein Status im Orden hat noch mit einer anderen Eigenschaft zu tun. In Quentin Tarantinos Gangsterfilm »Pulp Fiction« gibt es eine von Harvey Keitel gespielte Figur namens Mr. Wolf, dessen Spezialität und primäre Aufgabe darin besteht, Probleme zu lösen. Wenn man ihn anruft, ist er in wenigen Minuten da, entschärft Krisen binnen kürzester Zeit und verschwindet dann wieder ins Nirgendwo. Ungefähr so eine Figur ist der kleine Libanese für die Malteser.

Dabei hilft ihm vor allem seine verblüffende Gabe, die Mission seines Ordens im Dienst der Armen auf Knopfdruck derartig dringlich, anrührend und bewegend in Worte fassen zu können, dass nach diversen übereinstimmenden Berichten dabei regelmäßig auch die abgebrühtesten und widerborstigsten

Staats- und Religionsführer feuchte Augen bekommen oder tatsächlich beginnen zu weinen und anschließend oft zu vorher undenkbaren Zugeständnissen bereit sind. Das macht Sehnaoui zur Geheimwaffe der Malteser.

Gerade erst hatte der Libanese für den Orden eine der heikelsten Krisen der letzten Jahrzehnte entschärft. Ende 2007 war bekannt geworden, dass der spätere Trump-Berater Joseph Schmitz, Ex-Generalinspekteur beim Pentagon und damals Chefberater beim privaten Söldnerkonzern Blackwater, Mitglied beim Malteserorden ist. Eine der drei US-Assoziationen hatte ihn aufgenommen; in Rom, wo man nicht wusste, wer er ist, hatte man den Mitgliedsantrag unbedacht durchgewunken. Dann kam es zu einem Massaker an 14 irakischen Zivilisten durch Blackwater-Sicherheitskräfte, die während des Irakkrieges von der US-Armee eingesetzt worden waren. Daraus konstruierten Medien in der islamischen Welt das Gerücht, die Malteser selbst seien eine christliche Miliz, die in der Tradition der Kreuzritter wieder Krieg gegen Muslime führe. Diese Fake News werden über Monate von Journalisten und Politikern von Pakistan bis Ägypten verbreitet, für den Orden ist das weit mehr als nur eine PR-Katastrophe: Auf al-Qaida-nahen Websites hatte man inzwischen zum Angriff auf Botschaften und diplomatische Vertretungen des Ordens aufgerufen.

Die Diplomaten und Presseleute des Ordens agieren monatelang hilflos. Dann wird Sehnaoui eingeschaltet. Er lädt die verantwortlichen Medienleute, etwa zwei Dutzend Journalisten vor allem aus Ägypten und Jordanien, in den Libanon ein, bietet ihnen weitestgehend unbeschränkten Zugang zu den Ordensprojekten im Land an und führt ein Hintergrundgespräch. Dabei erklärt er ihnen die Ordensmission auf die ihm eigene Art. Von den daraufhin offenbar erschütterten Journalisten hört man in Sehnaouis Ordenszentrale nie wieder. Die Artikel über angebliche maltesische Kreuzzüge ebben schlagartig ab.

Ermutigt von seiner Fähigkeit, selbst Dschihadisten in den Griff zu bekommen, schickt man Sehnaoui also nach England, um mit den Briten fertig zuwerden. Beratend wird ihm der deutsche Ordenspräsident Erich Lobkowicz zur Seite gestellt. Als mit allen Vollmachten ausgestatteter »Magistraler Delegat« fliegt Sehnaoui Anfang 2013 nach London. Er lässt sich eine Liste der 40 wichtigsten Protagonisten der Krise geben, hält ihnen während einer gemeinsamen Messfeier eine öffentliche pathosgeladene Standpauke zum Thema Heuchelei, führt mit den Anwesenden dann für zwei Tage am Stück Einzelgespräche, ernennt ein Arbeitskomitee zur Lösung der Krise und will schließlich auch den zuständigen Erzbischof von Westminster, Vincent Nichols, treffen.

Der Erzbischof allerdings ist zu dem Zeitpunkt offenbar bereits derartig abgestoßen vom Malteserorden, dass er gar kein Interesse mehr an Gesprächen hat. Er lässt Sehnaouis mehrfache Bitten um einen Termin immer wieder ins Leere laufen: keine Zeit, zu beschäftigt, anderweitige Verpflichtungen. Als Sehnaoui bei einem weiteren Versuch zu hören bekommt, der Erzbischof sei leider gerade in Irland, steigt er ins Flugzeug und fängt ihn am Flughafen von Dublin ab. Etwa drei Stunden lang reden die beiden Männer auf der windigen Terrasse eines Terminals. Gegen Ende des Gesprächs weinen sowohl Sehnaoui als auch der Erzbischof, der dem Libanesen seine Handynummer gibt und ihm seine Unterstützung in allen Fragen des Ordens verspricht.

Damit greift Sehnaoui durch. Er hat den Segen des Erzbbischofs. Er darf im Namen des Großmagisteriums handeln. Also bittet er den Präsidenten der britischen Assoziation, Festings Cousin, um seinen Rücktritt. Er verfasst einen zweiseitigen Aktionsplan für die Zukunft der englischen Malteser. Er empfiehlt, die Statuten zu überarbeiten, das Verhältnis zwischen Assoziation und Priorat neu zu definieren und die Vorgänge in der

Krankenhauskirche unabhängig untersuchen zu lassen. Er wechselt die Führung der Assoziation aus, indem er Neuwahlen initiiert. Dabei hält er das Großpriorat auf Abstand und bittet schließlich auch Duncan Gallie um seinen Rücktritt als Mitglied des Souveränen Rates, der römischen Ordensregierung.

Aber Festing, der bis dahin alles zähneknirschend hingenommen hatte, akzeptiert diesen letzten Eingriff nicht. Er verhindert die Absetzung seines Professritters: Duncan Gallie behält entgegen der dringenden Empfehlung Sehnaouis seinen Sitz im Souveränen Rat. Und in England beginnt man bald zu spüren, was der Großmeister insgesamt von den libanesisch-deutschen Reformbemühungen im Umfeld seiner alten Freunde hält.

Es ist nicht so, als hätte Matthew Festing in seinem bisherigen Leben oft die Gelegenheit gehabt, größere Führungsverantwortung zu übernehmen. Mangels praktischer Erfahrung orientiert sich Festings Vorstellung eines imposanten Großmeisters auch weniger an der Idee eines konzilianten Kirchenhirten, mehr am Bild eines donnernd autoritären Militärchefs von der Sorte seines Vaters. Mit der Krise in England verfällt er immer wieder in die Pose des entschlossenen Generalfeldmarschalls, einen Habitus, den er proportional zu seiner wachsenden Überforderung mit den immer komplizierteren Krisen der kommenden Monate und Jahre steigern wird. Festings Selbstwahrnehmung als handlungsstarke Führungsfigur kollidiert nun immer häufiger mit den Realitäten eines Ordens, dessen komplexe internationale Struktur in Wirklichkeit nicht durch Autorität von oben zusammengehalten wird, sondern wesentlich mehr von einem vorsichtig zwischen den Akteuren ausbalancierten Interessenausgleich.

Nach diesem Balanceprinzip hatten Festing und der Souveräne Rat eigentlich auch eine Arbeitsgruppe unter dem Vorsitz des deutschen Präsidenten Erich Lobkowicz eingesetzt, um die Hierarchiefragen zwischen Großpriorat und Assoziation nachhaltig zu klären. Dazu fliegt der frisch gewählte englische Assoziationspräsident Richard Fitzalan Howard, ein Investmentexperte mit Buchhalterbrille, steifer Oberlippe und scharfem Witz, zusammen mit anderen Briten nach Deutschland, um bei Lobkowicz in Schloss Maxlrain über das Thema zu brainstormen.

Aber kurz darauf – und lange bevor die Gruppe ihre Arbeit abgeschlossen hat – erklärt Festing zur Verblüffung einiger Regierungsmitglieder beim Frühstück im Magistralpalast mit Feldherrenstimme, er werde das Problem in England nun persönlich in die Hand nehmen und nach London fliegen. Wenn er zurückkäme, gäbe es keine englische Assoziation mehr. Tatsächlich hatte Festing den englischen Assoziationschef Fitzalan Howard zu einem Meeting im Londoner Chesterfield Hotel einbestellt. Dort bearbeitet der polternde Großmeister den frisch gewählten, überraschten Präsidenten, nun doch einer Verschmelzung von Assoziation und Großpriorat zuzustimmen. Dabei legt er ihm vorbereitete Schriftstücke vor, die der unterschreiben soll. Fitzalan Howard windet sich und fühlt sich von Festing überrumpelt und unter Druck gesetzt. In den Pausen tauscht er sich am Telefon und per E-Mail Hilfe suchend mit anderen Präsidenten und Mitgliedern der Ordensregierung aus. Die beschwören ihn alarmiert, nichts zu unterzeichnen. Fitzalan Howard hält durch, Festing kehrt unverrichteter Dinge nach Rom zurück.

Eine ähnliche Situation wiederholt sich, nachdem Festing und der Souveräne Rat ein weiteres Komitee eingesetzt hatten, das die Statuten der beiden englischen Vereine überarbeiten und modernisieren sollte. Über Monate schicken die Mitglieder sich Entwürfe hin und her, bis die finale Version schließlich von Festing und dem Souveränen Rat abgenickt wird. Aber kurz bevor die fertigen, abgesegneten Statuten umgesetzt werden sollen, schiebt Festing eine von ihm spontan noch einmal überarbeitete, in Teilen umgeschriebene Version mit zusätzlichen Befugnissen für das Großpriorat hinterher. Die englische Malteserführung will nicht noch mehr Ärger mit dem Großmeister und fügt sich.

Nach der freudigen Aufbruchstimmung in den ersten Amtsjahren des neuen Großmeisters schaffen all diese Ereignisse allseitig Ernüchterung. Dass Festing Freundschaft über Aufklärung zu stellen scheint, dass überhaupt ein Großmeister erst Kommissare und Gremien einsetzt, um dann eigenmächtig und scheinbar willkürlich ihre Entscheidungen, Arbeitsprozesse und Dienstwege zu übergehen, ist man unter den Präsidenten nicht gewohnt, viele von ihnen sind nun nachhaltig irritiert. Gleichzeitig hat sich Festings ohnehin schon vorhandener Frust über sein Amt inzwischen ins Maßlose gesteigert. Er klagt über den Orden als »unmögliche Organisation«, in der man sich auf »niemanden verlassen« und »niemandem trauen« könne. Und es wird sich zeigen, dass sich Festing sehr wohl bewusst darüber ist, welchen Protagonisten er die Demontage seiner Vorstellungen zu verdanken hat.

Marwan Sehnaoui war es in mehreren Treffen inzwischen nicht nur gelungen, den Erzbischof von Westminster vom erklärten Gegner zum überzeugten Freund des Ordens zu machen. Er hatte Erzbischof Nichols auch dazu bewegt, im Frühjahr 2013 eine feierliche Messe zur Neuaufstellung der englischen Malteser in der Kathedrale von Westminster zu feiern. Die Ordensregierung ist eingeladen. Minister wie Albrecht Boeselager kommen aus Rom. Präsidenten wie Erich Lobkowicz fliegen ein. Sowohl das Großpriorat als auch die englische Assoziation sind nahezu komplett anwesend. Es ist eine große versöhnliche Zeremonie. Der Erzbischof lobt die »wundervolle Hingabe«

der Malteser als »großzügige Mitarbeiter im Weinberg des Herrn«, deren Präsenz eine »Bereicherung« für die Weltkirche sei. Aber zwei entscheidende Leute fehlen. Matthew Festing bleibt der Veranstaltung scheinbar demonstrativ fern. In seinem Umfeld wertet man das als bewussten Boykott des internationalen Eingriffs in sein Revier. Allerdings kommt auch Großkanzler Jean-Pierre Mazery nicht, der die Untersuchungen in England ursprünglich angestoßen hatte. Er hatte eigentlich zugesagt, dann aber überraschend und kurzfristig wieder abgesagt. Obwohl das damals noch kaum jemand begriff: In der Via Condotti hatte sich der Wind bereits gedreht. Und was am Horizont aufzog, war Krieg.

*

Spätestens durch seine Abwesenheit bei der Messe in London fühlten sich viele Ordensbrüder in seinem Umfeld im Eindruck bestätigt, dass Jean-Pierre Mazery sein Verhalten geändert hatte. Der kleine temperamentvolle Franzose, zu der Zeit 71, ist Großkanzler seit 2005. Ein Großkanzler regelt die internationalen Beziehungen zu Regierungen, NGOs und anderen Hilfsorganisationen und ist damit der Außenminister des Ordens. Zugleich verwaltet er das Mitgliederwesen und den weltweiten Kontakt zu den Assoziationen und fungiert so auch als Innenminister. Mit alldem hat der Großkanzler neben dem Großmeister die eigentliche exekutive Führungsrolle der Ordensregierung.

Mazery ist eine schillernde, polarisierende Gestalt: Studium an der Sorbonne und in Harvard, Jahrzehnte als Politikberater, im Orden gilt er als genialer Stratege und besessener Workaholic, oft mit einem Arbeitspensum von bis zu 15 Stunden am Tag. Erst mit ihm als Großkanzler war die Regierung um Bertie wirklich im 21. Jahrhundert angekommen, Mazery hatte

Computer im Großmagisterium eingeführt, hatte die diplomatischen Aktivitäten des Ordens ausgebaut wie kein Kanzler vor ihm und dabei die Präsidenten der Assoziationen in die römischen Aktivitäten eingebunden wie nie zuvor, was die ihm bis heute hoch anrechnen.

Gleichzeitig hat Mazery aber auch den Ruf, äußerst manipulative Personalpolitik zu betreiben. Palastkollegen erzählen, wie Mazery versucht habe, sie mit gallischem Charme und der angedeuteten Aussicht auf Posten und Privilegien für sich zu gewinnen. Es gibt Mitarbeiter, die noch heute mit leuchtenden Augen von Mazerys »Aura« sprechen. Andere, mit denen er unzufrieden war, sollen dagegen schon mal persönlich beleidigt oder angeschrien worden sein, auch vor Publikum oder auf öffentlichen Veranstaltungen. Während Sitzungen des Souveränen Rates soll Mazery auch immer wieder mal laut mit dem Großmeister geworden sein. Aber Festing, schussfest durch die Zornausbrüche seines Vaters, lässt sich davon nicht weiter beeindrucken. Einmal verlässt er den Sitzungssaal und erklärt, er werde erst dann zurückkehren, wenn Mazery sich wieder beruhigt habe.

Ungeachtet dessen schätzen gerade die deutschen Kollegen in der Ordensspitze Mazerys visionäre Effizienz. Der allergrößte Teil der internationalen Werke des Ordens geht von Frankreich und Deutschland aus, schon deshalb arbeiten Vertreter der beiden Länder traditionell im Schulterschluss, besonders der deutsche Hospitalier Albrecht Boeselager, verantwortlich für die weltweiten Hilfsprojekte, hat jahrelang einen engen Draht zu Mazery.

Aber im Laufe des Jahres 2013 reißt dieser Draht auf einmal ab, ohne dass man im deutschen Lager begreift, warum. Man erlebt Mazery zunehmend als unzugänglich, abweisend und unfreundlich, schließlich heißt es, Mazery würde in Gesprächen mit Dritten vor einer deutschen Übermacht im Orden warnen, der man nun entschlossen entgegentreten müsse. Bei einigen Mitgliedern der Ordensführung wächst der Verdacht, dass dieses überraschende Verhalten auch wahltaktische Gründe haben könnte. Denn 2014 steht das nächste Generalkapitel an, die Wahl der neuen Ordensregierung. Und auf die Deutschen sind gleich zwei wahlentscheidende Fraktionen nicht gut zu sprechen.

Zum einen Matthew Festing selbst, der seit der Beteiligung von Lobkowicz und vor allem Boeselager an der Aufklärung und Reform der britischen Malteser immer öfter über seinen deutschen Großhospitalier klagt und bereits schon länger Bedenken gegenüber der »Gefahr« einer deutschen Dominanz im Orden äußert.

Und zum anderen sind da die Italiener. Die Strukturen des Ordens in Italien und die Motive der permanent zerstrittenen, nach Regionen miteinander verfeindeten und um Posten kämpfenden italienischen Protagonisten sind ein von außen praktisch nicht zu ordnendes Gewirr. Zwei Dinge sollte man trotzdem verstanden haben, um der weiteren Eskalation folgen zu können.

Erstens: Die italienischen Mitglieder des Ordens sind, so wie Festing es sich für England gewünscht hatte, keiner Assoziation, sondern jeweils einem Großpriorat angeschlossen, von denen es in Italien insgesamt drei gibt: ein römisches, ein lombardisch-venezianisches und ein sizilianisch-neapolitanisches. Mit drei Wahlvertretern pro Großpriorat, also insgesamt neun Kapitularen, bilden die Italiener einen gewichtigen Block, mit dem sich bei Regierungswahlen einiges bewegen lässt. Gleichzeitig herrscht unter ihnen schon länger das Gefühl, dass man, gemessen an der eigenen Mitgliederstärke und als Heimatnation der Ordensregierung, insgesamt zu wenig Mitsprache hat.

Zweitens: Für ihre gefühlte Benachteiligung machen viele italienische Malteser auch den wachsenden deutschen Einfluss in Rom verantwortlich, und das nicht zu Unrecht. Ein deutscher Papst regiert die Kirche, ein deutscher Kardinal leitet die Glaubenskongregation, 2013 wird außerdem der deutsche Malteserritter Ernst Freiherr von Freyberg Chef der Vatikanbank. Im Orden selbst agiert mit Erich Lobkowicz ein Deutscher als Alphatier der Präsidenten, der deutsche Albrecht Boeselager verantwortet die weltweiten karitativen Werke des Ordens, und im Übrigen werden sowohl die Rechnungskammer als auch der Immobilienausschuss des Ordens von deutschsprachigen Rittern geleitet. Außerdem wird der größte Teil der internationalen Hilfsprojekte des Ordens über Malteser International abgewickelt, einer NGO mit Sitz in Köln, ebenfalls gegründet und geleitet von Deutschen.

Nun kommt die Sache mit dem Krankenhaus in Rom hinzu. Die diversen medizinischen Aktivitäten der italienischen Ordensmitglieder sind unter dem Dach eines Vereins namens ACISMOM organisiert, der als prominentestes Projekt das römische Krankenhaus San Giovanni Battista alla Magliana, kurz Magliana, betreibt. Dieses Malteser-Krankenhaus war über die letzten Jahre wirtschaftlich in eine katastrophale Schieflage geraten. Im Orden hatte man das lange verdrängt, bis man 2011 den Finanzexperten János Graf von Esterházy de Galántha, einen in Deutschland geborenen Ungarn, mit einer internen Untersuchung beauftragt hatte. Die hatte ergeben, dass das Krankenhaus und ACISMOM inzwischen negatives Eigenkapital von über 50 Millionen Euro angehäuft hatten. Der alarmierte Schatzmeister Gian Luca Chiavari hatte Esterházy daraufhin 2012 zum operativ verantwortlichen Kommissar für ACISMOM ernennen lassen, um das Krankenhaus zu sanieren. Damit wird ein deutschstämmiger Ausländer de facto nun auch noch Chef eines der prestigeträchtigsten italienischen Ordenswerke.

Für viele Italiener ist das Maß damit voll. Im internationalen Orden, in dem Länder-Rivalitäten bisher kaum eine Rolle gespielt haben, entsteht in dieser Zeit auf einmal ein aggressives nationales Lagerdenken. Gerade unter den römischen Ordensgranden wächst die Überzeugung, dass es sich von der demütigenden deutschen Bevormundung zu befreien gilt.

*

Ausgerechnet einer der eigenen Landsleute wird schließlich Projektionsfläche und Zielscheibe für den Zorn der Italiener: Marchese Gian Luca Chiavari, der Schatzmeister. Chiavari, vormals Manager bei Shell, ein langer, hagerer Herr mit schlohweiß gescheiteltem Haar und spitzer Nase, kommt aus Ligurien und war 1999 von einem deutschen Ordenspräsidenten rekrutiert worden, beides hatte ihn vielen Maltesern aus dem Rest Italiens bereits suspekt gemacht. Er und seine Frau bewohnen auf den Hügeln von Genua einen Palazzo mit Meerblick, von dort pendelt Chiavari wöchentlich nach Rom. Jeden Montag steht er um 04:30 Uhr auf, um das Flugzeug in die Hauptstadt zu erwischen und rechtzeitig zum Frühstück um 9 Uhr im Speisesaal im zweiten Stock des Magistralpalastes neben Festing Platz zu nehmen. Jeden Freitag fliegt er wieder zurück nach Genua. In den Tagen dazwischen verweigert er sich den sozialen Verlockungen der ewigen Stadt, die Cocktail- und Bridge-Partys in den römischen Palästen sagt er genauso ab wie Jagden oder das Angebot, Mitglied im Caccia-Club zu werden. Fragt man ihn, warum, pflegt er Daumen, Zeige- und Mittelfinger aneinander zulegen, die Hand nach italienischer Art zu schütteln und mit rollendem R zu sagen: »Aus Respekt zu meiner Frau.«

Damit bleibt Chiavari den Römern so fremd und unzugänglich wie der verstorbene Großmeister Bertie. Das frustriert sie auch deshalb, weil Chiavaris Amt in der Regierung eine Art Super-Ministerium ist: Dem Schatzmeister unterstehen sowohl die Personalabteilung als auch die Zuständigkeit für die umfassenden Immobilien- und Landbesitze des Ordens in Italien, von denen ein Großteil nicht von den Großprioraten, sondern zentral von der Via Condotti verwaltet wird. Über die Postenverteilung im Großmagisterium und das Management des italienischen Ordensvermögens wird in Italien ohnehin fortlaufend gezankt. Dass auf all diesen Töpfen ein kaum zu packender Ligure sitzt und keiner der eigenen Leute, ist besonders für die Römer ein schwer hinnehmbares Ärgernis. Dazu kommt, dass unter Chiavari eine Generaldirektorin arbeitet, die als herrisch und gebieterisch gilt, in Rom den Ruf hat, sie bewirtschafte die Güter der Italiener zu deren Nachteil und ihrem persönlichen Vorteil, und die noch dazu ein für Ordensangestellte extrem hohes Gehalt bezieht. Spätestens mit der Ernennung von Esterházy zum ACISMOM-Kommissar heißt es nun, Chiavari habe sich endgültig die Kontrolle über die italienischen Latifundien und Kernkompetenzen aus der Hand nehmen lassen. Und die will man sich nun zurückerobern.

*

Mit ihren Sorgen und Anliegen können die Italiener, im speziellen die Römer, sich inzwischen voll auf die Hilfsbereitschaft des neuen Großmeisters verlassen. Festing ist allerdings nicht der Einzige im Großmagisterium, auf dessen Solidarität man in Rom zählt. Wie allen Malteser-Großkanzlern dieser Epoche wurde auch Jean-Pierre Mazery die Mitgliedschaft im Caccia-Club angetragen. Und den Franzosen sieht man in den prachtvollen Salons des Palazzo Borghese sogar noch häufiger mit den Römern speisen als den Großmeister selbst.

Es ist zu vermuten, dass die Italiener mit ihren Beschwerden bei Mazery ein offenes Ohr gefunden haben. Denn auch der Großkanzler soll regelmäßig mit Chiavari aneinandergeraten sein. Chiavari sieht seine Aufgabe als Schatzmeister vor allem darin, die Kosten des Großmagisteriums einzugrenzen und überschüssiges Geld eher in die karitativen Ordensprojekte als in weitere Festessen oder Cocktailpartys zu stecken. Unter Mazery, womöglich im Versuch, Augenhöhe mit den Außenministern souveräner Staaten herzustellen, wird dagegen konsequent die repräsentative Seite des Ordens nach oben gefahren. Die Essen werden größer und teurer, es wird mehr Personal für den Hofstaat eingestellt, die Entourage und der Standard für Reisen der Ordensregierung werden erhöht, für die Expo 2015 ist von einem Malteser-Pavillon für mehrere Millionen Euro die Rede. Auch auf diese Weise steigen die Ausgaben für den Haushalt des Großkanzlers seit Festings Amtsantritt rasant, 2009 sind es noch rund 2,8 Millionen Euro im Jahr, 2013 liegen sie bereits bei etwa 3,7 Millionen Euro.

Das Budget des Großmagisteriums lag damals bei ungefähr 14 Millionen Euro im Jahr, für einen kompletten Regierungsapparat mit über 90 Angestellten keine exorbitante Summe, es setzte sich im Wesentlichen aus den Erträgen der italienischen Immobilien- und Landbesitze und zu rund einem Fünftel aus den weltweiten Mitgliedsbeiträgen der Ordensritter und -damen zusammen. Allerdings steigen nicht nur in Mazerys, sondern auch in Festings Haushalt, von dem später noch die Rede sein wird, die Kosten derartig, dass die Einnahmen kaum mehr die Ausgaben decken und die liquiden Reserven der Ordensregierung von Jahr zu Jahr knapper werden. Chiavari versucht das auszubremsen und beklagt Mazerys Ausgabenpolitik immer wieder in der Regierung und in Festings Büro.

Eigentlich bezeichnet Matthew Festing Chiavari als »großen Freund«. Tatsächlich verbringt kaum ein anderer Ordensminister so viel Zeit mit Festing wie Chiavari. Die beiden Männer kennen und mögen sich schon lange, sie feiern täglich gemeinsam die Messe und essen meist dreimal am Tag zusammen. Für diese Mahlzeiten vereinbaren die beiden, nicht über Regierungsgeschäfte zu reden, stattdessen plaudern sie über Kunst, Geschichte oder ihr Leben. Der Schatzmeister begleitet den Großmeister bei einem Großteil seiner Termine in Rom und fährt ihn mehrmals persönlich zu Untersuchungen ins Krankenhaus. Auch Chiavari nennt Festing einen »Freund«.

Aber die wütende Revolutionsstimmung unter seinen neuen Freunden in Rom geht nicht spurlos an Festing vorüber. Er und Mazery sollen sich im Kreise ihrer Regierungskollegen nun immer öfter genervt über Chiavari und seine Klagen geäußert haben. Der Druck, die Einnahmen irgendwie zu erhöhen, um die steigenden Ausgaben zu decken, treibt wiederum Chiavari an den Rand der Verzweiflung. Er ist bereits 78 Jahre alt und von der Situation auch emotional immer mehr überfordert. Wohl auch deshalb erklärt er schließlich im Sommer 2013, dass er sich zurückziehen und bei den Wahlen der Ordensregierung im Mai 2014 nicht mehr antreten werde.

Mit der Nachricht von Chiavaris bevorstehendem Abgang preschen die Römer nach vorne, die jetzt endlich ihren Fuß in die Tür des Schatzamtes bekommen wollen. Im Caccia-Club einigt man sich in kürzester Zeit auf den resoluten römischen Berater Uberto Serlupi als Chiavaris Nachfolger. Serlupi ist Mitglied der Rechnungskammer des Ordens, ein intelligenter, schnell denkender Mann, der bereits in Mazerys Gunst zu stehen scheint. Auch dem Großmeister wird er in Rom nun als idealer nächster Schatzmeister angepriesen, und tatsächlich gilt Serlupi bereits Mitte 2013 sowohl als Festings als auch Mazerys Kandidat für die nächsten Wahlen.

Allerdings wirkt es bald so, als ob Mazery keinesfalls bis 2014 warten, sondern Chiavari am liebsten sofort loswerden wolle. In der Via Condotti spekuliert man, dass der Großkanzler den Kandidaten der Römer noch vor den Wahlen installieren und aufbauen will, um sich im Gegenzug die gewichtige Unterstützung der Italiener für die eigene Wiederwahl zu sichern. Andere haben den Eindruck, es gehe Mazery vor allem darum, Chiavari als Hindernis der eigenen Ausgabenpolitik zeitnah aus dem Weg zu räumen.

Jedenfalls wird nun, erst sanft, dann immer brutaler, Druck auf Chiavari ausgeübt, noch vor den Wahlen sein Amt zu verlassen. Zunächst bietet Mazery dem Schatzmeister den prestigeträchtigen Posten des Ordensbotschafters beim Vatikan an. Er lockt mit dem ordenseigenen Palazzo Orsini als Wohnsitz für Chiavari und seine Frau, mit den »finanziellen Mitteln«, die ihm dann zur Verfügung stünden, und einem Botschafterleben voller »Cocktailpartys etc«. Chiavari, erklärt Mazery, sei »die einzige Person«, der er diese »extrem wichtige und delikate Funktion beim Heiligen Stuhl« zutraue.

Aber Chiavari will nicht. Er ist mit dem amtierenden Vatikanbotschafter befreundet und weiß, dass der seinen Posten genauso wenig vorzeitig verlassen will wie er selbst. Deshalb erklärt er sowohl Festing als auch Mazery noch einmal schriftlich, dass er sein Amt in jedem Fall noch die letzten Monate bis zum Ende seiner Periode im Mai 2014 auszuüben gedenkt.

Die Methoden werden daraufhin umgehend rabiater. In Rom kursiert auf einmal eine »Unabhängige Studie«, die belegen soll, dass unter Chiavari im Immobilienbereich des Ordens Misswirtschaft betrieben wird. Das Papier wird im Circolo de la Caccia und auf Jagden des italienischen Adels herumgereicht. Als Absender der Studie wird die Rechnungskammer des Ordens genannt, in der Uberto Serlupi arbeitet. Der Chef der

Rechnungskammer allerdings erfährt nur durch Zufall, dass eine solche Studie überhaupt in Arbeit ist, und erst über Umwege, dass sie fertiggestellt und bereits an Dritte durchgereicht worden ist. Und als die Studie dem Finanzprüfer und dem Rest seiner Kollegen auf Nachfrage hin schließlich vorgelegt wird, stellen sie fest, dass ein Großteil der dort aufgestellten Behauptungen entweder nicht zutrifft oder aus dem Zusammenhang gerissen ist.

Als der deutsche Präsident Erich Lobkowicz davon hört, versetzt ihn das umgehend in Gefechtsbereitschaft. Sein Vorgänger, Leo-Ferdinand Graf Henckel von Donnersmarck, hatte Ende der 1990er-Jahre monatelang erfolglos nach einem geeigneten und lauteren Schatzmeister gesucht. Als er schließlich Chiavari fand, stand der am Ende einer langen erfolgreichen Karriere und wollte nur noch am Meer angeln gehen. Henckel musste ihn förmlich anbetteln, das Amt zu übernehmen. Auch deshalb hatte Henckel seinem Nachfolger Lobkowicz eingebläut, auf Chiavari aufzupassen und ihn im Ernstfall vor politischen Intrigen zu schützen, die in Italien immer wieder mal ausbrechen. Lobkowicz schreibt also Festing und Mazery eine aufgebrachte E-Mail, er habe von einer »Intrige Gian Luca gegen Uberto Serlupi auszutauschen« gehört, womit er »fundamental nicht einverstanden« sei, die Präsidenten würden erwarten, dass Chiavari seine Amtszeit »in vollen Ehren« beenden dürfe.

Der Einwurf aus Deutschland ändert nicht viel. Festing erklärt Lobkowicz, die Lage hier in Italien sei äußerst komplex, er könne ihm das jetzt leider alles nicht schriftlich erklären, und vertröstet ihn auf das nächste persönliche Treffen. Auch Chiavari selbst wendet sich noch einmal Hilfe suchend an seinen Freund Festing, er will Klarheit darüber, ob der Großmeister eigentlich auch möchte, dass er vorzeitig abtritt. Festing soll das verneint und Chiavari versichert haben, er könne natürlich bis zur Wahl amtieren, wenn er das wolle, er brauche sich nicht zu sorgen. Aber in Wirklichkeit hatte der alte Schatzmeister jeden Grund, sich Sorgen zu machen.

Wer einen Hasen mit einer Meute zur Strecke bringen will, braucht dafür besondere Hunde. Festing hatte sich in England auf die Jagd mit Beagle spezialisiert. Diese Hundeart wird darauf hingezüchtet, das Wild nicht sofort zu töten, sondern es ausdauernd vor sich herzutreiben und so für eine lange, unterhaltsame Hetze zu sorgen. Beagle brauchen anfangs engen Kontakt zum Hundeführer, aber wenn die Meute einmal auf der Spur ist, jagt sie selbstständig und zuverlässig, der Führer braucht dann nicht einmal mehr permanenten Sichtkontakt. Eine gute Hasenhetze geht über mehrere Kilometer. Manchmal verendet der Hase dabei vor Angst an Herzstillstand, noch bevor die Beagle ihn eingeholt haben. Wenn die Hunde dann über ihn herfallen, ist der Hase längst erledigt.

Bei der folgenden Hetzjagd auf Chiavari ist es allerdings offenbar gar nicht Festing, der das Treiben führt. Es wirkt eher, als gäbe es einen diskreten Jagdherrn im Hintergrund.

Der Souveräne Rat hatte kurz zuvor beschlossen, schwierig zu verwaltende Liegenschaften des Ordens abzustoßen und die Gewinne zu reinvestieren. Nach einer damals geltenden Regelung verbleiben bei Verkäufen von Immobilien, die den Großprioraten zuzurechnen sind, 20 Prozent der Erlöse als »Verwaltungsgebühr« beim Großmagisterium. Chiavari kam es gelegen, mit dieser technischen Möglichkeit die ständig wachsenden Defizite in der Ordenskasse zu stopfen. Für ein über 143 Hektar großes Ordenslandgut in der Lombardei erhält er Ende 2013 schließlich ein Kaufangebot von 10,6 Millionen Euro von den damaligen Pächtern. Er schlägt dem Souveränen Rat Anfang Dezember vor, das Gut zum angebotenen Preis zu verkaufen.

Doch wenige Tage darauf verteilt Mazery per Rundbrief an die Ordensspitze das scheinbar eilig erstellte Gutachten eines weitgehend unbekannten Agrartechnikers, wonach das Landgut in Wirklichkeit viel mehr, nämlich 15,1 Millionen Euro, wert sei. Chiavari, heißt es nun in Rom, habe den wahren Wert der Liegenschaft bewusst unterschlagen. Dann wird im Umfeld des Circolo de la Caccia verbreitet, Chiavaris Geschäftspartner bei dem geplanten Grundstücksdeal sei eine gefährliche Sekte. Kurz danach erhält Chiavari das Schreiben eines Anwaltes, der erklärt, er solle »im Namen der Ordensregierung« feststellen, ob Chiavari für den Verkauf mit vorbestraften Kriminellen verhandelt habe. Das Mandat hatte eine Truppe Professritter um Festing und Mazery vergeben. Aber die andere Hälfte des Kabinetts, dem ja auch Chiavari selbst angehört, weiß bis dahin nichts davon. Schon da zeichnet sich eine Spaltung ab, die im Souveränen Rat beginnt und sich von dort im Verlauf der eskalierenden Krise bis tief in die Mitte des Malteserordens ziehen wird. Als Chiavari verblüfft nachfragt, was es mit der Vorladung auf sich habe, sagt man ihm, es sei schließlich in seinem Interesse, »die Gerüchte« aufzuklären.

Das alles macht Chiavari, für sein Umfeld sichtbar, psychisch mürbe. Er ist zu diesem Zeitpunkt seit 15 Jahren Schatzmeister, noch nie war ihm bis dahin Unredlichkeit oder gar kriminelle Energie unterstellt worden. Im Gegenteil, man hatte ihn drei Mal mit absoluter Mehrheit wiedergewählt. Jetzt erleben Kollegen Chiavari aufgelöst und sogar weinend.

Befreundete Anwälte und der Staatsanwalt der Ordensregierung raten dem Schatzmeister, mit dem Fall wegen Rufschädigung vor das Ordensgericht zu ziehen.

Aber Chiavari will schon aus Sorge um das Image des Ordens keine Prozesse, außerdem sind die »Gerüchte« schnell aus dem Weg zu räumen. Der Immobilienausschuss hat inzwischen eine der führenden italienischen Landbewertungsfirmen mit einer umfassenden Evaluierung des Grundstücks beauftragt, die bereits Mitte Februar bestätigen wird, dass der angebotene Preis durchaus der Marktlage entspricht. Bei der »Sekte« handelt es sich um die anthroposophische Rudolf Steiner Gesellschaft, die das Land seit über einem Jahr pachtet, ökologisch bewirtschaftet und deshalb kaufen möchte. Und in den polizeilichen Führungszeugnissen der Makler, die Chiavari in seiner Verzweiflung schließlich beibringt, sind überhaupt keine Einträge vermerkt.

Aber die neuen Angriffe kommen jetzt schneller, als Chiavari die vorherigen abwehren kann. Anfang Februar 2013 erscheint ein hoher Offizier der vatikanischen Gendarmerie in der Via Condotti und legt dem Großmeister mehrere Kontoauszüge des Ordens bei der Vatikanbank vor, die er dort am Wochenende sichergestellt habe. Der Vorgang ist kurios, denn der Orden ist ja Kunde bei der Bank und hätte so jedes Dokument zu eigenen Konten auf Anfrage auch unter der Woche und ohne Gendarm ausgehändigt bekommen, zumal Bankchef Ernst Freyberg selbst Malteserritter ist. Der Offizier erklärt, die Auszüge würden belegen, dass unter Chiavari diverse geheime Ordenskonten, zum Teil in Festings Namen, bei der Vatikanbank betrieben werden. Festing hat es nicht so mit Zahlen und Papierkram, das Ganze verwirrt ihn vor allem, aber man sieht ihn jetzt aufgebracht gestikulierend durch den Palast marschieren, als hätte er persönlich einen Finanzskandal aufgedeckt. Und in Rom macht nun die Information die Runde, Chiavari sei endgültig des Betrugs überführt worden.

Als Vatikanbankchef Ernst Freyberg davon erfährt, soll er den ungewöhnlichen Vorfall geprüft und festgestellt haben, dass dabei offenbar mutwillig oder versehentlich etwas zuungunsten Chiavaris verdreht wurde: Die Namen auf den vorgelegten Auszügen benennen nicht die Inhaber verschiedener Geheimkonten, sondern lediglich die Unterschriftsbevollmächtigten der Ordenskonten bei der Vatikanbank. Darüber klärt er Festing anschließend schriftlich auf. Alles weist darauf hin, dass der hochoffizielle Auftritt des Gendarmen für den dramatischen Effekt inszeniert wurde. Zumal führende Malteser später behaupten werden, ein naher Verwandter des Gendarms habe bald darauf einen Diplomatenposten des Ordens in der Karibik erhalten.

Doch wie auf der Jagd, bei der die Hunde sich irgendwann nicht mehr zurückpfeifen lassen, macht diese Ahnung für Chiavaris politisches Schicksal schon keinen Unterschied mehr. Als letzter Treiber tritt schließlich der Kardinalpatron des Ordens, der italienische Kardinal Paolo Sardi, in Festings Büro auf. Auch der greise Sardi war vorher bearbeitet worden und hatte nach eigener Angabe im Vorfeld »mit mehreren Personen im Magistralpalast« über Gian Luca Chiavari gesprochen. Als Festing ihn um Rat im Umgang mit der Chiavari-Situation fragt, sagt ihm der Kardinal, es sei vielleicht besser für den Orden, wenn man Chiavari um seinen Rücktritt bitten würde.

In der Zwischenzeit hatte Erich Lobkowicz aus Deutschland zunehmend fassungslos die Vorgänge in Rom verfolgt und sich schließlich für den 6. Februar 2019 bei Matthew Festing in der Via Condotti angesagt. Dabei soll es auch um Chiavari gehen. Am Tag, als Lobkowicz in Deutschland sein Flugzeug besteigt, ist Chiavari selbst noch in Genua und will nach Rom ins Großmagisterium fliegen. Doch ausgerechnet an diesem Morgen ist in Genua ein Schwarm Vögel auf der Rollbahn, der Flug fällt aus, Chiavari meldet seine kurzfristige Verhinderung an den Großmeister. Gegen 14 Uhr desselben Tages klingelt es an der Pforte des Chiavari-Palazzos. Vor der Tür stehen zwei soeben eilig aus Rom angereiste Professritter aus Festings Kabinett. Chiavari macht gerade Mittagsschlaf, die beiden werden gebeten, um 16 Uhr wiederzukommen. Als sie den verwunderten

Schatzmeister schließlich antreffen, überreichen sie ihm einen Brief des Großmeisters. Darin fordert Festing seinen Freund auf, von seinem Amt zurückzutreten. Das hätte, heißt es, der Vatikan verlangt. Chiavari, der seine reguläre Amtszeit nur drei Monate später in Würde beendet hätte, gibt auf und unterschreibt vor den beiden sein eigenes Rücktrittsgesuch. Am nächsten Morgen bricht er mit einem schweren Herzinfarkt zusammen.

Die Deutschen machen Dampf

Als Lobkowicz am Nachmittag des 6. Februar im Magistralpalast eintrifft, hat Festing bereits Fakten geschaffen. Der deutsche Präsident kann nur noch in hilfloser Wut die Information von Chiavaris soeben erfolgtem Rücktritt entgegennehmen. Lobkowicz, der bis dahin meist höflich über alle Unregelmäßigkeiten in der Amtsführung des Großmeisters hinweggelächelt hatte, ist jetzt außer sich. Wie es überhaupt möglich sei, dass Festing einen Mann wie Chiavari nach Jahrzehnten treuer Amtsführung einfach so feuere, und das nach einer, wie Lobkowicz glaubt, völlig offensichtlichen Intrige aus dem Umfeld des Großkanzlers?

Vor dem Zorn des Deutschen und der Komplexität der Gesamtsituation flüchtet Festing sich in die Schutzbehauptung, der Vatikan habe ihm die Entlassung Chiavaris befohlen. »Ich war Soldat, und ich bin es gewohnt zu tun, was man mir sagt«, wird Festing später erklären. »Als Großmeister kann mir niemand Anweisungen geben. Außer der Papst. Und wenn mir sein Stellvertreter etwas aufträgt, dann tue ich es.« Zumal Sardi dies im Namen des Heiligen Vaters getan habe, sagt Festing. Von Festings Kritikern wird später behauptet werden, Festing habe diese Anweisung komplett erfunden. Das trifft aber nicht zu. Sardi bestätigt 2018 auf Nachfrage, dass er Festing dahin gehend beraten habe. Der Kardinal dementiert allerdings, dass er dabei den Heiligen Stuhl ins Spiel gebracht habe. Chiavari sei von ihm nie im Vatikan diskutiert worden. Er habe Festing gegenüber lediglich eine persönliche Meinung geäußert und dem Großmeister dann die Entscheidung überlassen. Chiavari halte er im Übrigen für einen »ehrlichen, guten Mann«.

Warum der Schatzmeister dann überhaupt zurücktreten sollte? Matthew Festing erklärt heute, er wisse es eigentlich auch nicht. Vielleicht sei Sardi wegen der Finanzkrise des Magliana-Krankenhauses dafür gewesen. Die diversen Vorwürfe der Italiener seien aber ansonsten eindeutig Quatsch gewesen. Die Größe, das alles Lobkowicz gegenüber zuzugeben, hat Festing im Januar 2014 aber noch nicht. Er wäscht seine Hände in Unschuld, verweist auf bedauerliche vatikanische Instruktionen und die für Außenstehende wie Lobkowicz nicht zu durchschauende Situation in Italien. Die beiden Männer gehen im Groll auseinander. Festing, der es als Hoheit und Eminenz nicht mehr gewohnt ist, derartig angefahren zu werden, ist pikiert über die Aggressivität des deutschen Präsidenten. Lobkowicz wiederum ist schockiert von der Mittäterschaft des Großmeisters bei der politischen Exekution des Schatzmeisters. Es ist das offene Zerwürfnis zwischen dem Präsidenten und seinem ehemaligen Wunschkandidaten, das schließlich auch zum Riss zwischen dem Großmeister und dem deutschen Lager, damit auch eines Großteils der restlichen Ordenspräsidenten, führen wird.

Und tatsächlich brechen im Orden nun innerhalb und außerhalb des Großmagisteriums gefährliche Unruhen aus. In der Kommunikation zwischen den aufgebrachten Ordensgranden ist jetzt davon die Rede, »darum zu kämpfen, dass das nichtitalienische Element in Rom nicht untergeht«, und notfalls »im richtigen Moment eine Rebellion anzuzetteln«.

Dabei richtet sich der Zorn gar nicht so sehr gegen Festing, den auch seine Kritiker eher als unwissentlichen Erfüllungsgehilfen der Interessen seiner Freunde und Einflüsterer, zuletzt als Opfer bewusster Falschinformationen sehen. Die Herausforderung bei der Aufarbeitung des Chiavari-Falles sei, »dass wir die Wahrheit unters Volk bringen müssen, ohne zumindest vermeidbaren Schaden gegenüber dem Großmeister zu verursachen«, heißt es etwa in einem internen Schriftwechsel aus der Ordensregierung. »Der GM blickt immer noch nicht durch. Wenn Gian Luca rechtlich etwas unternimmt, muss dem GM eine Brücke gebaut werden, da er falsch informiert war, damit er sich rechtzeitig von den Akteuren distanzieren kann. Vielleicht kann ihn einmal jemand darauf ansprechen, dass es klug wäre, sich auf ein solches eventuelles Szenario vorzubereiten.«

Der Blick auf Jean-Pierre Mazery ist dagegen weniger nachsichtig. Zwei Mitglieder im gespaltenen Souveränen Rat fordern im Magistralpalast bereits den Rücktritt des Großkanzlers, von dem sie vermuten, er sei im Hintergrund der eigentliche Antreiber der Jagd auf Chiavari gewesen. Und Albrecht Boeselager erklärt Mazery Anfang Februar in einer E-Mail, die jüngsten Vorgänge hätten sein über Jahre gewachsenes Vertrauen in ihn so erschüttert, dass er sich nicht vorstellen könne, nach den Wahlen noch weiter mit ihm zusammenzuarbeiten.

Ungeachtet dessen schlagen Mazery und ein Teil der Professritter nun vor, den Römer und Caccia-Club-Favoriten Uberto Serlupi noch vor den Wahlen als Ersatz für Chiavari zum Schatzmeister zu ernennen. Doch dieser Vorschlag wird im Souveränen Rat von einer knappen Mehrheit abgeschmettert. Stattdessen ernennt der Großmeister Anfang Februar ausgerechnet Mazery selbst zum Statthalter des Schatzmeisters bis zu den bevorstehenden Regierungswahlen in drei Monaten. Was die Administration, die Vermögensverwaltung, die Einnahmen und die Ausgaben des Ordens anbetrifft, dient die Trennung der Ämter des Großkanzlers und des Schatzmeisters eigentlich einem notwendigen Vieraugenprinzip. Indem Mazery beide Ämter in seiner Person vereint, kontrolliert er jetzt de facto sich selbst.

Ins Schatzamt kommt anschließend umgehend Bewegung. Im Wochentakt werden nun Zuständigkeiten für italienische Latifundien an die Großpriorate übertragen. Der in Frankreich lebende Unternehmer Christophe Drzyzdzinski wird zu Mazerys Generalbevollmächtigtem ernannt. Von Drzyzdzinski heißt es bald, er beschäftige sich primär damit, Belege für die angebliche Korruption von Chiavari und dessen Generaldirektorin zu suchen. Mehrere Mitarbeiter im Schatzamt fühlen sich in Gesprächen mit ihm unter Druck gesetzt, belastendes Material zu den beiden zu produzieren, um ihre eigene Zukunft im Schatzamt auch nach den Wahlen sicherzustellen.

Tatsächlich wird Chiavaris Generaldirektorin innerhalb weniger Wochen entlassen. Ihr werden Bestechung, Vorteilsnahme und Untreue vorgeworfen, vor allem aus dem Umfeld der Italiener aus der Rechnungskammer, die zuvor bereits auf Chiavari losgegangen waren. Die Generaldirektorin widerspricht der Kündigung. Offenbar hatte sie durchaus selbstherrlich, unkontrolliert und keinesfalls immer unproblematisch agiert. Kriminalität oder Korruption konnte ihr aber in keiner Weise nachgewiesen werden. Vielmehr werden ihre Anwälte später ein ganzes Dossier von rufschädigenden Verleumdungen präsentieren, die aus Mazerys Umkreis über sie gestreut wurden. Und nachdem auch eine mit dem Fall beauftragte forensische Untersuchung der Beratungsfirma Ernst & Young keinen dieser Vorwürfe bestätigen kann, wird der Orden ihr Ende des Jahres eine Abfindung von rund 1,2 Millionen Euro zahlen müssen, um einen Prozess zu vermeiden. Doch in diesem Frühjahr wird mit der Generaldirektorin vorerst der letzte Mensch beseitigt, der noch den vollen Überblick über die Vorgänge im Schatzamt hatte.

Der Verdacht, dass genau dies das Ziel dieser personellen Säuberung gewesen sein könnte, kommt den meisten erst viel später.

*

Die Regierungswahlen des Ordens waren in den letzten Jahren und Jahrzehnten meist feierliche, Gemeinschaft stiftende Ereignisse gewesen, trotz aller immer schon dazugehörigen Konkurrenzkämpfe. Wie vor jedem Generalkapitel kommen die Delegierten, Professritter und Ordensführer aus aller Welt auch diesmal für ein Strategieseminar zur Vorbereitung der Wahlen zusammen. Es findet Mitte Februar 2014 auf der Insel Rhodos statt. Der Treffpunkt auf der ehemaligen Bastion der Malteserritter soll irgendwie auch an die ruhmreiche Geschichte des Ordens erinnern. Viele der mit Vorfreude eingeflogenen Ritter kommen bei dieser Gelegenheit zum ersten Mal mit ihren internationalen Ordensbrüdern zusammen und erhoffen sich eine fröhliche, erhebende und gut gelaunte Zusammenkunft.

Was sie stattdessen auf der griechischen Insel erwartet, ist die paranoide Vorbereitung auf den politischen Bürgerkrieg. Als Unterkunft für die knapp 300 Malteser hat der Orden ein Hotel am Strand bei der Altstadt angemietet, ein zu dieser Jahreszeit feuchtkalter Touristenbunker, der eigens für diesen Sondereinsatz außerhalb der Saison hochgefahren wird. Das aufgepeitschte graue Meer vor den Panoramafenstern spritzt und tost, während die Ordensleute im Inneren des Hotels schon kurz nach ihrer Ankunft in diverse konspirative Kleingruppen zerfallen, in denen verschiedene, sich teilweise diametral widersprechende Versionen der jüngsten Ereignisse in Rom lanciert werden. Der Kreis um Mazery und Festing deutet gravierende Vergehen im Schatzamt an, ohne dafür Belege zu liefern, während im Umfeld von Lobkowicz interne Dokumente zum Verständnis der Vorgänge kursieren.

Das alles sorgt für Verstörung, besonders unter den Präsidenten, die schließlich eine Sondersitzung mit dem Großmeister zur Erklärung der Situation einfordern. Festing kommt bei dieser Sitzung selbst in Erklärungsnöte und hinterlässt dadurch die Präsidenten noch aufgestachelter und besorgter. Auch viele Professritter, die bis dahin fest an der Seite ihres Schutzpatrons Festing standen, sind jetzt verunsichert. Ein Teil der angereisten Ordensminister spricht zu diesem Zeitpunkt bereits nicht mehr miteinander, Großkanzler Mazery und Großhospitalier Albrecht Boeselager etwa geben sich schon kaum mehr die Hand. Und Matthew Festing, selbst komplett unglücklich mit der Situation, aber unfähig sie zu verbessern, verbringt den Großteil der Zeit in seiner Hotelsuite. Dort lässt er mehrere, davon zum Teil überraschte Ordensmitglieder zu Einzelaudienzen antreten und klopft sie auf ihre Eignung und Bereitschaft für zukünftige Regierungsämter ab, was zusätzlich für eine Atmosphäre von Misstrauen und Heimlichkeit sorgt.

Knapp 500 Jahre nachdem die Malteser nach verlorener Schlacht gegen die Türken von Rhodos flüchten mussten, verlässt nun noch einmal ein niedergeschlagener Haufen Ritter die Insel, diesmal verwirrt und agitiert vom Kampf gegen die eigenen Leute. Dass viele von ihnen dabei erkältet, einige sogar mit einer Lungenentzündung zurück nach Hause kommen, fällt gegen die innere Erosion der Ordensführung kaum ins Gewicht.

Wer besonders nervös zurückfliegt, ist Erich Lobkowicz. Seit der Konfrontation in Rom hat der Großmeister jedes Gespräch mit ihm vermieden. Ein Austausch der beiden wäre aber in der jetzigen Lage wichtiger denn je. Denn zur Planung der Wahlen hatte sich in den letzten Jahrzehnten die Tradition etabliert, dass der deutsche Präsident mit den anderen Präsidenten und relevanten Interessenvertretern eine Liste geeigneter Kandidaten für Regierungsämter erstellt und sie dann mit dem Großmeister abstimmt. Andrew Bertie hatte solche Listen mit der einen oder anderen Anmerkung versehen und ansonsten widerspruchslos abgesegnet. Die Liste der Präsidenten steht bereits seit mehreren Wochen, nur scheint Festing auch darüber nicht mit Lobkowicz reden zu wollen. Sowohl beim Besuch des Deutschen in Rom im Januar als auch auf Rhodos weicht der Großmeister dem Thema aus. Schließlich verabreden die beiden sich zu einer Besprechung während der alljährlichen Ordenswallfahrt im französischen Lourdes Anfang Mai. Es sind jetzt nur noch vier Wochen bis zu den Wahlen.

Tatsächlich ist der Großmeister zu diesem Zeitpunkt bereits unsagbar genervt vom deutschen Präsidenten und dessen selbstbewusstem Auftreten. Formell sieht die Ordensverfassung für den Präsidenten der ältesten Assoziation eigentlich kein anderes Privileg vor als das Vorrecht, vor Ordenswahlen ein Treffen aller Präsidenten zu organisieren. Warum sich für Lobkowicz daraus eine Rolle als Quasi-Chef aller anderen Präsidenten ableiten soll, leuchtet Festing nicht ein. Übrigens gibt es auch unter den Präsidenten solche, die Lobkowicz' Rolle kritisch hinterfragen oder sogar dagegen rebellieren. Dass der Deutsche offenbar trotzdem einen unbestreitbaren Einfluss auf das Wahlergebnis hat und sich außerdem herausnimmt, ihm in seine Regierungsgeschäfte hineinzureden, kann Festing derart aufbringen, dass ihm die Zornesröte ins Gesicht steigt.

Als Lobkowicz im Mai zum verabredeten Treffen im Grandhotel der Ordensregierung in Lourdes erscheint, räumt Festing ihm lediglich die Zeit für einen schnellen gemeinsamen Whisky ein und zeigt noch immer keinerlei Interesse an der Liste der Präsidenten. Stattdessen händigt er dem Deutschen zu dessen völliger Verblüffung eine eigene fertige Liste aller Kandidaten für die zukünftige Ordensregierung und ihrer beratenden Gremien aus. 23 Namen, von denen er erklärt, dass er wünsche, dass sie gewählt werden. Dieselbe Liste wird er einige Tage später an alle Kapitulare der kommenden Wahl schicken. Er sei, erklärt Festing dazu, selbst nicht ganz glücklich darüber, dass dies »den Leuten freie Wahlen erschwere«. Aber die Zusammensetzung des Kabinetts könne in Zeiten wie diesen nicht länger Wählern überlassen werden, denen die »Erfahrung und das Verständnis« für derart wichtige Entscheidungen fehle. Festings Liste sieht unter anderem vor, die Zahl der Professritter im Souveränen Rat zu erhöhen, Mazery erneut zum Großkanzler zu wählen und den Italiener Uberto Serlupi endgültig zum Schatzmeister zu machen. Der deutsche Großhospitalier Albrecht Boeselager, damals seit 25 Jahren Teil der Ordensregierung, soll dagegen abgewählt werden. Boeselager, erklärt Festing, sei »ein Wechsel sicher willkommen«.

*

In der medialen Aufarbeitung des weiteren Geschehens wird Albrecht Boeselager oft als Festings primärer Antagonist dargestellt, gewissermaßen als Anführer der Palastrevolution. Auch darum wird kaum ein Porträt über Boeselager ohne den bedeutungsvollen Verweis auf das Motto seiner Familie auskommen: »Et si omnes ego non.« Sinngemäß: Auch wenn alle mitmachen – ich nicht. Die Freiherren Boeselager bewohnen bis heute die mittelalterliche Burg Kreuzberg am Ahrgebirge, eine wuchtige Festung, die zwischen Waldhängen und kargen Felswänden steil und trotzig aus einem Flusstal in den Himmel ragt. Der lateinische Satz wurde in einen Holzbalken auf dem Burghof geschnitzt und weiß ausgepinselt. Seitdem muss er als Überschrift für jede Widerspenstigkeit aus dem Haus Boeselager herhalten. Und tatsächlich hat man in der Familie Erfahrung mit dem Thema Widerstand.

Im Dritten Reich war Boeselagers Vater Philipp an drei Mordversuchen auf Adolf Hitler beteiligt. Alle scheiterten. Im März 1943 gehörten Philipp Boeselager und sein Bruder Georg zu einer Gruppe von Wehrmachtsoffizieren, die während einer Heeresbesprechung in Smolensk sowohl den Führer als auch SS-Chef Heinrich Himmler erschießen sollten. Weil Himmler nicht erschien und weil man Sorge hatte, dass die Ermordung Hitlers in Himmlers Abwesenheit einen Bürgerkrieg zwischen SS und Wehrmacht auslösen könnte, wurde das Kommando in letzter Minute abgebrochen. Stattdessen schmuggelte die Gruppe dem Führer eine Bombe ins Flugzeug, der Sprengstoff war in einer Flasche Cognac versteckt. Doch im unbeheizten Gepäckraum fror der Zündsatz ein, die Bombe explodierte nicht. Im Jahr darauf gehörte Boeselager zu den Verschwörern vom 20. Juni 1944, er hatte Stauffenberg den Sprengstoff für sein Attentat in der Wolfsschanze organisiert. Weil er jederzeit damit rechnen musste aufzufliegen, trug Boeselager in den letzten Kriegsjahren immer eine Zyankalikapsel griffbereit in der Brusttasche. Er musste sie nur deshalb nie schlucken, weil seine Mitverschwörer ihn auch unter Folter nicht verraten hatten.

Diese Rolle hatte Philipp Boeselager später nach allen gängigen Kriterien zum Helden gemacht. Er selber aber nannte das, was sie damals geplant hatten, immer »Mord« und sprach bis kurz vor seinem Tod 2008 noch von der Hoffnung darauf, dass Gott ihm dies verzeihen möge. Er hatte die Attentatsversuche zwar vor seinem Gewissen gerechtfertigt, weigerte sich aber beharrlich, darüber das christliche Tötungsverbot zu relativieren. Ohnehin schwieg Boeselager, wie viele Soldaten dieser Zeit, jahrelang über seine Erfahrungen in den Kriegsjahren. Als er den eigenen, pubertierenden Kindern später das Schießen mit seiner alten Pistole beibrachte, hatten die keine Ahnung, dass sie das Werkzeug in den Händen hielten, mit dem Adolf Hitler niedergestreckt werden sollte. Ihren Vater erlebten sie deshalb zunächst auch nicht als heroische Lichtgestalt des Widerstandes, sondern als strengen, harten, traumatisierten Kriegsversehrten, den die Erinnerung nachts vom Schlafen abhielt.

Kurioserweise war Philipp Boeselager kurz nach dem Krieg noch einmal in eine Situation verwickelt, die innerhalb des Malteserordens inzwischen wohl mindestens so mythisch aufgeladen ist wie anderswo die Geschichte des deutschen Widerstands. Sein ehemaliger Regimentsarzt, ein Protestant, hatte den Katholiken Boeselager 1948 gebeten, ihn auf einer Reise nach Lourdes zu begleiten. Die krebskranke, offenbar im Sterben liegende Nichte des Arztes hatte sich eine Wallfahrt dorthin gewünscht. Es war der erste deutsche Pilgerzug, der nach dem Krieg wieder zum französischen Marienwallfahrtsort fuhr. Von Lourdes und seiner Heilquelle heißt es schon damals, es würden dort immer wieder kranke Menschen auf unerklärliche Weise von ihren körperlichen und geistigen Leiden kuriert. Über 7.000 angebliche Heilungen hat die dortige Wallfahrtsbehörde von 1858 bis heute dokumentiert, 68 davon hat die katholische Kirche nach diversen medizinischen Gutachten inzwischen als wissenschaftlich nicht erklärbares »Wunder« anerkannt.

Boeselager, zu der Zeit ein nüchterner Sonntagskatholik, dem religiöse Massenphänomene immer suspekt blieben, erlebte damals, wie das bis dahin stumme, bewegungsunfähige, allem Anschein nach sterbende Mädchen nach einem Bad in der Heilquelle offenbar von einem Tag auf den anderen wieder komplett gesund wurde. Er war überzeugt davon, damit selbst Zeuge eines Wunders geworden zu sein. Aber auch darüber sprach er zunächst kaum mit seiner Familie oder anderen. Erst gegen Ende seines Lebens begann er auch öffentlich von diesem Ereignis zu berichten, das er als direkten Eingriff Gottes und deshalb als schrecklich, Furcht einflößend und überfordernd erlebte. »Danach kann man eigentlich nur auf die Knie gehen, oder man muss es verdrängen«, sagte er einmal.

Allerdings begriff Boeselager sein Erlebnis unmittelbar als Auftrag, kranke Menschen nach Lourdes zu bringen. Er war 1943 Malteser geworden, auch wenn er die Mitgliedschaft bis

1945 verheimlichen musste, weil Hitler dem Orden misstraute. Also begann der deutsche Freiherr, ab 1950 im Namen der Malteser Pilgerfahrten mit Kranken und Behinderten nach Lourdes zu organisieren. Erst mit einer kleinen Abordnung und vier Kranken, dann wurden es jährlich mehr, schließlich folgten Malteser-Züge aus ganz Deutschland, bis sich auch Ordens-Assoziationen aus Irland, England, Italien, Spanien und Österreich anschlossen. In den 1960er-Jahren erklärte der damalige Großmeister die Lourdes-Pilgerfahrten zum offiziellen Werk des Ordens. Inzwischen fahren jedes Jahr über 7.000 Malteser aus der ganzen Welt mit rund 1.400 Kranken nach Lourdes, um die Kranken dort zu pflegen, zu den Quellen zu begleiten, mit ihnen zu beten und Messen zu feiern. Lourdes ist für die Malteser seitdem selbst zu einer Quelle geworden, an der sie ihr ursprüngliches Charisma und ihre Mission an den »Herren Kranken« auf konkret erlebbare Weise wiederentdeckt haben.

Kein anderer Ort auf der Welt ist seither für die Malteser so identitätsstiftend wie Lourdes.

Und als hätte eine unsichtbare Macht die Schicksale der beiden Männer schon im Vorfeld verknüpft, überkommt nicht nur Matthew Festing, sondern auch Albrecht Boeselager die Berufung eines Lebens als Malteser ausgerechnet in diesem kleinen französischen Pilgerort an den Hängen der Pyrenäen. Albrecht Boeselager, ein großer, hagerer Mann mit rheinischem Zungenschlag, kantigen Gesichtszügen und krausem Haar, wird 1949 als ältestes von vier Geschwistern geboren, ein Jahr nach dem erschütternden Lourdes-Erlebnis seines Vaters. Als der damals angehende Jurastudent den Vater 1970 das erste Mal nach Lourdes begleitet, wird er spontan gebeten, in den Heilbädern auszuhelfen. Wie es bis heute während der Pilgerfahrten täglich geschieht, wurden dort damals die teilweise schwerstbehinderten oder bewegungsunfähigen Kranken von Volontären in die

Wasserbecken geführt oder gehoben, oft wurde dabei gebetet. Albrecht Boeselager erlebt dabei, wie zwei der Helfer, offenbar Dominikanerpriester, einem Kranken die eiternden Wunden küssen. Dieser Liebesakt gegenüber dem äußerlich abstoßenden Kranken irritiert und berührt ihn maßlos. Er sagt, er habe als Folge dieser Erfahrung den Auftrag gespürt, sich selbst und sein Leben auch in den Dienst der Armen und Kranken zu stellen.

Seitdem fährt auch er jedes Jahr nach Lourdes, bald darauf tritt er in den Orden ein, 1982 wird er Kanzler der deutschen Assoziation, 1989 wählt man ihn als Großhospitalier in die Ordensregierung. In dieser Position baut Boeselager das humanitäre Engagement der Malteser massiv aus. Aus der von ihm gegründeten Malteser-Notfallhilfe wird 2005 schließlich Malteser International, eine globale NGO mit der Fähigkeit, innerhalb von 72 Stunden an jedem Ort der Welt eine Notfall-Klinik zu errichten. Es gibt seitdem keine humanitäre Katastrophe, von den Flüchtlingskrisen in Afrika und Nahost bis zu den Naturkatastrophen in Nepal oder Haiti, in der das Hilfswerk des Ordens nicht helfend aktiv geworden wäre.

Während all dies theoretisch das Potenzial hätte, aus Albrecht Boeselager eine Legende zu machen, ist er selbst ähnlich schlecht darin, aus solchen Lebenserfahrungen anekdotisches Kapital zu schlagen, wie es schon sein knorriger Vater war. Ob das tatsächlich an der »Bescheidenheit« liegt, die dem heutigen Großkanzler in den Medien neuerdings zugeschrieben wird, lässt sich von außen kaum beurteilen. Tatsache ist, Albrecht Boeselager ist kein großer Erzähler. Zwar hat er inzwischen Routine im öffentlichen Vortrag und versteht es, etwa auf den alljährlichen Generalversammlungen der deutschen Assoziation, den Kampf der Malteser gegen das Leid der Welt in bewegende Worte zu packen. Oft genug überwältigen ihn beim Beschreiben der humanitären Aktivitäten des Ordens die eigenen Gefühle, sodass ihm auf der Bühne auch schon mal fiepend die Stimme stockt und die Augen feucht glänzen.

Aber in seinem persönlichen Umfeld eilt Boeselager der Ruf voraus, eher zu wenig als zu viel zu reden. Mit der Wortkargheit des Deutschen hadern selbst manche seiner engsten Vertrauten. In Telefonaten mit ihm ist es oft so still in der Leitung, dass Freunde sich regelmäßig mit der Frage »Bist du noch da?« seiner Anwesenheit vergewissern müssen. Tatsächlich tastet Boeselager sich in Gesprächen mit gründlich durchdachten Sätzen voran, denen er manchmal derartig lange schweigend nachhängt, dass einen als Gegenüber das unwiderstehliche Bedürfnis überkommt, die Redepausen mit Geräuschen, egal welchen, zu füllen. Wenn er einen dabei dann regungslos durch seine randlose Brille fixiert, als warte er auf eine noch ausstehende Reaktion auf das eben Gesagte, kann einen das Gefühl beschleichen, keinem Diplomaten, sondern einem Uhu gegenüberzusitzen.

Ähnlich wie bei Lobkowicz gibt es auch Ordensmitglieder, die in der Beschreibung des handelnden Boeselagers auf das Mittel der mimischen Imitation zurückgreifen. Sie kneifen dann übertrieben die Augenbrauen zusammen, wiegen den Kopf in schweigendem Bedenken und befühlen mit nervösen Fingerspitzen und sorgenvoller Miene vorsichtig ein unsichtbares Problem. Sie wollen damit deutlich machen, dass Boeselager seine Amtsgeschäfte ähnlich führt wie seine Konversationen: abwägend, einem inneren Kompass folgend, umsichtig an der Grenze zur Zauderhaftigkeit, dabei offenbar weitestgehend befreit vom Bedürfnis, die emotionalen Erwartungen anderer vorauseilend zu erfüllen.

Mit alldem kann Matthew Festing sehr wenig anfangen. In seinen ersten Monaten als Großmeister zehrt das Verhältnis der beiden Männer noch von der Freude über die biografischen Gemeinsamkeiten: Beide sind Söhne autoritärer Offiziere mit

Kriegserfahrung, beide sind als Teil des katholischen Landadels auf kargen Anwesen in der Provinz aufgewachsen, beide hat Lourdes in den Orden geführt. Für kurze Zeit sind die beiden auch noch wohlwollend amüsiert von der totalen Gegensätzlichkeit ihrer Persönlichkeiten. Doch im Laufe seiner zunehmend chaotischen Großmeisterschaft gerät Festing, der es lustig, rabiat und unkompliziert mag, immer häufiger mit dem schweigsamen, Bedenken tragenden, ihm ständig widersprechenden, nicht zu packenden deutschen Freiherren aneinander, bis er schließlich beschließt, ihn mit der Wahl endgültig loszuwerden.

Doch ohne dass Festing das zu diesem Zeitpunkt bewusst gewesen wäre, hat die Mehrheit der wählenden Präsidenten da bereits den exakt gegenteiligen Beschluss gefasst. Die bizarren Vorgänge in England und die brutale Absetzung Chiavaris hatten viele Kapitulare, also die für die Wahl delegierten Ritter, empört und wütend gemacht. Lobkowicz hatte nach dem Treffen auf Rhodos alle relevanten Dokumente zum Chiavari-Fall zusammengestellt, darunter Grundstücksbewertungen und polizeiliche Führungszeugnisse der Beteiligten, und an die Präsidenten weitergeleitet. Viele von ihnen halten inzwischen Großkanzler Jean-Pierre Mazery für eine treibende Kraft hinter den letzten Ereignissen in Rom und wollen eine Fortsetzung seiner Amtszeit, auf die er selbst und Festing hinarbeiten, verhindern. Der Gegenkandidat, auf den sich die Präsidenten einigen, ist Albrecht Boeselager. Der Deutsche gilt zwar nicht als vor Charisma sprühender Salonlöwe, aber immerhin doch als integer, unbestechlich, politisch klug, strategisch vorausschauend und extrem gut vernetzt und damit vor dem Hintergrund der jüngsten Skandale als allemal tauglich für den Posten des Großkanzlers.

Ein großer Teil der Kapitulare erlebt die Tatsache, dass Festing vor einem Generalkapitel offiziell verkünden lässt, wen er gewählt haben will, als einen Akt diktatorischer Willkür und als

Bruch mit der Tradition, wenn nicht sogar der Verfassung des Ordens. Viele von ihnen denken gar nicht daran, sich an die von oben durchgereichten Wahlvorgaben des Großmeisters zu halten, zumal viele auch in der Genese dieser Liste Mazerys Handschrift zu erkennen glauben. Freilich war mit diesem unerhörten Vorgang klar geworden, dass nun erstmalig in der jüngeren Ordensgeschichte zwei nahezu komplett unterschiedliche Listen für eine Wahl gegeneinander konkurrieren würden. Ebenso klar war seitdem auch, dass Boeselagers Kandidatur nicht nur eine Kampfansage an seinen, ihm ohnehin bereits entfremdeten Kabinettskollegen Mazery, sondern auch an den Großmeister selbst sein würde.

Auch deshalb ziert der deutsche Freiherr sich zunächst, auf das Werben der Präsidenten einzugehen und gegen Festings Willen anzutreten. Er hatte als Ordensmitglied schließlich das Versprechen abgelegt, seinen »Oberen«, damit auch dem Großmeister, den »schuldigen Gehorsam« zu erweisen. Außerdem ist Boeselager, der seit 1989 als Großhospitalier amtiert, das mit Abstand dienstälteste Kabinettsmitglied in der Via Condotti. Dass er nach fast drei Jahrzehnten als Großhospitalier, in denen er viel Zeit in Flugzeugen und wenig Zeit zu Hause verbracht hatte, nun noch die Verantwortung als Großkanzler übernehmen soll, löst auch in seiner Familie Besorgnis aus. Stärker als all das ist allerdings auch bei Boeselager inzwischen die Überzeugung, dass die Kombination aus Mazery und Festing den Malteserorden früher oder später irreparabel schädigen würde. Also lässt Boeselager sich schließlich in die Rebellion einspannen und steigt als Herausforderer in den Ring.

*

Das Generalkapitel ist für Freitag, den 30. Mai 2014, angesetzt, in Rom ist es sommerlich warm, die Vespafahrer tragen längst wieder T-Shirt. Wie schon bei der Großmeisterwahl 2008 fliegen die Kapitulare aus aller Welt schon Tage vorher ein, treffen sich zu diversen Vorbesprechungen im Magistralpalast oder den Sälen der Villa Malta, und beenden die Abende oft beim Cognac oder Whisky an der eleganten Bar des Grand Hotels Plaza. Bei diesen Zusammenkünften stehen die beiden Kampflisten wie ein Elefant im Raum. Die meisten umgehen das Thema mit über Generationen angezüchteter Höflichkeit und krisenresistenter Konversationskunst geschickt. Trotzdem oder gerade deswegen ist die Atmosphäre unter den Rittern hochgradig angespannt. Zumal der Großmeister und Lobkowicz sich noch immer nicht abgestimmt haben und Festing den gut gelaunten Anschein erweckt, er gehe davon aus, dass seine Liste unhinterfragt akzeptiert werde.

Am Donnerstag kippt die Stimmung schließlich. Offenbar wird dem Kreis um Festing erst jetzt, am Tag vor den Wahlen, klar, dass es gar keine Mehrheit für die Liste des Großmeisters gibt. Daraufhin werden noch am selben Tag die delegierten Professritter im Magistralpalast zu einem Treffen mit dem Großkommandeur, also ihrem Chef, dem Italiener Carlo d'Ippolito di Sant'Ippolito, einberufen. Nach mehreren übereinstimmenden Schilderungen soll der Großkommandeur die versammelten Professen dabei angeherrscht haben, sie hätten ein Gehorsamsgelübde abgelegt, das sie verpflichten würde, für die Liste des Großmeisters zu stimmen, wenn dieser es wünsche. Das ist ein Vorgang, der nach den Gesetzen der Kirche eigentlich gar nicht erlaubt ist, denn dort darf Gehorsam nicht unter dem Druck eines Befehls eingefordert werden, sondern muss immer freiwillig geleistet werden. Außerdem steht d'Ippolito selbst als erneut zu wählender Großkommandeur auf Festings Liste, er befiehlt seinen Professrittern also de facto auch, ihn selbst wiederzuwählen.

Unter den Anwesenden befindet sich auch der Kandidat der Präsidenten für den Posten des Großkommandeurs, der Italiener Giacomo Dalla Torre, der das Amt schon einmal innehatte, als Festing 2008 gewählt wurde. Dalla Torre, der dem Kreis um Lobkowicz seine Kandidatur vorher zugesagt hatte, steht jetzt, offenbar gefühlvoll erregt von d'Ippolitos Ansprache, auf und ruft laut, unter diesen Umständen fühle er sich dem Großmeister verpflichtet, er ziehe seine Kandidatur für die Gegenliste zurück. Viele der restlichen Professritter dagegen hinterlässt der autoritäre Auftritt des Großkommandeurs nachdenklich, irritiert, schließlich trotzig. Mehrere von ihnen beschließen daraufhin und erst jetzt, Festings Liste am kommenden Tag der Wahl zu ignorieren.

Währenddessen konferieren die Präsidenten in der Villa Malta. Kurz nach 17 Uhr, die Sitzungen sind bereits beendet, die meisten haben den Aventin schon Richtung Altstadt verlassen, klingelt Lobkowicz' Handy. Am Telefon meldet sich der Großmeister mit barscher Stimme. Er wolle jetzt die Listen besprechen, sofort, Lobkowicz solle innerhalb der nächsten Viertelstunde im Magistralpalast erscheinen. Der Aventin ist inzwischen menschenleer, einen Taxistand gibt es nicht, also bleibt dem nun unter Stress gesetzten deutschen Präsidenten nichts anderes übrig, als loszutraben. Er joggt die geschwungenen Straßen des Hügels hinab, über das Forum Romanum in die Altstadt, den Corso entlang bis zur Via Condotti. Keine zwanzig Minuten später taucht er, durchgeschwitzt und nach Luft ringend, im Magistralpalast auf. Um Lobkowicz beizustehen, ist ein weiterer Assoziationspräsident dazugestoßen. Auf die beiden warten zwei Professritter und der Großmeister selbst, der ebenfalls schwitzt und jetzt hochgradig agitiert wirkt.

Festing selbst sagt, er könne sich an das Treffen kaum mehr erinnern. Andere Teilnehmer berichten von einem unkoordinierten, hektischen und autoritären Versuch, die Präsidenten in allerletzter Minute zum Einlenken auf den Kurs des Großmeisters zu bewegen. Festing hat kaum Zeit, um 18 Uhr wird er auf einer Veranstaltung des römischen Großpriorats erwartet, auf der er eine Ansprache halten soll. Die Präsidenten beharren auf der Wahlfreiheit der Kapitulare und erklären, dass es nun, nach dem letzten offiziellen Treffen der Präsidenten, ohnehin zu spät für Korrekturen der Liste sei: Änderungen zu kommunizieren sei jetzt technisch und praktisch nicht mehr möglich. Festing poltert und schimpft, die beiden Professritter versuchen es wechselweise mit herrischen Gehorsamsappellen und schmeichelndem Werben. Es hilft alles nichts. Lobkowicz erlaubt sich noch den süffisanten Kommentar, Festing brauche sich ja keine Sorgen zu machen, wenn alle Professritter ihm gehorchten, würde seine Liste doch sicherlich sowieso die Mehrheit bekommen. Dann geht die Männerrunde wütend auseinander.

Die Präsidenten, denen am Nachmittag mit Giacomo Dalla Torre ihr Mann für das Amt des Großkommandeurs abgesprungen war, können noch am selben Abend den österreichischen Professritter Ludwig Hoffmann von Rumerstein überreden, als Kandidat einzuspringen. Kurz vor Mitternacht schieben die Präsidenten sich an der Bar des Grand Hotels Plaza noch handgeschriebene Zettel mit den letzten Feinjustierungen ihrer Liste hin und her. Hochgemut und zuversichtlich geht kaum einer der Kapitulare zu Bett. Über vielen liegt in dieser Nacht im Mai vielmehr bleierne Beklemmung.

Am nächsten Morgen um 08:30 Uhr werden die rund 60 wählenden Ritter mit Bussen vor dem Plaza-Hotel und dem Magistralpalast abgeholt und auf den Aventin gefahren. In der Magistralvilla kommt es zu einem letzten Eklat. Wie es das Wahlprozedere vorsieht, legt der Chef der Rechnungskammer, der Österreicher Franz Graf von Harnoncourt-Unverzagt, am

Morgen vor allen Anwesenden noch einen letzten Rechenschaftsbericht über die vergangene Wahlperiode ab. Diese Gelegenheit nutzt er für eine Brandrede. Er beschreibt, wie sich die Ausgaben der Via Condotti trotz enormer Ordensschulden und fehlender Einnahmen um Millionen erhöht haben. Wie mit Chiavari und seiner Generaldirektorin ruckartig die entscheidende Fachkompetenz aus dem Schatzamt entfernt wurde, ohne dass ihm als Chef der Rechnungskammer je die Gründe dafür transparent gemacht worden seien. Wie ständig neue Vorwürfe gestreut würden, die bei Bedarf und neuem Publikum angepasst und verändert würden, aber der Rechnungskammer nie zur Prüfung vorgelegt worden seien. In den letzten Monaten sei es im Orden nicht nur zu eklatanten Verstößen gegen »geltende Regeln und professionelle Standards«, sondern auch gegen die Prinzipien von »Compliance und Governance« gekommen. Er sei jetzt 15 Jahre im Amt, sagt Harnoncourt, aber die letzten Monate seien eine »extrem enttäuschende Erfahrung« gewesen.

Der Großmeister, der Harnoncourt bis dahin als »My dear Franz« angeredet hatte, ruft beim Umkleiden der Ordensgewänder später in den Raum, er wolle »diesen Mann« nie wiedersehen. Aber dieses finale, höchst offizielle Misstrauensvotum gegen die amtierende Regierungsspitze sollte seine beabsichtigte Wirkung bei den inzwischen ohnehin maximal aufgewühlten Kapitularen nicht verfehlen.

Die Positionen werden einzeln gewählt, die Gewinner danach laut verlesen. Mit jedem neuen Namen ist es, als hielten im prachtvollen Kapitelsaal auf dem Aventin alle versammelten Ritter kurz die Luft an. Von Festings 23, über sämtliche Regierungsgremien verteilten Wunschkandidaten bekommen immerhin ein Dutzend die von ihm vorgesehenen Posten. Ansonsten ist das Ergebnis ein Triumph der Präsidenten und ein komplettes Desaster für den Großmeister. Das eigentliche Kabinett, der Souveräne Rat, besteht aus insgesamt zehn Rittern. Es setzt sich zusammen aus den Inhabern der vier sogenannten Hohen Ämter, den Ministerposten, und sechs weiteren Ratsmitgliedern. Nicht ein Einziger von Festings Leuten wird in eines der hohen Ämter gewählt. Stattdessen kommt es aus deren Sicht zum machtpolitischen Super-GAU: Der Deutsche Albrecht Freiherr von Boeselager wird neuer Großkanzler. Der Österreicher Ludwig Hoffmann von Rumerstein wird Großkommandeur. Der Deutsch-Ungar János Graf von Esterházy de Galántha wird Schatzmeister. Außerdem wird der Deutsche Dominicus Freiherr von und zu Mentzingen neuer Präsident der Rechnungskammer. Die Italiener sind mit der Abwahl von Carlo d'Ippolito fortan überhaupt nicht mehr in der Ordensregierung vertreten. Und auch Jean-Pierre Mazery ist abgewählt. Der kleine Franzose erhebt sich, schüttelt seinen Kollegen die Hand und wird nach der Wahl von den meisten Kapitularen nie wieder gesehen. Allerdings wird er den Orden noch sehr lange beschäftigen.

Poltergeister

Die für ihn katastrophale Wahl ist der Moment, an dem Matthew Festing beginnt, sechs Jahre nach Antritt eines Amtes, in dem er nie richtig angekommen war, innerlich auszusteigen. Schon in den Monaten vor dem Generalkapitel hatte man dem Großmeister die körperliche, aber auch geistige Erschöpfung und Überforderung immer mehr angesehen. Die Strecken, die Festing ohne Gehhilfe zu Fuß bewältigen konnte, waren immer kürzer geworden, immer häufiger hatte man ihn laut unter seinen Schmerzen ächzen hören, zuletzt war der angeschlagene Körper des Großmeisters mehrmals lebensgefährlich kollabiert, sodass er zum Teil Wochen im Krankenhaus oder zumindest am Tropf verbringen musste.

Doch die Großmeisterschaft hatte auch geistig ihren Tribut gefordert. Zum Anfang seiner Amtszeit war es Festing noch gelungen, sich regelmäßig im Gebet zu sammeln und sich auf Reisen oder im Palast mehrmals am Tag die Zeit zu nehmen, sich in sein Stundenbuch zu vertiefen. Aber mit dem zunehmenden Druck seines Amtes zehrt Festing auch spirituell immer mehr aus, er kommt kaum noch zum stillen Beten, mit seinem Stundenbuch sehen ihn seine Begleiter fast gar nicht mehr. Stattdessen wirkt er auf sein Umfeld zunehmend getrieben, orientierungslos, misstrauisch und unglücklich.

Mit der Wahl hatte Festing die Hoffnung verbunden, die ihm entgleitenden Ordensgeschäfte wieder unter Kontrolle zu bekommen, mit einer in seinem Sinne harmonisch kooperierenden Regierung. Stattdessen wird ihm nun ein Kabinett vor die Nase gesetzt, das mindestens zur Hälfte und in ausnahmslos allen »Hohen Ämtern« aus Leuten besteht, die er in diesen Positionen erklärtermaßen nicht sehen und zum Teil sogar ganz loswerden wollte. Er, dessen größter Rückhalt in Rom die italienische Gesellschaft des Caccia-Clubs war, steht nun im Herzen Italiens einer Regierung vor, der nicht ein einziger Italiener angehört. Die einzige Person, der er im Großmagisterium noch einigermaßen vertraut habe, sagt Festing, sei Mazery gewesen. Aber der ist jetzt weg. Stattdessen erlebt er sich nun eingekesselt von genau den deutschen Verschwörern, gegen die er seit Monaten gewettert hatte. Es ist für ihn der Zusammenbruch einer ohnehin schon dysfunktionalen Ordenswelt. Ab jetzt beginnt der Großmeister fast täglich darüber zu fantasieren, alles hinzuwerfen, einfach zurückzutreten und zu gehen.

Äußerlich manifestiert sich Festings Unglück in immer häufigeren Ausbrüchen wüsten Jähzorns. Selbst seinen getreuen Professrittern gegenüber wird der sonst so liebenswürdige Brite nun immer wieder mal laut und unwirsch. Einen von ihnen soll er in einem Zornausbruch mit einer Türklinke beworfen haben. Der neue Chef der Professritter, Ludwig Hoffmann von Rumerstein, taucht eines Abends im Palast kurz nach der Wahl spät zu einem Treffen mit Festing auf und erklärt ihm, offenbar gut gelaunt, er habe sich gerade mit Boeselager und Esterházy zu Fragen der Ordenspolitik beraten. Das bringt Festing, nun scheinbar unentrinnbar umzingelt von teutonischen Rebellen, derartig auf, dass er Hoffmann vor den Augen zweier weiterer Malteser wütend einen kräftigen Schubs gegeben haben soll. Daraufhin soll der damals bereits 77-Jährige rückwärts mehrere Treppenstufen hinuntergestolpert sein.

Hätte Festing angesichts des Wahlergebnisses und seiner bisherigen Bilanz als Großmeister die Grenzen seiner eigenen

Fähigkeiten anerkannt, sich in eine präsidiale Rolle zurückgelehnt und sich aus den Details der Regierungsgeschäfte herausgehalten, wie es sein Vorgänger getan hat und sein Nachfolger wieder tun würde, dann wäre diese Geschichte wohl anders ausgegangen. Aber erstens hätte eine solche Amtsführung oder gar ein Rücktritt dem Anspruch Festings an sich selbst widersprochen. Und zweitens ist der Großmeister selbst längst nicht der Einzige, der sich mit der Wahl um den ihm zustehenden Einfluss in der Ordensregierung betrogen sieht. Gerade in Italien, wo viele sehnsüchtig auf ein Ende der gefühlten deutschen Vorherrschaft im Orden gehofft hatten, ist die Stimmung jetzt maximal aufgepeitscht. In Rom wird Festing von allen Seiten bedrängt, die »Autorität des Großmeisters« wiederherzustellen. Im Caccia-Club und anderswo spricht man nun, auch Festing gegenüber, von einer »feindlichen Übernahme« und einem erfolgreichen germanischen »Putsch«, von einer Demütigung, die der geschlagene Großmeister sich keinesfalls gefallen lassen dürfe.

Und das tut Matthew Festing auch nicht. Im amtierenden Führungsstab des Ordens hatte man für die bisherigen Unregelmäßigkeiten in Festings Amtszeit vor allem die Einflüsterungen Dritter verantwortlich gemacht. Die glaubte man mit dem Wahlergebnis neutralisiert zu haben. Niemand rechnete damit, dass dieses gerade entstandene Vakuum umgehend wieder gefüllt werden würde. Am 12. Juni 2014, keine zwei Wochen nach der Wahl, tagt der Souveräne Rat. Dabei sitzen die Minister und Ratsmitglieder mehrere Stunden mit Festing zusammen und arbeiten diverse Tagesordnungspunkte ab, ohne dass der Großmeister dabei etwas Außergewöhnliches zu vermelden hätte.

Doch noch am selben Nachmittag, ein Teil der Minister wird bereits zum Flughafen chauffiert, geht auf einmal eine überraschende Mail des Großmeisters in den großen Ordensverteiler. Er habe, erklärt Festing darin, an diesem Morgen die Position des »Kabinettschefs des Großmeisters« geschaffen und sie mit dem Ehren- und Devotionsritter Christophe Drzyzdzinski besetzt. Dieser habe ab jetzt die volle großmeisterliche Autorität, »alle Personen, Organisationen und Güter des Ordens« in ihrem Wirken »zu überwachen und zu assistieren«.

Die überraschende Verkündigung dieser Personalie löst im Orden starke, äußerst gegensätzliche Empfindungen aus. Drzyzdzinski, ein fröhlicher, energischer, rundlicher Unternehmer mit Vollbart, eleganter Garderobe und einem internationalen Familienhintergrund zwischen Frankreich und Polen, war in der Vergangenheit vor allem bei den regelmäßigen Empfängen und Essen der Ordensregierung in Erscheinung getreten, wo man ihn als Multifunktionsgast auf der Liste hatte, mit dem man jeden Tisch auffüllen konnte, weil er gebildet und schlagfertig war, mehrere Sprachen sprach und intelligente Konversation machte.

Seitdem Drzyzdzinski im Frühjahr des Jahres freilich als Mazerys Generalbevollmächtigter im Schatzamt aufgeräumt und sich an vorderster Front an der Suche nach belastendem Material gegen Chiavari und seine Direktorin beteiligt hatte, ist er bei vielen im Großmagisterium nicht gerade beliebt, bei manchem gefürchtet, bei einigen bereits geradezu verhasst. Außerdem kursiert das Gerücht, Drzyzdzinski sei immer noch in Kontakt mit seinem Förderer Mazery; man fürchtet, er werde als verlängerter Arm des abgewählten Großkanzlers agieren.

Dass ausgerechnet dieser Mann nun per spontanem Dekret des Großmeisters der gewählten Regierung gegenüberstehen soll, alarmiert einen Großteil der Präsidenten und Ordensminister unmittelbar. Dagegen heißt es unter Festings Freunden und vielen römischen Ordensmitgliedern, Drzyzdzinski sei angetreten, um die Würde des Großmeisters zu verteidigen und den Italienern den Orden zurückzuerobern, ein Ruf, der ihm sowohl im Caccia-Club als auch unter vielen Professrittern umgehend Sympathien einbringt.

Nun ist es ohnehin so, dass sich der Souveräne Rat seit den Wahlen bereits, oder wieder, in zwei gleich starke Lager teilt: Die eine Hälfte besteht aus Ministern der »Hohen Ämter« wie Boeselager, Esterházy, Hoffmann von Rumerstein oder dem deutschen Ratsmitglied Winfried Graf Henckel von Donnersmarck, die dem Großmeister inzwischen tendenziell kritisch gegenüberstehen. Auf der anderen Seite stehen Festing-treue Ratsmitglieder wie der US-Amerikaner Geoffrey D. Gamble, Professritter wie John Critien aus Malta, der Kanadier John Dunlap und Duncan Gallie, der mit Festings Unterstützung wiedergewählt wurde. Meistens besprechen sich die beiden Gruppen vor anstehenden Sitzungen getrennt voneinander und marschieren dann in den Ratssaal wie Gegner eines Schachturniers. Mitglieder des Souveränen Rates legen ein Gelübde ab, den Inhalt der Sitzungen vor Dritten geheim zu halten. Aber dem Vernehmen nach fühlen sich Teilnehmer während vieler Ratssitzungen der Periode nach 2014 weniger an konstruktive Regierungskonsultationen, mehr an mühsame Gruppenringkämpfe erinnert, bei denen die beiden Fraktionen mit ihrem paritätischen Stimmverhältnis sich oft genug gegenseitig blockieren, was die Arbeit der Ordensregierung in vielen Bereichen völlig ins Stocken bringt.

Mit der Ankunft Drzyzdzinskis wird die Spaltung der Ordensspitze, die sich in den letzten Monaten abgezeichnet hatte, der permanente Normalzustand in der Via Condotti. Es dauert nur wenige Wochen, bis Drzyzdzinski Festings gerade erlittenen Kontrollverlust wieder wettmacht, indem er im Großmagisterium an den gewählten Regierungsvertretern vorbei eine Parallelstruktur kreiert. In Festings geräumigem Büro wird eine Zwischenwand eingezogen und ein eigenes Büro für Drzyzdzinski eingerichtet. Wer zum Großmeister will, muss ab jetzt an Drzyzdzinski vorbei, und das nicht nur im Palast. Der Berater sitzt nun im Flugzeug und im Auto neben Festing, er nimmt sogar auf Pressekonferenzen und während feierlicher Ordensmessen neben dem Großmeister Platz. Und obwohl er gar nicht gewählt und lediglich auf Basis eines Beratervertrags im Großmagisterium aktiv ist, untersteht Drzyzdzinski dank der ihm von Festing übertragenen Vollmachten nun effektiv etwa ein Drittel des Palastpersonals. Innerhalb von kürzester Zeit wird aus Christophe Drzyzdzinski so der wichtigste Berater, das Sprachrohr und der handelnde Arm des Großmeisters, in vieler Hinsicht also genau die Funktion, die eigentlich dem Großkanzler zugedacht ist.

Tatsächlich haben Teile der Ordensregierung nun zunehmend den Eindruck, dass Festing nur noch bedingt unabhängig handelt. Immer häufiger kommt es vor, dass zu Fragen der Administration, der Ordenspolitik, der Personalstruktur oder der Vermögens- und Immobilienverwaltung im Souveränen Rat gemeinsame Entscheidungen errungen und gefällt werden, die Festing erst absegnet, um sie dann nach dem Wochenende wieder zu kassieren und rückgängig zu machen, oft in Form von unterschriebenen Dekreten, die über Drzyzdzinski durchgereicht werden. Die Verfassung des Ordens, die dem Großmeister fast uneingeschränkte Handlungsvollmachten einräumt, erlaubt es Festing zur wachsenden Verzweiflung seiner Minister, die üblichen Entscheidungsprozesse der Ordensregierung auf diese Weise zu übergehen.

Die Präsenz des neuen Kabinettschefs macht sich auch im ohnehin maximal strapazierten Kostenbereich deutlich bemerkbar. Während Minister wie Albrecht Boeselager oder der neue Schatzmeister János Esterházy daran arbeiten, den unter Mazery und Festing stetig expandierenden Palastapparat wieder in den Griff zu bekommen, werden unter Drzyzdzinski bereits beschlossene Entlassungen plötzlich wieder abgesagt und neue Leute angestellt. Während viele Mitglieder des Souveränen Rates nicht mehr als 25.000 Euro im Jahr als jährliche Aufwandsentschädigung erhalten, einen Teil davon in Form eines monatlich in Cash ausgezahlten Geldbündels, soll Drzyzdzinski jährlich ein Vielfaches davon bezogen haben. Und während man sich in der Regierung bemüht, die explodierenden Kosten zu senken, wird unter Drzyzdzinski ein umfassendes Sicherheits- und Überwachungssystem im Großmagisterium installiert. Zur Kontrolle von Durchgängen und Räumen werden Kameras angebracht. Diverse Türen und Aufzüge lassen sich nur noch mit Schlüsselkarte öffnen. Und an der Eingangspforte wird ein doppeltoriges Schleusensystem eingebaut.

Das sind Sicherheitsvorkehrungen, wie sie in den allermeisten Regierungseinrichtungen oder Botschaften Standard sind, und sie scheinen für eine christliche, schon einmal mit Anschlägen bedrohte Institution wie den Malteserorden selbstverständlich, zumal in Zeiten des IS-Terrors. Aber abgesehen davon, dass ein kurzer Gang zum Café gegenüber nun zu einem langwierigen Security-Prozedere ausufert, hat der neue Kontrollapparat auch einen psychologischen Effekt auf das Personal des Großmagisteriums. Minister des Ordens fühlen sich zunehmend beobachtet und erleben immer häufiger, dass Inhalte vertraulicher Gespräche oder E-Mails auf einmal Dritten bekannt sind. Darüber entwickelt sich der Verdacht, dass auch Computer und Telefone des Großmagisteriums überwacht werden. Das führt etwa dazu, dass bestimmte Gespräche nun nur noch außerhalb des Großmagisteriums geführt werden oder dass die Gattin eines Kabinettsmitgliedes darauf besteht, heikle Themen selbst im eigenen Palastapartment nur noch flüsternd unter der Bettdecke zu besprechen.

*

Während unter Festings Kritikern die Paranoia um sich greift, zeigt der Großmeister nun immer weniger Scheu, diejenigen, die er zu Recht für die Urheber seiner Wahlniederlage hält, offen zu konfrontieren. Den deutschen Präsidenten Erich Lobkowicz etwa warnt Festing schon kurz nach der Wahl in einem Brief, er werde dessen Rolle als »Doyen der Präsidenten« nicht länger akzeptieren. Einige Monate später richtet die neue Ordensregierung eine Konferenz auf dem Aventin aus, um den Präsidenten und Ordensführern ihre Vorhaben für die laufende Amtsperiode zu präsentieren. Schon während der Sitzungen lässt Festing Lobkowicz entweder gar nicht zu Wort kommen oder fährt ihm am Mikrofon derartig barsch über den Mund, dass andere Teilnehmer dabei beschämt auf die Tische starren. Am letzten Abend gibt der Orden im Palazzo Grillo am Forum Trajanum ein Festessen für die Teilnehmer. Unter den Ehrengästen ist auch Gian Luca Chiavari, der geschasste Schatzmeister. Chiavari ist nach seinem Herzinfarkt wieder auf die Beine gekommen und wurde inzwischen verschämt mit dem Posten des internationalen Koordinators der Malteser-Pilgerfahrten rehabilitiert, ohne dass seine gewaltsame Absetzung und ihre Umstände je öffentlich gerechtfertigt oder entschuldigt worden wären.

Lobkowicz hatte sich im Vorfeld bei Festing die Erlaubnis eingeholt, auf Chiavari reden zu dürfen, und hält abends eine Laudatio, in der er versucht, das Drama um den Ex-Schatzmeister humorvoll abzumoderieren. Es sei eine gute Tradition im Orden, besonders vorbildliche Ordensminister mit einem Tritt in den Hintern aus dem Amt zu befördern, damit ihnen all ihre großen Verdienste im Himmel und nicht schon auf Erden angerechnet würden. Im Saal bricht befreites Gelächter aus, Chiavari bekommt Standing Ovations, es wird geklatscht und gejubelt.

Festing jubelt nicht. In seinem Umfeld erlebt man diese Rede als Respektlosigkeit und öffentliche Demütigung des Großmeisters. Und während Festing am Abend selbst dazu noch schweigt, erscheint er zur Abschlussmesse am nächsten Morgen wutschnaubend. Noch in der Sakristei der Kirche konfrontiert er laut rufend seinen neuen, ungeliebten Großkanzler Albrecht Boeselager, er wolle dessen Landsmann Lobkowicz nicht mehr sehen, der Großkanzler solle ihn auf der Stelle nach Hause schicken. Boeselager gelingt es, Festing zu besänftigen. Aber die dröhnende Stimme des Großmeisters war auch für die erschreckt in den Kirchenbänken sitzenden Ritter deutlich zu hören gewesen, viele von ihnen glauben daraufhin, der Rausschmiss des deutschen Präsidenten stehe nun endgültig und unmittelbar bevor.

Dieser Eindruck verstärkt sich, als Festing wenige Tage später per Rundbrief an die komplette internationale Führungsriege des Ordens erklärt, das Treffen in Rom sei »verdorben worden« von der »unerwarteten und unvernünftigen Rede« des »selbst ernannten Doyens der Präsidenten« und in Zukunft habe »niemand« mehr das Recht, für die anderen Präsidenten zu sprechen. Später wird Festing Lobkowicz erklären, er werde ihn von seiner »Position entfernen«, wenn er weiterhin die anderen Präsidenten beeinflusse, indem er sie schriftlich kontaktiere oder Treffen mit ihnen veranstalte. Nicht nur angesichts der Tatsache, dass viele Präsidenten eine jahrzehntelange persönliche Freundschaft verbindet, ist diese Kontaktsperre eine verblüffende Direktive. Aber sie macht Lobkowicz vorerst mundtot. Und tatsächlich stellt man sich in Festings Umgebung schon mit dem vorherigen Rundbrief auf eine baldige Absetzung des deutschen Präsidenten ein.

Diese nun immer offensivere Animosität des Großmeisters in Kombination mit dem Wirken Drzyzdzinskis führt im bis vor Kurzem noch erleichtert auftretenden Lager der Wahlsieger zu einer alarmierten Kampfbereitschaft. »Keiner darf aus der Schlacht weichen, es sei denn, es ist völlig sicher, wie die Bresche zu schließen ist«, wird in einem internen Schriftwechsel an die Opposition im Kabinett appelliert. »Die Regierung muss standhalten!« Dass deren neuer Kopf, der Großkanzler Albrecht

Boeselager, bald viel konkreter in Gefahr geraten würde als der Präsident der deutschen Assoziation, erwartet zu diesem Zeitpunkt noch niemand.

*

Vor dem Hintergrund der bisherigen Geschehnisse, ihrer komplett konträren Persönlichkeiten und der darüber gewachsenen ausgeprägten gegenseitigen Antipathie wirkt das Verhältnis zwischen Matthew Festing und Albrecht Boeselager in den Monaten nach der Wahl äußerlich zunächst unauffällig. Die beiden pflegen öffentlich einen respektvollen, höflichen, allenfalls passiv aggressiven Umgang miteinander. Allerdings gehen sie sich in der Via Condotti so weit wie möglich aus dem Weg und reden außerhalb der offiziellen Sitzungen überhaupt nur miteinander, wenn es gar nicht anders geht. Gemessen an der Idee, die Verfassung und Tradition der Malteser für Großkanzler und Großmeister vorsehen, nämlich den Orden als unzertrennliches Tandem in ständiger Abstimmung und engstem Schulterschluss zu führen, sind die beiden Männer als Kombination deshalb von Anfang an ein hoffnungsloser Fall.

Ihre jeweiligen Büros befinden sich im zweiten Stock des Magistralpalastes auf direkt gegenüberliegenden Seiten eines langen, mit historischen Schiffskanonen, Säbeln und Kriegsgemälden geschmückten Korridors. Doch obwohl dazwischen nur geschätzte 30 Meter liegen, trennen die beiden Männer innerlich inzwischen doch Welten.

Boeselager hat seinen neuen Posten angetreten wie die Schicht auf einem Wehrturm. Es geht ihm als Regierungschef unter Festing zunächst vor allem darum, Schadensbegrenzung und Krisenprävention zu betreiben und das für ihn momentan schlimmste annehmbare Szenario zu verhindern, nämlich eine Spaltung des Ordens. Nicht nur in der englischen oder deutschen Assoziation, sondern auch in Ländern wie Frankreich, Holland oder der Schweiz nimmt die Geduld mit Festings Regentschaft zusehends ab, zumal es auch dort Präsidenten gibt, die offen mit Festing in Konflikt gegangen sind und sich seitdem, wie Lobkowicz, in ihrer Position bedroht fühlen. Die Assoziationen sind eigenständige Vereine, die ihre karitativen Werke eigenverantwortlich durchführen. Boeselager befürchtet, dass sich ein Teil von ihnen bei einem fortschreitenden Vertrauensverlust irgendwann komplett von Rom und dem Großmeister lossagen und als autonomer Verbund weitermachen könnte. Der Orden, der seit dem Verlust von Malta erst wieder mühsam zusammenwachsen musste, würde dann in seine Einzelteile zerfallen.

Nach außen bemüht Boeselager sich deshalb aktiv, den weltweiten Orden zusammenzuhalten. Dafür ist er gut gerüstet. Denn abgesehen davon, dass er als Großkanzler ohnehin für die Beziehungen zu den Assoziationen zuständig ist, hat er in seinem vorherigen Amt als Großhospitalier über drei Jahrzehnte hinweg die internationalen Hilfsprojekte des Ordens koordiniert und so rund um die Welt ein Beziehungskapital angehäuft, über das kaum jemand Zweites im Orden verfügt, schon gar nicht der Großmeister.

Festing ist sich dessen bewusst, und es beunruhigt ihn spürbar. Im Umfeld des Großmeisters wird Boeselagers Netzwerkpflege weniger als nützliche Integrationsmaßnahme in unruhigen Zeiten wahrgenommen, mehr als beunruhigende Truppensammlung, potenziell für weitere konspirative Putschkommandos. Seitdem Festing erlebt hat, wie ihm bei der letzten Wahl erhebliche Teile des eigenen Ordens in den Rücken gefallen sind, verfolgt er Gruppenbildungen der Ordensspitze ohne seine Einbindung ohnehin mit wachsendem Argwohn. Schließlich beharrt er sogar darauf, bei Treffen der Präsidenten untereinander oder mit dem Großkanzler persönlich anwesend zu sein. Die Krise des Ordens wächst sich so zum wechselseitigen Verfolgungswahn aus.

Andererseits zeigt sich Festing intern massiv frustriert von Boeselagers Performance im Palast. Während Festing Komplikationen und langwierige Detailverhandlungen bestenfalls genervt erduldet, trägt ihm Boeselager im Rahmen der täglichen Ordensgeschäfte regelmäßig Einwände und Bedenken vor, korrigiert und bremst ihn aus, strapaziert damit die Geduld des Großmeisters wie kein Zweiter. Gleichzeitig klagt Festing ständig über die chronische Introvertiertheit des Deutschen. Festing, der Boeselager einerseits meidet, lamentiert andererseits, bezüglich der Aktivitäten des Großkanzlers nicht genügend eingebunden, mitgenommen und informiert zu werden. Und wo Festing die kurzweilige Plauderei auf Sitzungen, Staatsbesuchen und sozialen Anlässen perfektioniert hat, unternimmt Boeselager oft nicht einmal den Versuch, sich an Small Talk zu beteiligen.

In Festings Umfeld heißt es, Boeselagers Schweigsamkeit gehe sogar weit darüber hinaus. Als Beispiel kursiert die Anekdote, wie Festing Boeselager auf einem Staatsbesuch einmal gebeten habe, die Tätigkeiten des Ordens in Afrika genauer zu erläutern. Boeselager habe überlegt, nach einer langen Pause gesagt: »Wir helfen Menschen«, und dann wieder geschwiegen. Das mag sich so zugetragen haben oder auch nicht, jedenfalls macht Festing bald auch vor Dritten keinen Hehl mehr daraus, dass er Boeselager schon wegen dessen angeblicher Kommunikations- und Sprachunfähigkeit für völlig ungeeignet als Großkanzler hält.

Die Freunde und Berater des Großmeisters übernehmen diesen Blick auf den Großkanzler zu weiten Teilen oder fördern ihn sogar aktiv. Jenseits seiner Amtsgeschäfte hat Festing im Magistralpalast inzwischen einen kleinen Kreis ihm wohlgesinnter Männer um sich geschart. Er besteht vor allem aus den von ihm handverlesenen Professrittern im Souveränen Rat, seinem neuen Kabinettschef Christophe Drzyzdzinski und dem Kaplan des Palastes, Anthony Robbie, vormals Sekretär des australischen Kardinals Pell. Dazu kommt der exzentrische Gelehrte und Historiker Henry Sire, der selbst Malteserritter ist und seit 2013 für eine Buchrecherche über die Ordensgeschichte ein Apartment im Palast gestellt bekommt, außerdem Festings junger Adjutant Jack Straker, der Sohn einer benachbarten Adelsfamilie aus Northumberland, Typ kerngesunder, gut gelaunter Rugbyspieler.

Zumindest in Teilen sitzt diese Runde während der Mahlzeiten nahezu täglich zusammen. Wenn auch der Rest des Souveränen Rates dabei ist oder Gäste dazustoßen und die Zahl der Anwesenden dreizehn ergibt, holt Festing aus Spaß immer wieder den blonden Teddybären dazu, den er aus Northumberland mitgebracht hat. Das Kuscheltier mit dem roten Seemannspullover bekommt einen Stuhl und ein eigenes Gedeck im Speisesaal, um die Unglückszahl auszugleichen. Wenn Festings Leute dann am Tisch kichern und Geschichten austauschen, kaut Boeselager oft stumm sein Essen und verlässt das Esszimmer so schnell er kann. Und wenn Mitglieder dieser Gruppe im Salon noch beim allabendlichen Whisky um den Großmeister herumsitzen und mit ihm scherzen, hat Boeselager, der weder Festings Humor teilt noch selbst ein großer Witzeerzähler ist, sich meist schon längst wieder an seinen Schreibtisch geflüchtet.

Im Gegensatz zu seinem Vorgänger Mazery meidet Boeselager bewusst die Kreise des römischen Hochadels im Circolo de la Caccia und sagt Jagdeinladungen der italienischen Gesellschaft ab, sodass es auch privat kaum Überschneidungen zwischen ihm und Festing gibt. Boeselager will sich dadurch seine Unabhängigkeit bewahren. Aber im Ergebnis bleibt der Deutsche dadurch für viele in Rom und auch in der Via Condotti ein Außenseiter.

Das alles macht Boeselager für Festings Freunde und Berater, aber auch für den Großmeister selbst zur idealen Projektionsfläche, auf der sich nun das in bestimmten Kreisen vorherrschende und über die letzten Krisen im Groll gewachsene Narrativ über die Rolle der Deutschen im Orden verdichtet: Albrecht Boeselager verkörpert demnach die humorlose, effiziente, herrschsüchtige, germanische Übermacht, die besserwisserisch den Ton für den Rest der Malteser angebe. Und weil über Boeselagers Erfindung, das Hilfswerk Malteser International, weltweit Projekte finanziert werden, auch solche diverser nationaler Assoziationen, heißt es, Boeselager übe auch übermäßigen persönlichen Einfluss auf die Landesvereine aus, kontrolliere also eigentlich im Verborgenen den ganzen Orden.

*

Über Albrecht Boeselager entstehen in dieser Zeit, gerechtfertigt oder nicht, alle möglichen Vorurteile. Keines davon wird allerdings für die folgende Eskalation so schwer wiegen wie der Vorwurf, er und seine Verbündeten würden den religiösen Kern des Ordens bekämpfen, die Malteser säkularisieren und den christlichen Orden zur rein humanitären NGO umbauen wollen.

Diese Anklage speist sich im Wesentlichen aus zwei Umständen: Erstens pflegt nicht nur Matthew Festing selbst, sondern auch ein großer Teil seiner Freunde, neben fast allen britischen Professrittern etwa auch Kardinal Burke, der Palastkaplan Anthony Robbie, Henry Sire, Gloria von Thurn und Taxis und einige seiner Ordensbrüder im »Goldenen Vlies«, eine ausgeprägte Liebe zur alten Form der katholischen Messliturgie, dem »außerordentlichen« tridentinischen Ritus. Deshalb lässt Festing auch als Großmeister noch gelegentlich im kleinen Kreis Messen im alten Ritus feiern, sowohl in der Kapelle des Magistralpalastes als auch in Lourdes und an anderen Ordenstreffpunkten.

Im fortschrittsgläubigen Deutschland, dem Land, aus dem die prägendsten Impulse für die vatikanischen Kirchen- und Liturgiereformen der 1970er-Jahre kamen, hegt man dagegen in den meisten katholischen Kreisen inzwischen eine an Angst und Verachtung grenzende Abneigung gegen den alten Ritus. Die tridentinische Form der Messfeier wird dort nicht, wie anderswo, als liebenswerter zeitlos-spiritueller Kulturschatz betrachtet oder einfach als eine außerordentliche Form der heiligen Messe, sondern eher als reaktionärer Rückfall in die längst überwunden geglaubte Kirche von gestern.

Diese Haltung ist besonders in der deutschen Assoziation des Malteserordens weitverbreitet, auch Boeselager hat sichtbar wenig für den alten Ritus übrig. Im Gegenteil, gerade seit der Debatte um die schismatischen Pius-Brüder und den Skandalen im englischen Großpriorat hat sich unter vielen Maltesern, nicht nur in Deutschland, endgültig das Vorurteil festgesetzt, der alte Ritus sei vor allem etwas für Ästhetizisten, Schwule und traditionalistische Rechtsradikale, mit dem häufigen Umkehrschluss, dass dort, wo der alte Ritus gefeiert wird, etwas nicht ganz koscher sein könne.

Als eine kleine Gruppe um Festing in der Palastkapelle einmal von Boeselager bei einer Messfeier im alten Ritus überrascht wird, haben die Teilnehmer anschließend das Gefühl, regelrecht »erwischt« worden zu sein. Diese insgesamt spürbare Aversion gegen die eigene Form der Spiritualität nährt bei vielen Betroffenen in Festings Umfeld wiederum den Verdacht, Leute wie Boeselager seien verweltlichte Zeitgeistkatholiken, die kein Interesse am geistlichen Leben der Malteser hätten und damit Verrat an einem Teil der Ordensmission betrieben, nämlich dem »Tuitio Fidei«, der Verteidigung des Glaubens.

Zweitens wird zum Beleg des oben geschilderten Eindrucks häufig die Tatsache herangezogen, dass die deutsche Assoziation, wie Festing es formuliert, keine Professritter »produziert«.

Denn während sich in den vergangenen Jahrzehnten Männer aus Österreich, Frankreich, Italien oder England zu Professen weihen ließen, wurde der letzte reguläre Professritter in Deutschland in den 1950er-Jahren geweiht. In Festings Umfeld macht man dafür vor allem die angeblich säkularisierte deutsche Ordenskultur verantwortlich, im Speziellen Leute wie Lobkowicz oder Boeselager, die sich nicht nur weigerten, solche Berufungen zu fördern, sondern sie im Gegenteil sogar aktiv verhindern würden. Als Motiv dafür wird ihnen unterstellt, die religiösen Professritter mit ihren konstitutionellen Machtbefugnissen beseitigen zu wollen, um selbst uneingeschränkt über den Orden herrschen zu können.

In Wirklichkeit gilt Albrecht Boeselager unter seinen Freunden und Bekannten in der Praxis seiner katholischen Frömmigkeit als eher überengagiert. Wie Festing ist Boeselager passionierter Rosenkranzbeter und fährt jedes Jahr auf mehrtägige Klosterexerzitien, oft sind es Tage im Schweigen. Es gäbe keine größere Entscheidung, heißt es, die er nicht vorher ins Gebet nehmen und mit seinem »geistlichen Begleiter«, einem Priester, besprechen würde. In privaten Gesprächen gibt es wenige Themen, die er nicht früher oder später in einen spirituellen, geistlichen Kontext setzen würde. Die Familie betet zusammen und hält regelmäßig Andachten in der eigenen Hofkapelle. Und in besonders schwierigen Zeiten soll Boeselager sich auch mal die gewandelte Hostie, für Katholiken das »Allerheiligste«, auf die Burg habe bringen lassen, um davor zu beten und sich stärken zu lassen. Vor diesem Hintergrund löst die Idee, Boeselager sei ein besonders liberaler Christ, der dabei wäre, den Orden zu säkularisieren, in seinem deutschen Umfeld immer wieder große Heiterkeit aus.

Auch von der deutschen Assoziation als Ganzes kann man nicht behaupten, dass sie verweltlicht sei. Im Gegenteil, dort wird deutlich mehr Wert auf gelebte Spiritualität und praktizierten Katholizismus gelegt als in manch anderen Assoziationen. Allerdings ist man gerade in der Jugendorganisation des Ordens, die sich explizit als Glaubensgemeinschaft versteht, stark geprägt von der Charismatischen Erneuerungsbewegung in der katholischen Kirche. In Andachten werden dort neben der Meditation des kirchlichen Stundengebets etwa auch frei improvisierte Fürbitten vorgetragen, oder man singt mehrstimmig neues geistliches Liedgut mit Gitarrenbegleitung. Derartig neuzeitliche Ausgestaltungen des Glaubens sind Festing schon ästhetisch ein Graus, und für die radikaleren Traditionalisten in seinem Umfeld drückt sich in solcher Formlosigkeit bereits eine Kontamination des katholischen Kulturschatzes mit dem häretischen Zeitgeist aus.

Was die Professritter betrifft, ist freilich wahr, dass man in weiten Teilen des Ordens, insbesondere in Deutschland, schon lange an der Gesamtqualität des real existierenden »Ersten Standes« zweifelt und eher bereit ist, auf Nachwuchskandidaten zu verzichten, als die falschen zu fördern. Die »richtigen« wären im Idealfall junge Männer, deren Hingabe an Gott und die Notleidenden so groß ist, dass sie bereit sind, dafür auf Reichtümer und sexuelle Beziehungen zu verzichten, um damit Jesus Christus zu imitieren und völlig frei für diesen radikalen Liebesdienst zu sein.

Zu den »falschen« gehören aus Sicht der Kritiker einerseits Männer, wie ein Teil der britischen Professen, die angeblich weniger vom eigentlichen Charisma der Malteser zum Eintritt motiviert wurden, sondern mehr von der Gesellschaft gleichgesinnter Traditionalisten. Und andererseits sollen dazu in vereinzelten Fällen auch Professritter gehören, die trotz ihrer Keuschheitsversprechen in schwulen Beziehungen leben, durch das großstädtische Nachtleben cruisen oder die ungeachtet ihrer Armutsgelübde mit dem neusten Luxus-SUV in Lederausstattung vorfahren, ihre Großfamilie zu Urlauben auf Motorjachten einladen oder in exklusiven Wohnlagen auf opulenten Villenanwesen residieren. Die Kombination aus Zölibat, Prestige und niedrigen Erwartungen, heißt es unter den Kritikern, ziehe oft exakt die Leute an, die man nicht im Orden haben will, schon gar nicht exponiert auf leitenden Regierungsposten.

Zu alldem kommt die Tatsache, dass der derzeitige Altersdurchschnitt der neu eintretenden Professritter bei etwa 60 Jahren liegt. In Deutschland will man keine werdenden Frührentner zu Profess-Novizen machen. Auch deshalb, weil man die Anmutung des »Ersten Standes« als Club rundlicher, altersmüder Pensionäre für den sicheren Weg hält, Neueintritte junger Menschen zu verhindern.

Zwar hofft man in der deutschen Assoziation noch immer auf geeignete Kandidaten und arbeitet intensiv an einem Umfeld, in dem solche Berufungen entstehen könnten, etwa mit regelmäßigen Einkehrtagen, geistlichen Wochenenden und inzwischen sogar einer Malteser-Wohngemeinschaft mit täglichen gemeinsamen Gebetszeiten und Messfeiern unter Leitung des deutschen Professkaplans Georg von Lengerke. Aber Leute wie Boeselager halten es gleichzeitig für alternativlos, die Eintritts- und Lebensbedingungen der geweihten Ritter zu reformieren. Dazu kursieren im Orden diverse Ideen. Etwa, dass sich Professen in Zukunft auch im alltäglichen Leben zur Mitarbeit an den Ordenswerken verpflichten. Dass sie nicht mehr verstreut um die Welt, sondern gemeinschaftlich unter einem Dach leben. Oder dass der Orden ihren Lebensunterhalt bestreitet, sie aber damit ihren privaten Reichtum tatsächlich aufgeben müssten. Die meisten solcher Vorschläge werden von Festing und dem allergrößten Teil der amtierenden Professritter bisher energisch abgelehnt.

Deshalb werden in Deutschland nicht nur keine Professritter aktiv »rekrutiert«, wie das etwa in England geschehen ist, sondern Boeselager stellt auch öffentlich Festings Überzeugung infrage, die Zahl der Professen müsse unbedingt steigen. Der ausbleibende Nachwuchs sei möglicherweise kein isoliertes Problem, erklärt Boeselager auf Vorträgen, sondern »Symptom dafür, dass sich mehr im Orden ändern müsse«. Aber für seine Gegner gilt Boeselager damit bereits als Feind des »religiösen Lebens« im Orden. Und wie sehr er ihnen mit dem Gerede von Veränderung und Reform in die Hände spielt, wird der Großkanzler bald am eigenen Leib erfahren.

Rote Tücher

Es gehört zu den Stärken und schönen Seiten der katholischen Kirche, dass unter ihrem Dach unzählige Ausdrucksformen und spirituelle Kulturen der einen Konfession ihren Platz haben. Doch innerhalb des Malteserordens haben sich nun, obwohl scheinbar alle Beteiligten für denselben Glauben brennen, auch über Differenzen in der Religionspraxis zwei zunehmend verfeindete Lager gebildet. Dieser Konflikt, der zum Teil auf nicht mehr als misstrauischen Unterstellungen beruht, hätte vielleicht noch lange ohne weitere Konsequenzen als Nebenschauplatz der übrigen machtpolitischen Schlachtfelder vor sich hin geschwelt. Doch in diesen Monaten verändert sich die kirchenpolitische Situation grundlegend. Und die neue Lage wirkt sich auf die Krise im Orden aus wie ein Brandbeschleuniger.

Papst Benedikt XVI. war ein Freund des Malteserordens gewesen, und Festing hatte ihn verehrt. Das lag nicht nur daran, dass der Papst die »alte Messe« noch einmal ausdrücklich als eine der zwei legitimen Formen des römischen Ritus anerkannt und sie damit aus ihrem verdrängten, in vielen Bistümern de facto verbotenen Nischendasein befreit hatte. Der Papst, der selbst Ehrenmitglied des Ordens war, kannte und schätzte offenbar die Arbeit der deutschen Assoziation und war den Maltesern schon deshalb liebevoll zugetan. Festing und Benedikt teilten außerdem den Sinn für die zeitlose Schönheit traditioneller ritueller

Formen und hatten mit ihrem jeweiligen altmodischen Charme intuitiv einen Draht zueinander gefunden. Und obwohl Festing dem Papst gegenüber bei der Erklärung der Ordensarbeit in aidsgeplagten Zulu-Gebieten auch schon mal das Wort »Gangbang« benutzte, zeigten die beiden während ihrer regelmäßigen Treffen sichtbare Freude aneinander.

Umso größer war die Enttäuschung bei Festing und seinem Umfeld, als Papst Benedikt in einem historisch sensationellen Akt der Resignation zurücktrat und 2013 von seinem phänotypischen Gegenentwurf, dem argentinischen Jesuiten Jorge Bergoglio, ersetzt wurde. Papst Franziskus bringt den Maltesern spürbar weniger Sympathien entgegen als sein Vorgänger. Der neue Papst trägt eine schlichte weiße Stola statt der prachtvollen Mozetta, er fährt Fiat statt Limousine, er trägt seine Koffer selbst und lehnt eine Residenz im Apostolischen Palast aus »psychologischen Gründen« ab, um stattdessen ins spartanischen Gästehaus Sanctae Marthae einzuziehen. Dass dieser Mann mit dem höfisch-zeremoniellen Feudalgehabe der Ritter aus dem Magistralpalast fremdeln würde, die in goldbehängtem Nussknackerkostüm, mit rasselnden Zeremonialsäbeln und rauschenden Federhüten bei ihm zur Audienz antreten, war eigentlich abzusehen. Und tatsächlich ist das Begegnungsklima zwischen dem neuen Papst und dem Großmeister von Anfang an gestört. Festing berichtet, Papst Franziskus höre ihm bei seinen Berichten über die Projekte des Ordens nur gelangweilt zu und unterbreche ihn meist nach kurzer Zeit, um dann selbst ausschweifende Monologe über die katholische Soziallehre oder Ähnliches zu halten, wiederum zu Festings offenbar gähnender Langeweile.

Doch die Skepsis des neuen Papstes gegenüber dem Orden geht anscheinend über solche Äußerlichkeiten hinaus. Denn Jorge Bergoglio soll aus seiner Zeit als Erzbischof von Buenos

Aires noch eine Rechnung mit den Maltesern offen gehabt haben. Offenbar gab es in Argentinien eine Gruppe einflussreicher, äußerst konservativer Malteser-Ordensritter, mit der Bergoglio im ständigen Konflikt stand, unter anderem über die Ausrichtung und Besetzung der argentinischen Bischofskonferenz. Dieser Kreis, zu dem sowohl ein italienischer Geschäftsmann und langjähriger Botschafter Argentiniens beim Heiligen Stuhl gehörte als auch Héctor Aguer, Erzbischof von La Plata und Kaplan bei den Maltesern, hatte gute Verbindungen in den Vatikan und soll sich 2008 aktiv bemüht haben, Bergoglio nach Rom versetzen zu lassen. In Buenos Aires sollte Bergoglio als Erzbischof dann von einem weiteren Malteser-Kaplan, Bischof Oscar Sarlinga, ersetzt werden. Offenbar gedieh der Plan so weit, dass Papst Benedikt Bergoglio damals sogar die Leitung einer vatikanischen Kongregation angeboten haben soll. Aber Bergoglio soll abgelehnt haben, angeblich weil er sich weigerte, derartig abserviert zu werden.

Dieses gescheiterte Kommando hat beim neuen Papst sehr wahrscheinlich ein Bild der Malteser als ultra reaktionäres Netzwerk privilegierter, mächtiger und intriganter Strippenzieher geprägt. Damit entsprächen die Ordensritter genau dem kirchlichen Milieu, dem Papst Franziskus schon in den ersten Monaten seiner Amtszeit den Kampf ansagt.

Und tatsächlich gibt es, speziell um Festing herum, bald nur noch wenige Gruppen, die der neue Papst nicht in kürzester Zeit gegen sich aufgebracht hätte. Im römischen Adel und im Caccia-Club sorgt der Papst unmittelbar für Aufregung, als er ankündigt, die Kaste der »Gentiluomini di Sua Santità«, die »Edelmänner seiner Heiligkeit«, auflösen zu wollen. Viele von Festings Freunden aus politisch oft stramm konservativen Fürstenhäusern oder Unternehmerkreisen machen die radikalen päpstlichen Appelle für soziale Gerechtigkeit, die Kritik am globalen Kapitalismus und die scheinbar bedingungslose Solidarität mit Migranten und Flüchtlingen nervös. Und unter den Kardinälen und Prälaten im Vatikan löst der Papst Entrüstung aus, als er erklärt, die Kurie leide unter »spirituellem Alzheimer«, »Doppelmoral«, »Narzissmus« oder »kalter Schreibtischmoral«.

In keinem Kreis allerdings macht Papst Franziskus sich derartig viele Gegner wie unter besonders rigorosen orthodoxen Katholiken, für die der Papst schon bald als theologisch irrlichternder, liberaler Reformer gilt, der zentrale katholische Lehren zur Disposition stellen wolle. Auch hier hat die Aversion oft mehr mit Projektion als mit konkreten theologischen Aussagen zu tun. Zwar geht es dem neuen Papst offensichtlich um die zwingende Frage, wie die Kirche wieder an Aufrichtigkeit, Glaubwürdigkeit und Liebesfähigkeit gewinnen kann. Theologisch bleibt er aber in Wirklichkeit, das zeigt schon die Lektüre seiner Lehrschreiben, weitgehend beinhart konservativ.

Im Gegensatz zu seinem Vorgänger Benedikt, der seine theologischen Positionen glasklar und in der Regel unmissverständlich formuliert hatte, kommuniziert der neue Papst unkoordiniert und bevorzugt in Form von spontanen, unvorbereiteten Stegreif-Interviews. Das Ergebnis sind oft ins Unreine gesprochene, ambivalente und unklare Aussagen und Zitatschnipsel, die besonders im schwarzen Block der Kirche Verwirrung und Unruhe stiften, auch wenn – oder weil – der Papst dabei Dinge ausspricht, die anderswo selbstverständlich sind. Etwa, dass »Schwule der Kirche Gaben und Qualitäten zu geben haben« oder dass die Nutzung von Kondomen unter Umständen der »Pflicht zur Fürsorge« entsprechen könne.

Jedenfalls geschieht schließlich auch in Festings Umfeld das, was sich zu dieser Zeit in konservativen Kirchenkreisen rund um die Welt beobachten lässt: Katholiken, die bisher »Romtreue« oder »Papsttreue« als unbedingten Wert verteidigt und sich darüber definiert hatten, entwickeln sich auf einmal zu Papstkritikern, in manchen Kreisen geradewegs zu offenen Papsthassern. Und in Festings Freundeskreis kann man nun auch schon mal erleben, dass auf Jagden oder Schlossdinners nicht mehr, wie früher, vom »Heiligen Vater« gesprochen wird, sondern nur noch vom »Fucking Communist«.

Auch wenn ihm eine derartige Formulierung vermutlich im Leben nicht über die Lippen käme, gilt Kurienkardinal Raymond Burke bereits 2014 als Anführer dieser katholischen Opposition. Der 1948 geborene US-Amerikaner gehört zu Festings Freundeskreis in Rom, seit Gloria von Thurn und Taxis die beiden einander vorgestellt hat, und er ist in vielerlei Hinsicht eine ungewöhnliche Erscheinung.

Gerade auf den obersten Etagen der kirchlichen Hierarchie trifft man manchmal auf Menschen, die sich nicht nur körperlich, sondern auch seelisch einen Fettpanzer zugelegt zu haben scheinen, Bischöfe oder Kardinäle, die derartig phlegmatisch, behäbig und bräsig auftreten, dass man das Gefühl hat, eigentlich keinem Mann Gottes, sondern einem undurchdringlichen Haufen Teig gegenüberzustehen.

So ist Raymond Burke genau nicht. Der gebeugt gehende Kardinal mit dem silbergrauen Scheitel blickt mit hellwachen, interessierten Augen durch seine randlose Brille, das ernste Gesicht mit den schmalen Lippen scheint permanent von Sentiment bewegt, Burke wirkt dadurch zugewandt und verletzlich. Sein geschätzt 500 Quadratmeter großes gepflegtes Apartment in einer Seitengasse vor dem Petersdom erinnert weniger an den Palazzo eines barocken Kirchenfürsten, sondern mit den dunklen, auf antik gemachten Holzmöbeln und den dominierenden Blumenmustern, eher an eine freundliche, gehobene Seniorenresidenz. Und wer Burke dort besucht, dem kann es passieren, dass er einen zum Abschied noch zum gemeinsam knienden, stillen Gebet in seine kleine Hauskapelle bittet.

Doch anders als Katholiken wie Matthew Festing oder Gloria von Thurn und Taxis, denen eine ansteckende, wilde und abenteuerlustige Lebensfreude zu eigen ist, strahlt Burke eher eine tiefe, kummervolle Betrübnis aus. Was womöglich daran liegt, dass er große Teile der Welt um ihn herum nicht versteht, und umgekehrt. Tatsächlich verhalten sich Burkes Überzeugungen und Vorlieben meist radikal konträr zum Zeitgeist. Das bringt ihm im traditionalistischen und rechten Milieu glühende Verehrer ein und jenseits davon oft Häme und Empörung. Dabei liefert der Kardinal seinen Gegnern häufig traumhafte Steilvorlagen, und das nicht nur mit seinen regelmäßigen, politisch komplett unkorrekten, öffentlichen Kommentaren, sondern auch mit seiner medial genüsslich ausgeschlachteten Schwäche für heute bizarr anmutende historische Kirchentracht. Dazu gehören gigantische Bommelhüte, bestickte Seidenhandschuhe oder die flamboyante »Cappa magna«, eine sechs Meter lange, knallrote Schleppe. Er sei auf diese Weise, rezipiert der schwule Aktivist und Autor Frédéric Martel fasziniert, oft hergerichtet wie eine »Wikingerbraut«.[xiv]

Gleichzeitig verfügt Burke in Fragen kirchlicher Doktrin über ein hohes Maß an Strenge und Unnachgiebigkeit. Was er für Irrlehren hält, verfolgt der Kardinal so akribisch, als wären sie Buschfeuer, die es zu löschen gilt, bevor die ganze Prärie in Brand gerät. Als Erzbischof von St. Louis war Burke berühmt dafür geworden, Politikern wie John Kerry für ihre liberale Haltung zur Abtreibung die Kommunion verweigert zu haben. 2008 hatte Papst Benedikt ihn schließlich zum Präfekten des obersten vatikanischen Gerichtshofs, der Apostolischen Signatur, ernannt. Diese Aufgabe, sagt Burke, habe ihm Freude gemacht und gut zu ihm gepasst. Vielleicht auch, weil er mit der Umsetzung kirchlicher Justiz Ordnung in einer für ihn zunehmend ungeordneten Welt schaffen konnte.

Diese Welt gerät für Burke endgültig aus den Fugen, als Jorge

Bergoglio 2013 zum Papst gewählt wird. Zwischen Papst und Kardinal beginnt es fast augenblicklich zu knirschen. Hinsichtlich der fast schon slapstickhaften Gegensätzlichkeit dieser beiden Männer war das, ähnlich wie bei Festing und dem Papst, nicht anders zu erwarten. Auf der einen Seite der asketische, aggressiv fröhliche, pausenlos improvisierende Papst Franziskus, dem äußere Formen sichtbar egal sind und der erklärt, es sei nicht der Job des Papstes, alle »doktrinären, moralischen oder pastoralen Fragen« zu klären. Auf der anderen Seite der scheinbar chronisch besorgte Kardinal Burke mit seiner Vorliebe für traditionelle Riten und Gewänder, ein rigoroser Kirchenrechtler mit dem Drang zur absoluten Klarheit, der genau nichts mit Bergoglios jesuitischer Neigung zur geschmeidig-differenzierten Betrachtung moralischer und theologischer Fragen anfangen kann und das auch öffentlich zum Ausdruck bringt, etwa indem er demonstrativ den Rosenkranz betet, während der Papst predigt.

Inhaltlich widersprechen sich die beiden in nahezu allen heiklen Fragen, die zu dieser Zeit öffentlich diskutiert werden. Der Papst fragt, wer er wäre, über Schwule urteilen zu dürfen. Burke warnt davor, schwule Paare zu Familienfeiern einzuladen. Der Papst erklärt, wer Flüchtlingen nur mit Mauern entgegentrete, sei »kein Christ«. Burke äußert Verständnis für europäische Abschottungsmaßnahmen. Der Papst treibt den muslimisch-christlichen Dialog voran. Burke appelliert an den Verteidigungswillen des Westens gegen den Islam. Franziskus nennt die Kirche ein »Lazarett für die Kranken«, Burke bezeichnet sie, mit Blick auf ihren Oberhirten, als »ruderloses Schiff«. Als die beiden 2014 auch noch in der Vorbereitung der für das Folgejahr anberaumten Familiensynode aneinandergeraten, reicht es dem Papst.

Während einer Audienz am 9. September 2014, drei Monate nach den dramatischen Regierungswahlen der Malteser, erklärt

Papst Franziskus dem Kardinal, völlig ohne Vorwarnung, dass er ihn mit sofortiger Wirkung als Präfekt der Apostolischen Signatur absetzen und stattdessen zum Kardinalpatron des Malteserordens ernennen werde. Dort soll er den inzwischen 80-jährigen Kardinal Sardi ersetzen. Burke ist überrascht und verletzt von dieser ruckartigen Demontage. Nicht nur, weil er Kirchenrichter mit Leidenschaft war, sondern auch, weil die Rolle als Papstbotschafter bei den Maltesern bisher ein Abstellgleis für ausrangierte emeritierte Kardinäle war. Es ist der Moment, ab dem Burke, der vor Franziskus noch unverrückbar an der Seite der Päpste und ihrer Lehre stand, endgültig als aktiver Dissident wahrgenommen werden wird.

*

Seit den folgenden Ereignissen ist viel darüber spekuliert worden, was den Papst zu diesem Schritt bewegt haben könnte. Die naheliegende Vermutung ist, dass der Papst den widerborstigen Burke abstrafen, disziplinieren und vielleicht sogar demütigen wollte und einfach fand, der traditionalistische Kardinal und der kuriose, ihm suspekte Ritterorden passten gut zusammen, ohne sich Gedanken über die Risiken dieser Kombination gemacht zu haben. Es gibt aber auch langjährige, nahe Beobachter des Papstes, die ihn für viel schlauer halten. Sie glauben, Burke auf die Malteser loszulassen entspräche einer bewährten Strategie Bergoglios: Wenn dem Argentinier Gruppierungen oder Situationen in seinem Verantwortungsbereich nicht geheuer sind, dann käme es vor, dass er sie gezielt provoziere oder eskaliere, um sich Klarheit zu verschaffen. Bildlich gesprochen wäre der Papst dann wie ein Jäger, der ein Wiesel in den Bau jagt, um zu gucken, was oder wen es dort so alles aus den Löchern treibt. Wenn dem so wäre, würde der Papst mit dieser Methode schon bald großen Erfolg haben.

Im Bau spürt man die Gefahr intuitiv. Matthew Festing macht Ferien in England, als er von der Ernennung Burkes erfährt. Er stapft gerade mit Gummistiefeln und Flinte durch die Hochmoore von Yorkshire, um mit Jagdfreunden Moorhühner und Fasane zu schießen, als das Telefon in seiner Tasche klingelt und der Großkanzler aus Rom anruft. Albrecht Boeselager berichtet ihm, angeblich laut und aufgebracht, von den Plänen für den neuen Kardinalpatron. Selbst Festing, der Burke als »Freund« bezeichnet und dessen Positionen er, jedenfalls im theologischen und liturgischen Bereich, weitgehend teilt, ist latent beunruhigt über diese Nominierung. Burke ist zu der Zeit bereits eine der umstrittensten Figuren der katholischen Kirche. Jede seiner Äußerungen ist ein mediales Ereignis. Der Großmeister ahnt, dass sich das auch unvorteilhaft auf seinen Orden auswirken könnte.

Dagegen ist Boeselager selbst tatsächlich sofort alarmiert. Für die Minister in der jetzigen Situation, in der sich der ordensinterne Konflikt auch zunehmend kirchenpolitisch zuspitzt und als vermeintlicher Grabenkampf zwischen »Progressiven« und »Konservativen« darzustellen beginnt, ist das Letzte, was die Malteser gebrauchen können, eine polarisierende, traditionalistische Gallionsfigur wie Burke als Kardinalpatron. Zufällig hat Boeselager in diesen Tagen einen Termin beim Staatssekretär des Papstes, Kardinal Pietro Parolin, der Nummer zwei im Vatikan. Bei dieser Gelegenheit trägt der Großkanzler Kardinal Parolin seine Bedenken vor. Im Orden würde ohnehin bereits ein Konflikt zu Fragen der Liturgie schwelen. Vor diesem Hintergrund sei die Benennung Burkes ein Problem.

Parolin nickt freundlich, belässt es bei der Benennung und berichtet dem Papst anschließend von Boeselagers Klage. Und als der Papst das nächste Mal auf Kardinal Burke trifft, erzählt er ihm brühwarm, Albrecht Boeselager persönlich habe gegen seine Nominierung protestiert. Diese Ablehnung seiner Person trifft den Kardinal spürbar, und er wird sich sehr genau merken, wem er sie zu verdanken hat. Vom Papst war das möglicherweise lediglich eine unbedachte, diplomatische Ungeschicklichkeit. Oder aber er hat die Gelegenheit bewusst genutzt, um das Wiesel mit dieser Provokation noch einmal richtig scharfzumachen.

Wobei das gar nicht mehr nötig gewesen wäre. Die Konsolidierung der jeweiligen kirchenpolitischen Lager, die im Laufe des Pontifikats von Franziskus unter Katholiken noch deutlich extremere Züge annehmen sollte, war zu diesem Zeitpunkt auch im Orden schon so weit fortgeschritten, dass der Kardinal unter den Maltesern ohne Mühe sein eigenes Rudel gefunden hatte. Zu dessen simplen, stereotypischen Identifikationsmerkmalen, die im innerkirchlichen Grabenkampf fortan Freund von Feind scheiden sollte, gehören: Sympathie für den alten Papst und die alte Messe sowie offene Antipathie für den neuen Papst und die allermeisten seiner oder sonstiger kirchlicher Reformbestrebungen. In der Via Condotti wird dieses Rudel vom Großmeister und dem Großteil seiner Anhänger angeführt. Und dort braucht man nur wenige Schlagworte, um Burke unmissverständlich klarzumachen, in welche Schublade es Albrecht Boeselager zu stecken gilt. Sollte Burke danach noch irgendwelche Zweifel zur Rolle des deutschen Großkanzlers gehabt haben, der Papst wird sie ihm mit seiner Indiskretion ausgetrieben haben.

*

Burkes neuer Job als Kardinalpatron erfordert keine formellen Tätigkeiten, er besteht im Wesentlichen darin, die kommunikative Verbindung zwischen dem Stuhl Petri und dem Großmagisterium aufrechtzuerhalten. Er kommt dieser Aufgabe nach, indem er sich ein- bis dreimal im Monat mit Festing trifft. Mal lässt sich der Großmeister dafür zu Burkes Residenz am Vatikan chauffieren, mal erscheint der Kardinal in Festings Salon im Palast; die beiden sitzen dann zusammen als alte Freunde, die sie inzwischen sind, und plaudern über Ordens- oder Glaubensfragen.

Das sofort entstehende, tiefe Misstrauen zwischen Burke und Boeselager manifestiert sich dagegen zunächst nur schleichend. Der Großkanzler absolviert zu dessen Amtsantritt einen förmlichen Besuch bei Burke, um ihm die Arbeit des Ordens vorzustellen. Boeselager wird später berichten, Burke habe dabei höflich, aber mit wenig Interesse an den Details der Ordensprojekte zugehört. Als Papstbotschafter wird Burke in der Regel zu Staatsbesuchen und größeren repräsentativen Essen und Veranstaltungen des Ordens geladen. Bei solchen Essen sieht es das Protokoll oft vor, dass der Kardinalpatron direkt neben oder gegenüber dem Großkanzler sitzt. Dabei starren Burke und Boeselager meistens stur aneinander vorbei, ohne ein Wort zu wechseln.

Ein ständig meist unausgesprochen im Raum stehendes Thema zwischen den beiden ist der alte Ritus. Burke, dem man von Boeselagers Abneigung gegen die außerordentliche Form der Messliturgie erzählt hatte, feiert seine regelmäßigen Messen in der Palastkapelle zwar auf Latein, aber nur im ordentlichen, neuen Ritus, auch mit Rücksicht auf die angebliche Befindlichkeit des Großkanzlers. Dabei findet Burke die Ablehnung des von ihm geliebten alten Ritus derartig absurd, dass er seiner Missbilligung darüber immer wieder mit verächtlichem Schnauben oder angestrengtem Seufzen Ausdruck verleiht.

Doch nachdem der Kardinal Begegnungen oder Gesprächen mit Boeselager ansonsten eher ausweicht, geraten die beiden auch in konkreten Ordensfragen zunächst nicht in Konflikt, mal abgesehen von kleineren Belangen. Als etwa die Rede davon ist, dass Burke ein eigenes Büro im Großmagisterium gestellt bekommen soll, gehört Boeselager zu denjenigen, die das ablehnen. Und als dem Souveränen Rat der Vorschlag unterbreitet wird, einige traditionalistische Priester in Burkes Dunstkreis zu Professrittern zu machen, unterstützen weder Boeselager noch Festing die Idee. Auch als es um die Benennung eines neuen Ordensprälaten geht, den Chef der Priester im Orden, kollidieren die Vorstellungen des Kardinals offenbar mit denen Boeselagers, worüber die beiden ein angespanntes Konfliktgespräch im Palast führen. Bei der Frage des neuen Ordensprälaten mischt auch Gloria von Thurn und Taxis mit, die wiederum selbst einen Wunschpriester für das Amt hat. Sie setzt den etwas überrumpelten Festing in ihr Auto, fährt mit ihm zum Vatikan und spricht dann gemeinsam mit ihm bei diversen kirchlichen Würdenträgern vor, um so für ihren Mann zu werben. Am Ende setzt sich der französische Kurienbischof Jean Lafitte durch, der als Wunschkandidat Boeselagers gilt.

Ein echtes Problem für den Orden sind dagegen, wie es schon befürchtet wurde, die öffentlichen Äußerungen des Kardinals. Burke wird jetzt nicht mehr als Kardinal der Kurie wahrgenommen und zitiert, sondern als »Kardinalpatron des Malteserordens«. Was er sagt, fällt damit unweigerlich auf die Malteser zurück. Das ist schon hinsichtlich Burkes regelmäßiger Seitenhiebe gegen den Papst, den er ja eigentlich vertreten soll, immer wieder mal unangenehm für den Orden, insbesondere für Leute wie Boeselager, die ohnehin die Sorge umtreibt, die Malteser unter Festing könnten mit der traditionalistischen Bewegung gleichgesetzt werden.

Diese Sorge verblasst aber vor der Tatsache, dass Kardinal Burke in diesen Monaten die öffentliche Islamkritik neu für sich entdeckt. Die Malteser sind zeitgleich wie kaum eine andere Organisation an vorderster Front mit der Bewältigung der gerade eskalierenden Flüchtlingskrise beschäftigt. Sie versorgen

Geflüchtete psychologisch und medizinisch in den Camps der Herkunftsländer, fischen sie mit Rettungsbooten aus dem Mittelmeer, betreuen sie auf den Reiserouten, allein in Deutschland verpflegen die Malteser zu dieser Zeit täglich etwa 50.000 Flüchtlinge mit Essen und Kleidung.

Der Orden ist auf der Idee gegründet worden, den Notleidenden unabhängig von Ethnie, Religion oder Herkunft zu dienen. Nach der temporären Rolle als »Bollwerk gegen den Islam« war es den Maltesern über die letzten Jahrhunderte gelungen, zu diesem Ideal zurückzufinden. Es gehört heute zu ihren großen Stärken und Alleinstellungsmerkmalen, dass sie überall auf der Welt als christliche, aber politisch unabhängige und weltanschaulich neutrale Organisation wahrgenommen werden. Mit ihren Hilfswerken bekommen die Malteser deshalb oft Zugang zu Regionen, in die andere Hilfsorganisationen gar nicht mehr vorgelassen werden. Wie heikel es werden kann, wenn diese Neutralität infrage gestellt wird, hat der Orden mit der Blackwater-Krise erlebt, die ja mit der Hilfe von Marwan Sehnaoui im Libanon gerade erst entschärft worden war.

Jetzt aber erleben die Malteser, wie ihr neuer Kardinalpatron öffentlich und in teils martialischen Tönen vor der Gefahr einer Islamisierung des christlichen Abendlandes warnt. In Frankreich und Belgien hätten Islamisten längst »kleine muslimische Staaten« errichtet, der Westen hätte »Grund, Angst zu haben«, weil »der Islam die Welt regieren« wolle, erklärt Burke. Brisanterweise bezieht er sich bei solchen Exkursen auch auf historische Verteidigungskämpfe der Christenheit gegen den Islam, etwa die Seeschlacht von Lepanto von 1571, in die auch die Flotte der Malteser involviert war. Oder er lobt »unsere Vorfahren«, die »ihr Leben für die Christenheit gaben, weil sie sahen, dass der Islam die heilige Wahrheit angegriffen hatte«.

Es gibt Bereiche des Ordens, in denen solche Töne durchaus auf positive Resonanz stoßen. Etwa in Teilen der italienischen Großpriorate, in denen vielfach mit dem rosenkranzschwingenden Populisten Matteo Salvini sympathisiert wird. Vor allem bekommt Burke Applaus aus den drei Assoziationen der Vereinigten Staaten, deren Mitglieder sich nicht, wie in Europa, vorwiegend aus dem alten Adel rekrutieren, sondern aus der wohlhabenden katholischen Mittelschicht, in der es auch eine kleine, aber meinungsstarke Schnittmenge mit der amerikanischen Alt-Right-Bewegung gibt. So wird sich Burke etwa mehrfach mit deren führendem Kopf, dem Ex-Trump-Berater und Breitbart-Chefideologen Steve Bannon, zum intellektuellen Austausch treffen.

Dagegen ist man in den meisten anderen europäischen Assoziationen, etwa in England, Österreich, Frankreich oder Deutschland, mehrheitlich entsetzt über derartige Äußerungen des Kardinals. So ultrakonservativ der Orden in vielerlei Hinsicht ist: Politisch pflegt der größte Teil der Mitglieder doch eine bürgerlich-liberale Haltung mit einem starken Hang zur selbstbewussten, angstfreien Weltoffenheit. Und die Situation der Flüchtlinge löst bei den allermeisten, Matthew Festing eingeschlossen, keine Sorge um das Abendland aus, sondern vor allem eine konstruktive, in der DNA der Malteser verankerte Empathie, die sich in unzähligen Hilfsprojekten von den Herkunftsländern bis in die Aufnahmeländer niederschlägt.

Außerdem sitzt vielen noch immer die Regensburger Rede von Papst Benedikt in den Knochen. Der Papst hatte darin 2006 indirekt den Islam kritisiert, was zu Morddrohungen durch al-Quaida, Massenprotesten in der islamischen Welt und mutmaßlich sogar der Tötung einer Ordensschwester geführt hatte. Für die internationalen Missionen der Malteser sind Burkes Reden deshalb ein potenzielles Debakel, für die Belegschaft des Ordens im Nahen Osten sind sie lebensgefährlich. Schließlich wenden sich besorgte Mitarbeiter von Malteser International Hilfe suchend ans Großmagisterium mit der Bitte, irgendwie einzugreifen.

In der Via Condotti weiß man sich nicht anders zu helfen, als in einer öffentlichen Pressemeldung klarzustellen, dass Raymond Burke mit seinen Statements nicht im Namen des Malteserordens spreche, sondern in seiner Funktion als Kardinal der katholischen Kirche. Burke, der nie behauptet hatte, im Namen des Ordens zu sprechen, ist über diese demütigende Erklärung irritiert und verwundert. Schließlich wird ihm zugetragen, die Instruktion dazu sei vom Großkanzler persönlich gekommen. Ab diesem Zeitpunkt, heißt es aus Festings Umfeld, sei nicht mehr klar gewesen, wer von beiden Albrecht Boeselager dringender loswerden wollte: der Großmeister oder der Kardinalpatron.

Freimaurerspuk

Es gibt in dieser Geschichte einen obskuren Nebenstrang, der sich schließlich zu einer zentralen Triebfeder des weiteren Geschehens entwickeln wird. Denn als der Papst Kardinal Burke im September 2014 zur Audienz empfängt, tut er mehr, als Burke nur aus der Kurie zu schmeißen und ihn zum Malteserorden zu versetzen. Der Pontifex versieht den Kardinal bei dieser Gelegenheit mit einer äußerst kryptischen Mission. Er entsende ihn zu den Maltesern, erklärt er dem Kardinal, damit Burke den Orden »von Freimaurern säubern« könne. So wird Burke es im Nachhinein wiedergeben, und Papst Franziskus wird diesen Auftrag später auch Dritten gegenüber bestätigen. Burke, verblüfft über diese Bitte, hakt nach, was der Papst genau damit meine. Der Papst, wird Burke später berichten, habe ihm gesagt, er kenne keine Details, sei sich aber sicher, dass es im Orden Freimaurer gäbe. Burke solle sie finden und ihm die Namen beschaffen.

Auch über die Frage, was genau den Papst zu dieser Direktive veranlasst haben könnte, lässt sich nur mutmaßen. In Deutschland, wo Freimaurerlogen weniger als mächtige Geheimgesellschaften und mehr als rührende humanistische Altherrenvereine wahrgenommen werden, klingt ein solches Anliegen geradezu grotesk. Tatsächlich gehören die Freimaurer aber etwa in Südamerika zu den großen gesellschaftsformenden Kräften. Und in Bergoglios Heimat Argentinien wurde beispielsweise die Unabhängigkeitsbewegung maßgeblich von Freimaurern vorangetrieben, die seitdem außerdem etwa ein Dutzend Präsidenten gestellt haben. Weil sich ihr Befreiungskampf ursprünglich gegen die spanische Krone und damit auch gegen den Katholizismus richtete, prägt die dortige Freimaurerei noch immer ein radikaler Antiklerikalismus. Umgekehrt hat die Kirche die Freimaurerei für unvereinbar mit dem Katholizismus erklärt und untersagt ihren Mitgliedern bis heute die Mitgliedschaft in freimaurerischen Logen.

Das hat die Freimaurer offenbar nicht daran gehindert, auch immer wieder mal den katholischen Malteserorden zu unterwandern. Schon kurz vor dem Verlust von Malta Ende des 18. Jahrhunderts soll es auf der Insel eine Loge von Illuminaten gegeben haben, der auch 40 Ordensbrüder angehörten. Es gibt die Geschichte vom Fall des Malteser-Gesandten in Paris, der Mitte des letzten Jahrhunderts für Aufruhr in Rom sorgte, als bekannt wurde, dass er führendes Mitglied der geheimen »Schottischen Loge« war. Einige prominente Ordensmitglieder in Italien kommen aus alten Freimaurerdynastien. Und auch Licio Gelli, der legendäre Chef der italienischen Freimaurerloge »Propaganda Due«, kurz P2, war Mitglied des Malteserordens. Die P2 hatte in den 1980er-Jahren große Teile des italienischen Sicherheits- und Verwaltungsapparates infiltriert und einen Staatsstreich geplant. Als das Komplott aufflog, löste das den größten Skandal der italienischen Nachkriegsgeschichte aus, es kam zu etlichen Verhaftungen, der Ministerpräsident musste zurücktreten, die P2 wurde schließlich aufgelöst und verboten. Und zuletzt soll zur Jahrtausendwende die Malteser-Assoziation eines kleineren Staates in Südamerika derartig von Freimaurern überlaufen worden sein, dass ein Kommissar aus dem römischen Großmagisterium einfliegen musste, um aufzuräumen. Ein

Großteil der dortigen Mitglieder soll daraufhin aus dem Orden entfernt worden sein.

Vor diesem Hintergrund ist es durchaus denkbar, dass den Papst bei seinem Auftrag an Burke die genuine Sorge vor geheimbündlerischen Aktivitäten im Orden umgetrieben hat. Andererseits wird Papst Franziskus gewusst haben, dass die obsessive Faszination für die Freimaurer als quasi institutionalisierte mutmaßliche Wurzel aller säkularer Übel in konservativen und reaktionären Kirchenkreisen weitverbreitet ist, speziell in den USA. Es ist darum wohl ebenso denkbar, dass der Papst dem Kardinal mit der Aussicht auf Freimaurer lediglich ein Stöckchen hingehalten hat, um ihn heiß genug dafür zu machen, die Malteser ordentlich aufzumischen.

Genau das jedenfalls wird Burke daraufhin tun. Allerdings folgt er dabei seiner ganz eigenen Agenda. In der Annahme, er sei streng vertraulich, behält der Kardinal seinen päpstlichen Spionageauftrag zunächst für sich. Trotzdem dauert es nicht lange, bis man ihm die ersten konkreten Hinweise auf angebliche Freimaurer im Orden zukommen lässt. Beispielsweise begegnet Burke im Frühjahr 2015 dem päpstlichen Nuntius eines zentralamerikanischen Staates, der behauptet, Belege über die Mitgliedschaft eines einflussreichen französischen Ordensritters in der Loge zum »Großen Orient« zu haben. Allerdings bleibt der Nuntius dem Kardinal, genau wie andere Hinweisgeber, die Beweise dafür schuldig. Und der Kardinal geht ihnen auch nicht intensiver nach. Was vielleicht daran liegt, dass er zu diesem Zeitpunkt bereits eine völlig andere, möglicherweise auch von persönlichen Ressentiments getriebene Theorie zum Spuk der Freimaurer im Orden entwickelt hat.

Von Freimaurern heißt es, sie arbeiten im Verborgenen an einer Säkularisierung der Gesellschaft. In der Logik des Kardinals folgt daraus der Umkehrschluss, dass dort, wo er Tendenzen zur Verweltlichung zu erkennen glaubt, Freimaurer am Werk sein müssen. Und es ist nicht zwingend ungünstig für Raymond Burke und Matthew Festing, dass der Kardinal solche Tendenzen bald ausgerechnet im Dunstkreis von Albrecht Boeselager ausmachen kann.

*

Der auslösende Hintergrund zu Burkes Jagderfolg liegt da schon knapp zwei Jahre zurück und bedarf einer kurzen erläuternden Vorgeschichte:

Im Oktober 2013 stoßen konservative Ordensritter in den USA eine Debatte darüber an, ob das Ordenshilfswerk Malteser International, kurz MI, für ein Gesundheitsprojekt in Kenia mit einer Organisation wie der NGO »Pathfinder« kooperieren darf, die unter anderem auch Abtreibungen finanziert. Die Diskussion wird bei MI aufgegriffen und bestätigt die bisherige Linie: Ein katholisches Hilfswerk wie MI kann sich, das liegt auf der Hand, nicht an Praktiken beteiligen, die der kirchlichen Lehre widersprechen. Dazu gehören Abtreibungen prinzipiell, in der Regel auch künstliche Verhütungsmethoden. Wenn aber Partner wie »Pathfinder« das in ihren eigenen Projekten anders handhaben als die Malteser in ihren, ist das für MI kein Ausschlusskriterium für die Zusammenarbeit in gemeinsamen Projekten. Ansonsten wäre auch die Kooperation mit staatlichen Organisationen oder den UN gar nicht möglich. Die Malteser könnten dann den größten Teil ihrer internationalen Hilfsprogramme dichtmachen.

Allerdings nimmt man die Debatte in der MI-Zentrale in Köln noch einmal zum Anlass, um die eigenen Projekte gründlich auf ihre Kompatibilität mit der kirchlichen Lehre zu prüfen. Das komplexe, humanitäre Netzwerk der Malteser ist mit Projekten in etwa 120 Ländern aktiv. Der Orden pflegt Aids-Kranke in Südafrika, liefert Hilfsgüter nach Liberia, betreibt

Seniorenkliniken in Bolivien, versorgt Leprakranke in Vietnam, betreut Häftlinge in den USA, fördert Schulkinder in Indien, hilft Überschwemmungsopfern in Pakistan, integriert Roma in Albanien, führt Obdachlosenheime in Belgien und noch unzähliges mehr.

Nur ein Teil dieser vielen Programme wird über MI abgewickelt. Trotzdem betreute dieses Hilfswerk alleine im Jahr 2014 insgesamt 126 Projekte in 24 Ländern. Und nachdem die Notleidenden dabei nicht mehr von betenden, pflegenden Ordensbrüdern betreut werden, sondern meist von bezahlten Helfern und Fachkräften, ist die Umsetzung der reinen katholischen Lehre dabei längst kein Selbstläufer mehr.

Und tatsächlich fördert die interne Untersuchung im November 2013 zwei heikle Bereiche zutage: Erstens ein Programm im afrikanischen Südsudan, bei dem es unter anderem um »Birth Spacing« geht, also den Versuch, die Abstände zwischen Geburten zu vergrößern, um die hohe Sterblichkeitsrate der dortigen jungen Mütter zu verringern. Dafür wird zunächst sexuelle Enthaltsamkeit empfohlen. Darüber hinaus werden die Frauen aber auch mit Kondomen versorgt. Zweitens stellt sich heraus, dass auch im Rahmen von drei Gesundheitsprogrammen im südostasiatischen Myanmar Kondome verteilt werden. In diesem Fall vor allem an Zwangsprostituierte zur Prävention von Aids. Die Vergabe von Kondomen stellt in beiden Ländern nur einen minimalen Teil des eigentlichen Projektumfangs dar. Und in der Kölner Geschäftsleitung von MI will man bis dahin übersehen haben, dass Kondome überhaupt Teil der Programme sind. Dies sei, heißt es in Köln, an der Geschäftsführung vorbei auf Länderebene ausgehandelt worden.

Ohnehin ist die kirchliche Lehre zu solchen Fällen nicht ganz so eindeutig, wie unter Katholiken oft angenommen wird. Sie basiert auf der Enzyklika »Humanae Vitae« von Papst Paul VI. aus dem Jahr 1968, also noch aus der Zeit vor den großen Aids-

Epidemien. Jede Handlung sei verwerflich, heißt es darin, die beim »Vollzug des ehelichen Aktes darauf abstellt, die Fortpflanzung zu verhindern«. Der Kirche geht es dabei vor allem um die prinzipielle Offenheit von verheirateten Paaren für Kinder, denn diese Offenheit ist schließlich integraler Bestandteil des kirchlichen Eheversprechens. Auf Situationen außerhalb der Ehe nimmt der entsprechende Abschnitt aber gar keinen Bezug, schon gar nicht auf Extremfälle wie Zwangsprostitution.

Trotz allem gilt die Nutzung von Kondomen im Grundsatz weiterhin als unvereinbar mit der katholischen Lehre. Dass die Kirche selbst bei der Bekämpfung von Aids von Kondomen abrät, hat auch mit der Überzeugung zu tun, dass sexuelle Enthaltsamkeit oder Treue viel effektiver gegen Krankheiten wie Aids wirken, als Kondome es je könnten. Die über lange Zeit gesunkene Aids-Rate von Ländern wie Uganda, in denen Abstinenz und Treue langfristig propagiert wurden, scheint diesem Ansatz recht zu geben.

»Aids kann nicht alleine mit Geld und Kondomen bekämpft werden«, erklärte Papst Benedikt dazu. Wenn man sich bei der Aids-Bekämpfung nicht um einen umfassenden Wandel der Sexualkultur, sondern ausschließlich auf Kondome verlasse, riskiere man, »dass das Problem sich verschlimmert«. Gleichzeitig hat schon dieser Papst die Benutzung von Kondomen zum möglichen »ersten Schritt« der Infektionsprävention erklärt. Und auch Papst Franziskus bezeichnet Kondome als »eine der Methoden« zur Aids-Prävention und stellt diesbezüglich die Situation des Einzelfalls über rigide, allgemeingültige Regeln.

Aber bei Malteser International will man sich auf solche Ambivalenzen nicht verlassen. Der nun gestresste Generalsekretär legt das Thema in einer Krisensitzung im Dezember 2013 dem Präsidium vor. Auch der Minister für die Hilfswerke, der damalige Großhospitalier Albrecht Boeselager, wird eingeschaltet und ist anwesend. Man ist sich einig, dass MI Projekte aufgeben muss, wenn sie Methoden beinhalten, die inkompatibel mit der kirchlichen Lehre sind.

Allerdings ist es so, dass Hilfswerke wie MI meist als ausführende Dienstleister für große internationale Geldgeber fungieren. Stiftungen oder staatliche Organisationen vergeben Projekte in der Regel als Gesamtpaket an Hilfswerke wie MI, die es dann als Auftragnehmer umsetzen. Die Option, einfach mittendrin einen Teil der vertraglich vereinbarten Module wegzulassen, etwa die Vergabe von Kondomen, besteht deshalb nicht. Solche Projekte macht man ganz oder gar nicht. Deshalb will das Präsidium dort, wo ein plötzlicher Exit der »Zielbevölkerung Schaden« zufüge, Projekte so lange weiterführen, bis sich eine bessere Lösung findet. Dabei äußert Boeselager die naheliegende, aber folgenschwere Bitte, diese Diskussion zunächst »intern zu halten, da es sich hierbei um ein sensibles Thema« handele, das ohne Hintergrundwissen auch zu »Missverständnissen führen könne«.

Als Konsequenz der Tatsache, dass im Sudan und in Myanmar regelwidrig Kondome verteilt wurden, wird ein Zuständiger innerhalb des Hauses versetzt, die Verantwortliche für Myanmar kündigt vorauseilend. Malteser International gibt das Projekt im Sudan umgehend auf, zwei der drei Projekte in Myanmar ebenfalls.

Für das dritte Projekt allerdings tritt der oben diskutierte Fall ein: Es handelt sich dabei um ein umfassendes Gesundheitsprogramm an der Grenze zu China, dabei werden auch rund tausend HIV-Infizierte, ein Großteil davon minderjährige Zwangsprostituierte, regelmäßig mit antiretroviralen Therapien versorgt. In dieser Region der Welt gibt es aber zu der Zeit keine andere Organisation, die so schnell einspringen könnte, um die Gesundheitsversorgung zu übernehmen. Ein plötzlicher Ausstieg würde deshalb der »Zielbevölkerung« nicht nur »Schaden« zufügen, er würde sie in Lebensgefahr bringen.

Zur Sicherheit kontaktiert Malteser International noch im Dezember 2013 den zuständigen Verbindungsmann zur Kirche, ihren »geistlichen Beirat«, den französischen Bischof Marc Stenger. Der lädt die MI-Führung im Januar 2014 zu einem Workshop ein, um die Frage zu klären. Schließlich bestätigt der Bischof, was bei MI die meisten ohnehin so sehen: Ein unvorbereiteter Exit des dritten Projektes in Myanmar lässt sich nicht verantworten. Das Projekt, damit wohl oder übel auch die Kondomvergabe, soll also so lange weiterbetrieben werden, bis man die Patienten sicher in eine Alternative überführt hat.

Bei dieser Gelegenheit beschließt man bei MI, über die kommenden Monate neue Richtlinien für den Umgang mit solchen, moralisch komplexen, bioethischen Fragen zu erarbeiten. In der Zwischenzeit findet die dramatische Wahl vom Mai 2014 statt. Boeselager wird zum Großkanzler und der Franzose Dominique de La Rochefoucauld zu seinem Nachfolger als Großhospitalier ernannt. Sowohl die Arbeit an den Ethik-Richtlinien als auch das umstrittene Projekt in Myanmar laufen noch, als ein halbes Jahr später Kardinal Burke Wind von der Sache bekommt.

*

Dass das Thema überhaupt auf großer Bühne diskutiert wird, ist eher ein Zufall. Am 17. Oktober 2014 findet in Hongkong eine Asien-Pazifik-Konferenz des Ordens statt. Dafür treffen sich etwa hundert Malteser-Funktionäre der Region in der chinesischen Sonderzone, um sich über ihre Arbeit auszutauschen. Anwesend sind sowohl der MI-Generalsekretär Ingo Radtke und Albrecht Boeselager als auch Festings Palastkaplan Anthony Robbie. Als auf dem Podium die Rede von ethischen Prinzipien ist, wendet sich einer der Präsidenten an Ingo Radtke: Malteser International würde doch gerade an einem Ethik-Papier arbeiten, ob Radtke nicht davon berichten könne. Radtke erzählt freimütig vom aktuellen Kondom-Dilemma in Myanmar und wie das Hilfswerk versuche, mit dem neuen Ethik-Papier einen auch moraltheologisch sauberen Weg für zukünftige Probleme dieser Art zu definieren.

Daraufhin erhebt sich im Publikum die massige Gestalt von Anthony Robbie, und der Priester beginnt, laut zu protestieren. In Fragen der künstlichen Verhütung, ruft er, dürfe es im Orden weder Diskussionen noch unterschiedliche Meinungen geben. Die Kirche habe das Thema eindeutig geklärt. Was hier stattfände, sei unerhört. Boeselager, der Robbie aus der Via Condotti kennt, versucht, ihn zu beruhigen. Es handele sich hierbei um einen Prozess, und dies sei das falsche Forum für derartige Grundsatzdebatten. Aber der Priester ist nicht beruhigt. Vielmehr verfasst er nach seiner Rückkehr einen empörten schriftlichen Report an den Großmeister: Die Leitung von Malteser International sei offenbar »vertraut mit der kirchlichen Lehre zum Verbot solcher Verhütungsmethoden, beharrte aber darauf, es sei vor Ort weiterhin nötig, sie zu verwenden. Die Lehre der Kirche wurde als unpraktische Theorie behandelt, die der Lebenswirklichkeit und den schwierigen Umständen vor Ort nicht entspräche«.

Der Großkanzler ist derweil unbesorgt nach Rom zurückgekehrt. Von Festing hört er zunächst gar nichts zu dem Thema, was wohl auch damit zu tun hat, dass die beiden ohnehin nicht viel miteinander sprechen. Außerdem, sagt Boeselager, habe er dem Großmeister schon kurz nach ihrer Entdeckung im Herbst 2013 mündlich von den problematischen Projekten und dem weiteren Vorgehen berichtet. Festing habe damals verständnisvoll und zustimmend reagiert.

Möglicherweise liegt es daran, dass Boeselager für Festing seitdem vom bald abzuwählenden harmlosen Großhospitalier zum antagonistischen Großkanzler mutiert ist, jedenfalls kann ein Jahr später, im Herbst 2014, beim Großmeister von Zustimmung keine Rede mehr sein. Auf Anthony Robbies aufgeregten Bericht hin versucht Festing, sich in den kommenden Wochen und Monaten einen Überblick der Situation zu verschaffen. Er bittet Freunde, das Thema noch einmal zu recherchieren. Er führt diverse besorgte Gespräche mit ihm nahestehenden Priestern. Und schließlich wendet er sich auch an Kardinal Burke.

Als Großmeister eines katholischen Ordens ist Matthew Festing nachvollziehbarerweise überaus beunruhigt von der Vorstellung, dass seine eigene Organisation bisher und noch immer massenhaft Kondome verteilt. Die Sorge, ist man sich in seinem engsten Umfeld sicher, sei also genuin, keinesfalls vorgeschoben. Aber dem Großmeister wird im Laufe all dieser Gespräche außerdem bewusst werden, dass er mit der Kondompanne bei MI auch etwas gegen Albrecht Boeselager in der Hand haben könnte. Aus seinem Kreis im Großmagisterium heißt es, nicht nur bei Leuten wie Festings Kabinettschef Christophe Drzyzdzinski, sondern auch beim Großmeister selbst sei über diese Erkenntnis geradezu euphorische Siegesstimmung ausgebrochen.

Es spricht einiges dafür, dass es Burke war, der dem Großmeister die Spur zu Boeselager gelegt hat. Als der Kardinal von der Situation bei Malteser International erfährt, zeigt er sich umgehend entrüstet über den vermeintlich laxen Umgang mit der katholischen Lehre. Er sieht darin aber nicht nur sein Misstrauen gegenüber dem für ihn typisch deutschen Liberalismus bestätigt. Er ordnet das Geschehen auch insgesamt als »gravierende Säkularisierung« der Malteser ein. Daraus schlussfolgert er, dass hier Freimaurer am Werk gewesen sein müssen.

Alarmiert spricht Burke im Magistralpalast schließlich auch Boeselager auf den Fall an. Dabei soll der Großkanzler dem Kardinal erklärt haben, es könnten Menschen sterben, wenn das Hilfswerk sich jetzt zurückzöge. Diese Aussage empört Burke noch viel mehr. In der Idee, dass etwas in seiner Sicht prinzipiell »intrinsisch Böses« wie die Benutzung von Kondomen durch besondere Umstände, etwa menschliche Not, gerechtfertigt werden könnte, drückt sich für den Kardinal »moralischer Relativismus« aus. Und das, wird er später erklären, sei ebenfalls typisches Freimaurer-Gedankengut.

Somit hatte Burke formell gefunden, was der Papst ihn zu suchen beauftragt hatte. Und durch die Konstruktion dieser Beweiskette ließ sich das päpstliche Mandat zur »Säuberung« des Ordens nun endlich direkt auf den deutschen Großkanzler anwenden.

Die Exekution dieser Säuberung delegiert der Kardinal, der innerhalb des Ordens über keine Weisungsbefugnis verfügt, an den Großmeister. Als Festing ihn fragt, wie er in der Kondomsache weiter vorgehen solle, erklärt Burke ihm, er müsse umgehend eingreifen: »Der Verantwortliche« könne nicht länger das Vertrauen des Ordens genießen.

*

Von außen betrachtet scheint die Frage, wer genau »der Verantwortliche« für die Kondomsache eigentlich ist, nicht ganz einfach zu beantworten zu sein. Es waren die Regionalverantwortlichen in der Kölner Zentrale, die Umfang und Details der Projekte vereinbart hatten. Es war Generalsekretär Ingo Radtke, der die Projekte genehmigt und abgezeichnet hatte, angeblich ohne zu bemerken, dass sie Kondome beinhalten. Es war Bischof Marc Stenger, der implizit den kirchlichen Segen für die Weiterführung des Projektes in Myanmar erteilt hatte. Es ist der amtierende Großhospitalier Rochefoucauld, in dessen Zuständigkeitsbereich noch immer und seit Monaten Kondome im Namen des Ordens verteilt werden. Und dann gibt es noch Boeselager, der damals als Großhospitalier die Weiterführung des

Projektes in Myanmar mit gebilligt hatte. Allerdings hatte man Boeselager bei MI erst im Dezember 2013 überhaupt über die Kondome informiert. Kurz darauf wurde er zum Großkanzler gewählt, seither ist er für diese Themen gar nicht mehr zuständig.

Für Burke und Festing ist die Frage der Verantwortlichkeit aber offenbar bereits geklärt. Der Kardinal drängt den Großmeister, die Kondom-Sache an die ganz große Glocke zu hängen und sie direkt an die vatikanische Glaubenskongregation zu melden. Dort führt Matthew Festing daraufhin mehrere Gespräche, unter anderen auch mit dem Präfekten, dem ehemaligen Regensburger Bischof, Kardinal Gerhard Ludwig Müller, langjähriger Vertrauter von Gloria von Thurn und Taxis. Der habe ihm, erklärt Festing, schon damals »vollständig darin zugestimmt, dass man den Rücktritt von Albrecht Boeselager verlangen sollte«.

Es überrascht deshalb nicht, dass im Orden viele die Ergebnisoffenheit der Untersuchung zum Kondomthema anzweifeln, mit der Festing im Juni 2015 schließlich eine dreiköpfige Kommission beauftragt. Gleichwohl erklärt der Großmeister in einem Rundbrief an die Ordensführung, dies sei definitiv »keine Hexenjagd oder Verfolgung für das, was in der Vergangenheit geschehen ist«. Die Glaubenskongregation habe ihm zu der Investigation geraten, schreibt Festing. Nun gelte es »herauszufinden, wer die Entscheidungen getroffen hat, die zu dieser unglücklichen Situation geführt haben«.

Als Chef der Kommission benennt Festing seinen Freund Neil Weir, einen Mediziner aus der englischen Assoziation. Ansonsten gehören zur Gruppe noch der englische Bioethiker Luke Gormally und John Haas, Präsident des »National Catholic Bioethic Center« in den USA. Haas sitzt im Regierungsrat der päpstlichen »Akademie für das Leben« und berät den Vatikan bis heute in Fragen der Sexualmoral.

Schon im Vorfeld klärt Haas den Großmeister darüber auf, dass die Lehre der Kirche zum vorliegenden Fall nicht eindeutig sei. Die moralische Verurteilung der Nutzung von Kondomen als »intrinsisch falsch« beziehe sich explizit nur auf den Sex zwischen Eheleuten. Jenseits davon gäbe es diverse unterschiedliche Auslegungen. Und wenn Zwangsprostituierte Kondome nutzen, dann wohl weniger aus »intrinsischer Bosheit«, sondern mehr zur Selbstverteidigung als sexuelle Missbrauchsopfer.

Ungeachtet dessen nimmt die Kommission im Sommer 2015 ihre Arbeit auf und führt über die kommenden Monate Interviews mit Maltesern und MI-Mitarbeitern in Köln, Paris und Rom. Albrecht Boeselager, der im Gegensatz zu anderen dazu nur schriftlich befragt wird, ist von dieser Untersuchung zunächst nicht weiter beunruhigt. Doch dann erreichen ihn Rückmeldungen von Ordensbrüdern, die während ihrer Befragung den Eindruck hatten, Teile der Kommission seien weniger an sachlicher Aufklärung interessiert, sondern mehr daran, belastendes Material gegen den Großkanzler zu finden. Das erlebt auch ein Mitglied der Kommission so und zieht sich daraufhin aus den Befragungen weitestgehend zurück.

Falls es tatsächlich eine solche verdeckte Mission gegeben haben sollte, scheitert sie vorerst. Der fertige Bericht wird Festing im Dezember vorgelegt. Er umfasst 46 Seiten und handelt die Thematik noch einmal ausführlich aus moraltheologischer Perspektive ab. Er hält erneut fest, dass eine katholische Organisation keine Verhütungsmittel verteilen darf. Er bemängelt, dass man es bei MI offenbar für akzeptabel hält, dies unter bestimmten Bedingungen trotzdem zu tun. Und er kritisiert explizit die toleranten Positionen von Generalsekretär Ingo Radtke und Bischof Marc Stenger. Dagegen hatte sich zur Person Boeselagers so recht nichts Belastendes auftreiben lassen.

Festing soll daraufhin vor Mitgliedern des Souveränen Rates verkündet haben, der Report liege ihm nun vor, sei aber noch nicht ganz befriedigend. Er müsse ihn über Weihnachten mit Neil Weir noch einmal überarbeiten. Mit dieser Anekdote wird unter Festings Kritikern seither die Behauptung unterfüttert, der Großmeister persönlich habe den Bericht »manipuliert« und das Ergebnis zum Schaden Boeselagers »gefälscht«.

Das scheint reichlich übertrieben. Denn als Festing im neuen Jahr 2016 aus seinen Ferien in England nach Rom zurückkehrt, hat sich inhaltlich gar nichts am Report geändert. Es wurde lediglich eine Passage hinzugefügt. Diese finale Version des Reports ist jetzt allerdings nur noch von Neil Weir und nicht mehr von allen Kommissaren unterzeichnet. Einer der drei hatte sogar schriftlich gegen diese nachträgliche Ergänzung protestiert. Ihm wurde erklärt, sein Einwand komme leider zu spät. Die Passage bezieht sich auf Boeselagers 2013 geäußerte Bitte, das sensible Kondomthema vorerst »intern zu halten«. Im ergänzten Report heißt es jetzt, die problematischen Aktivitäten seien dem Großmeister »durch den Großhospitalier nicht adäquat berichtet worden«. Es ist nur ein kleiner Haken. Aber zur Not sollte er reichen, um einen Ordensminister daran aufzuknüpfen.

*

Festing legt den Report im Frühjahr noch einmal der Glaubenskongregation vor. Der Präfekt, Kardinal Müller, stellt ihm dazu einen halbseitigen Kommentar aus. In Festings Umfeld wird seither kolportiert, damit habe auch die Glaubenskongregation Boeselager scharf verurteilt. Aber in seinem kurzen Schreiben äußert Müller sich weder zu Boeselager noch überhaupt zur Verantwortungsfrage, sondern attestiert dem Kommissionsbericht lediglich nüchtern die »Übereinstimmung mit der Doktrin und der Praxis der Kirche«.

Auf einer Sitzung des Souveränen Rates im Frühjahr präsentiert Festing schließlich den Bericht und Müllers Kommentar auch der Ordensregierung. Dort werten viele das Papier noch immer als sinnvollen Versuch, Klarheit in einem moralisch komplexen und kirchenpolitisch explosiven Bereich der Ordenswerke zu schaffen. Die Sache sei damit erledigt, soll Festing erklärt haben. Der Rat beschließt daraufhin, den Bericht intern zu halten und zu den Akten zu legen. Boeselager kommentiert ihn deshalb auch nicht weiter.

Doch wie so oft nach gemeinsam getroffenen Entscheidungen überrascht der Großmeister die Ratsmitglieder auch diesmal mit einer plötzlichen Kehrtwende. Ob aus eigener Motivation oder bewegt durch Dritte, jedenfalls verschickt Festing nur wenige Tage nach der Sitzung, am 8. April 2016, den Kommissionsbericht an sämtliche Präsidenten, Botschafter und Leiter des Ordens. »Das Geschehene«, erklärt Festing in einem äußerst zugespitzten Begleitschreiben, sei »ein Skandal, der Schande über den Malteserorden gebracht hat«. Er hoffe nun, »absolut klargemacht zu haben, dass der Orden sich nicht an Aktivitäten beteiligen darf, die der Lehre der Kirche widersprechen«. Wer das nicht akzeptiere, schreibt Festing, »von dem erwarte ich den Rücktritt«.

Bald darauf zerstreut der Großmeister alle Spekulationen darüber, wen er damit gemeint haben könnte. Während einer eher beiläufigen Begegnung, irgendwo zwischen den alten Kanonen im zweiten Stock des Magistralpalastes, erklärt Matthew Festing seinem Großkanzler unvermittelt, dass er wegen der Kondomsache noch einmal mit Kardinal Burke diskutiert habe. Boeselager solle zurücktreten. Der Vatikan wünsche es so.

Das verfluchte Geld

»Nein«, sagt der Großkanzler. Er denkt gar nicht daran zurückzutreten. Erstens sitzen kritische Regierungsmitglieder wie Boeselager, gestärkt von den zunehmend panischen Durchhalteparolen ihrer Hintermänner, innerlich ohnehin mit fest zusammengekniffenen Pobacken im Sattel. Zweitens hat seit dem Fall Chiavari die Berufung auf den Vatikan bei Rücktrittsforderungen erheblich an Glaubwürdigkeit verloren. Und drittens ist Boeselager im regelmäßigen Kontakt mit dem vatikanischen Staatssekretariat und überzeugt davon, dass weder Kardinal Parolin noch der Papst selbst auf die Idee kommen würden, in diesem Zusammenhang seinen Rücktritt zu verlangen.

In Boeselagers Unterstützerkreis hatte man die Gefahr einer Rücktrittsforderung durch Festing seit Wochen kommen sehen. Es war sogar darüber nachgedacht worden, in einem solchen Fall den geschlossenen Rücktritt mehrerer Regierungsmitglieder zu organisieren, um Festing so auflaufen zu lassen. Doch am Ende war man immer wieder zum gleichen Schluss gelangt: Der Großmeister muss »ertragen«, die Stellung jedenfalls gehalten werden.

Boeselager ist jetzt trotzdem aufgewühlt. Er könne sich nicht vorstellen, sagt er, äußerlich um Ruhe bemüht, dass der Heilige Stuhl seinen Rücktritt verlangt habe, und er sähe auch sonst überhaupt keinen Grund dazu. So stehen die beiden Männer nun etwas ratlos und beschämt beieinander. Und Festing, der in seiner Selbstbeschreibung über eine machtvolle natürliche Autorität verfügt und der Furcht einflößend sein kann, wenn ihn der Jähzorn übermannt, in konkreten Konfrontationsmomenten allerdings oft überraschend friedfertig, konziliant und konfliktscheu agiert, zieht schließlich unverrichteter Dinge von dannen.

Bereits am nächsten Tag, sagt Boeselager, habe Festing sich bei ihm dafür entschuldigt, ihn in diese unangenehme Situation gebracht zu haben. Er sei, habe Festing gesagt, ja nur den Wünschen des Heiligen Stuhles gefolgt. Boeselager wird sich in den Wochen darauf noch einmal im Vatikan rückversichern und bestätigt bekommen, dass ein Wunsch nach seinem Rücktritt nicht existiert. Damit ist das Thema für den Großkanzler vorerst vom Tisch.

Für den Großmeister ist es das nicht. Im Gegensatz zu manchem seiner Berater ist Matthew Festing alles andere als ein strategisch planender Intrigant. Darum neigt er auch nicht zur taktischen Heimlichtuerei, sondern tendenziell eher zur geradezu selbstzerstörerischen Offenheit. Und spätestens seit dem gescheiterten Versuch, den Großkanzler zum Rücktritt zu bewegen, macht er auch vor Publikum keinen Hehl mehr aus der Tatsache, dass er Boeselager vom Hals haben will. Er berät sich darüber mit seinen Freunden. Er erzählt es, verpackt in humoristische Resignation, fröhlich Mitgliedern der deutschen Assoziation. Und im Kreis seiner Berater denkt man längst aktiv über Optionen nach, den Großkanzler doch aus dem Amt zu kriegen, und drängt den Großmeister dazu, dieses Ziel weiter zu verfolgen. Boeselager loszuwerden wird endgültig zum Running-Gag unter Festings Vertrauten. Das findet statt mit der widerständigen Attitüde eines unterdrückten Volkes unter der Knute einer Besatzungsmacht.

Fortan führt Boeselager seine Amtsgeschäfte unter permanentem atmosphärischem Störfeuer. Festing klagt weiterhin über

Boeselagers Schweigsamkeit und die Liberalität des Deutschen und seiner Assoziation. Es heißt nun aber auch, die Reisen seien schlecht organisiert, die Reden seien mies geschrieben und die Arbeit der Großkanzlei insgesamt unbefriedigend. Immer wieder präsentiert Festing nun auch angebliche Beschwerden von Dritten über den Großkanzler. Die Italiener fühlten sich bevormundet und übergangen. Oder die Ungarn hätten sich beschwert darüber, dass der Großkanzler Stimmung gegen ihren Umgang mit der Flüchtlingskrise machen würde. Boeselager nimmt das hin. Er überhört die Witze über die deutsche Wehrmacht, die in dieser Zeit in der Via Condotti eine Renaissance erleben. Er nickt die Leute ab, die Festing an den zuständigen Assoziationspräsidenten vorbei überraschend in den Orden aufnimmt oder mit Ehrungen versieht. Er akzeptiert, dass er von seiner langen Liste der mit Festing abzuarbeitenden Tagesordnungspunkte immer nur einen kleinen Teil durchbekommt, weil der Großmeister auf Sitzungen dazu tendiert, monologisch abzuschweifen. Er lebt, wie seine Kollegen, damit, dass Entscheidungen des Souveränen Rates immer wieder rückgängig gemacht werden. Auf gemeinsamen Staatsbesuchen guckt Boeselager mit festgefrorenem Lächeln geradeaus, während Festing den Gastgebern dröhnend lachend von seinen reisebedingten Verdauungsproblemen berichtet. Und wenn der Großmeister, wie auf einem Staatsbesuch in Honduras, abends noch einen Drink will, obwohl das Landesgesetz den Ausschank um diese Zeit verbietet, dann muss das diplomatische Netzwerk der Großkanzlei eben dafür herhalten, noch eine Ausnahmegenehmigung zu beschaffen.

Festing wiederum, in jeder Hinsicht ermüdet von den Realitäten seiner Großmeisterschaft, ist immer seltener in Rom. Je weniger er da ist, desto mehr hat in seiner Abwesenheit sein Kabinettschef Drzyzdzinski das Sagen. Der Großmeister selbst verbringt derweil einen erheblichen Teil des Jahres mit Jagdreisen irgendwo zwischen England, Deutschland, Polen,

Ungarn und Italien. Dazwischen gibt er mehrmals im Jahr selbst Jagden in den italienischen Revieren des Ordens. Beim Schloss in Magione werden Taubenjagden veranstaltet, auf einem Anwesen der Malteser bei Sugarella lädt Festing Freunde zu Saujagden ein. Oft kehrt er dann mit einem halben Schwein für die Küche in die Via Condotti zurück, beseelt von den Abenteuern in der Natur, sichtlich deprimiert darüber, sich nun wieder den mühsamen Ordensgeschäften zuwenden zu müssen. Zunehmend müssen die Sitzungstermine der Ordensregierung um die Jagdtermine des Großmeisters herumgebaut werden.

Ansonsten flüchtet Festing sich immer häufiger in die mediterrane Abgeschiedenheit des großmeisterlichen Palazzos La Pagana an der Riviera. Im Sommer 2016 gewährt er der *Financial Times* eine bebilderte Homestory, die beschreibt, wie der Großmeister dort zwischen Palmen und Kunstschätzen vom Butler im weißen Jackett bedient wird, zum Schrecken der Ordensführung, wo man sich öffentlich deutlich lieber im Feldhemd beim Einsatz für die Armen zeigt als beim Genuss feudaler Ordensprivilegien. In dieser Hinsicht hatte Festing schon einmal für genau die falschen Bilder gesorgt, als er spontan einem alten Kumpel aus dem Lourdes-Gepäckteam erlaubt hatte, seine Hochzeit in der ehrwürdigen Villa Malta auf dem Aventin zu feiern, was nie zuvor in der jüngeren Geschichte und auch nie wieder danach jemandem erlaubt worden war. Insbesondere nicht, nachdem anschließend zum Grauen einiger Minister eine mehrseitige Fotostrecke von der Party in der *Bunte* erschienen war.

*

Während auf diese Weise die schillernde Seite des karitativen Ordens nach außen gekehrt wird, geht im Inneren des Magistralpalastes das Geld aus. Dass sich nun zur politischen Krise des Ordens auch noch eine Finanzkrise gesellt, hat mehrere

Ursachen: Die Instandhaltung der unzähligen, über ganz Italien verteilten historischen Anwesen und Palazzi des Ordens war über die letzten Jahrzehnte konsequent vernachlässigt worden. Der flächendeckende Sanierungsstau erzeugt einen akuten Investitionsbedarf. Dazu kommt das noch immer mit einem negativen Eigenkapital von rund 50 Millionen Euro überschuldete Magliana-Krankenhaus in Rom, das regelmäßige Finanzspritzen aus der Ordenszentrale braucht, um zu überleben.

Vor allem aber arbeitet das Großmagisterium selbst inzwischen strukturell defizitär und gibt schon 2015 rund eine Million Euro mehr aus, als es im Jahr insgesamt an Einnahmen generiert. Das liegt nicht mehr primär am Haushalt des Großkanzlers, der sich seit Mazerys Abgang stabilisiert hat, sondern inzwischen vor allem am weiterhin ständig wachsenden Kostenblock des Großmeisters. Die Ausgaben in Festings Haushalt lagen 2009 noch bei knapp 3,1 Millionen Euro im Jahr, waren allerdings bis 2015 auf rund 4,2 Millionen Euro angewachsen. Dabei ist es nicht so sehr Festings persönlicher Lebenswandel, der den Anstieg an Ausgaben verursacht, sondern primär die stetige Expansion des Hofstaates um ihn herum. Mit der überraschenden Einführung seines eigenen Kabinettschefs Drzyzdzinski, dem nun etwa ein Drittel der Palastangestellten direkt untersteht, hatte Festing de facto eine zweite, separate Personalabteilung geschaffen. Und während die Rechnungskammer des Ordens dem Großmagisterium schon ab 2015 dringend einen Einstellungsstopp empfiehlt, bläht sich dieser Parallelapparat unter Drzyzdzinski vor den hilflos zuschauenden Mitgliedern der gewählten Ordensregierung kontinuierlich auf. Dem Haushalt des Großmeisters waren 2009 noch 27 Leute zugeordnet, bis 2015 wächst das Personal auf 40 Leute, ein Großteil davon zusätzliche Chauffeure und Diener.

Mit alldem schrumpfen die Cash-Reserven des Ordens, die 2010 noch bei 27 Millionen Euro lagen, bis Anfang 2016 auf knapp 13 Millionen Euro. Gleichzeitig nimmt der Orden zur Deckung der steigenden Ausgaben bereits ab 2012 Schulden auf, die von etwa drei Millionen Euro im Jahr 2013 auf über zehn Millionen zum Anfang des Jahres 2016 steigen. Nach den Prognosen der inzwischen hochgradig alarmierten Rechnungskammer werden die wachsenden Zahlungsverpflichtungen bereits im Herbst 2016 die sinkenden liquiden Geldreserven des Großmagisteriums übersteigen. Der Orden hätte dann kein Cash mehr. Er müsste Land und Gebäude verkaufen, um überhaupt noch Benzin oder Gehälter zahlen zu können.

Doch die zunehmend verzweifelten Finanzexperten der Via Condotti scheitern beim Versuch, den Großmeister zum Einlenken zu bewegen. Wenn Festing die Berichte der Rechnungskammer vorgetragen werden, blickt er in ratloser Genervtheit auf die Papiere, oder er fragt Sitznachbarn nach einiger Zeit seufzend, ob sie sich genauso langweilen würden wie er. Während die Vertreter der Rechnungskammer versuchen, ihm die Dringlichkeit der Lage klarzumachen, nickt er höflich interessiert und putzt dabei seine Hörgeräte. Die Forderung der Rechnungskammer nach einer einheitlichen Finanzkontrolle des Ordensvermögens in Italien oder diverse Vorschläge des Schatzmeisters zur Reduzierung der Kosten, etwa die Auslagerung der Immobilienverwaltung, blockt er nach Rücksprachen mit seinen Vertrauten ab.

Bei alldem spielt der inzwischen ausgewachsene Antagonismus der jeweiligen Interessensblöcke in Rom eine entscheidende Rolle: Es sind Boeselager und seine Unterstützer, Leute wie der Schatzmeister János Esterházy oder der Präsident der Rechnungskammer Dominicus Mentzingen, die auf die Kostenbremse drücken. Es sind Festings Leute, Kabinettschef Drzyzdzinski und diverse Malteser aus den italienischen Großprioraten oder dem Caccia-Club, in deren Umfeld man sich ohnehin schon von »Deutschen« bedrängt fühlt und nicht bereit ist, sich noch weiter in die eigenen Bereiche hineinregieren zu lassen. Schließlich geht es in den meisten Fällen ja auch um italienisches Personal, um Latifundien und Immobilien aus italienischen Erbschaften.

Dazwischen steht der Großmeister mit seinem deutlichen Desinteresse an Zahlen, Bilanzen und Finanzprognosen und dem offenbaren Hang, es seinem engsten Umfeld recht machen zu wollen. Und in dem Maße, in dem Festings Misstrauen und Orientierungslosigkeit wachsen, nimmt auch seine Abhängigkeit von der zweifelhaften Beratung seiner Vertrauensleute zu.

Ende 2015 scheint es einen Durchbruch zu geben, als sich eine Mehrheit des Souveränen Rates auf Drängen des Schatzmeisters schließlich nach zähen Verhandlungen auf ein verbindliches Sparbudget für das Jahr 2016 einigt, das auch das italienische Ordensvermögen einschließt. Festing stimmt diesem Budget widerwillig zu. Aber auch diesmal findet über das Wochenende ein plötzlicher Sinneswandel des Großmeisters statt. Denn kurz darauf zieht Festing seine Zustimmung wieder zurück.

Ab diesem Moment greift ein Notfallparagraf der Ordensverfassung: Sobald der Orden ohne Budget arbeitet und Ausgaben nicht mehr durch die Einnahmen gedeckt sind, tritt im Großmagisterium der Zustand der »Außergewöhnlichen Verwaltung« in Kraft. Für alle Ausgaben des Großmagisteriums muss jetzt eine Stellungnahme der Rechnungskammer eingeholt werden. Für den Orden ist dieser konstitutionelle und finanzielle Notstand ein historischer Präzedenzfall. Ganz abgesehen davon ist es ohne die Vorlage eines gültigen Jahresabschlusses und Budgets so gut wie unmöglich, von Banken die Kredite zu bekommen, die für den flüssigen Weiterbetrieb des Ordens eigentlich nötig wären.

Damit gilt für die Finanzgremien des Ordens die höchste Alarmstufe. Nach mehreren erfolglosen Appellen während der laufenden Sitzungen bittet Rechnungskammerchef Mentzingen den Großmeister im Mai 2016 um eine Notfallaudienz. Zur Vorbereitung fasst er ihm auf zwei Seiten noch einmal die Lage in einem Papier zusammen, auf dem er in hervorgehobener Fettschrift vor den »bedrohlichen Entwicklungen«, der »historischen Situation« und der »dringenden Handlungsnotwendigkeit« warnt.

Über das folgende Treffen mit Festing erstellt Mentzingen einen internen Bericht an seine Kollegen, der anschließend durchgestochen und in der Ordensspitze herumgereicht wird. Es ist ein unfreiwillig komisches Dokument dysfunktionaler Regierungsarbeit. Mentzingen beschreibt darin, wie der Großmeister den vorher erhaltenen Brief mühsam im Chaos seines Schreibtisches sucht und schließlich unter einem Papierstapel findet. Wie er den Brief scheinbar zum ersten Mal liest, dabei einige Zeilen unterstreicht und dann nach wenigen Sekunden erklärt, er wisse »genau«, was Mentzingen meine. Wie Festing dann erklärt, die Schuld an den finanziellen Problemen trage offensichtlich Chiavari und natürlich Boeselager, der als Großhospitalier ständig herumgereist sei, statt sich um die Dinge vor Ort, wie das Magliana-Krankenhaus, zu kümmern. Und man könne doch etwa das Gartenhaus des Palazzos La Pagana vermieten oder die Rinderzucht auf dem Hof in Sugarella optimieren, um Einnahmen zu generieren. Laut Bericht fasst Festing sein Verständnis der Lage mit der gut gelaunten Feststellung zusammen, er und Mentzingen kämen eben aus dem Norden, wo man die Dinge ganz anders handhabe als die Italiener, die mit ihrer Art aber durchaus auch Erfolg hätten. Damit entlässt er den Chef der Rechnungskammer freundlich. Er sei, bilanziert Mentzingen das Meeting schließlich resigniert, »komplett darin gescheitert, zum Großmeister vorzudringen«.

*

Es gibt in dieser Zeit, jedenfalls finanziell, einen Lichtblick. Es handelt sich dabei um eine Episode, die sich schließlich zum Wirtschaftskrimi um die Millionenspende entwickeln wird. Sie wird am Ende auch die Kommission des Papstes betreffen und so viele Verschwörungstheorien generieren wie kein anderer Aspekt der Ordensaffäre.

Der offizielle Teil dieser Geschichte beginnt für die Malteser im Jahr 2012 mit Marc Odendall, einem deutsch-französischen Ordensritter aus Genf. Odendall hatte damals eine lange erfolgreiche Karriere als Investmentbanker hinter sich. Er hat in Paris und London für Häuser wie JP Morgan, Merrill Lynch und Credit Suisse First Boston auf der obersten Ebene gearbeitet und engagiert sich seit 2002 als Philanthrop, vor allem für katholische Anliegen, unter anderem mit einer eigenen Familienstiftung.

Das mit dem Katholizismus ist in Odendalls Familie offenbar ernst gemeint. Er und seine Frau haben vier Kinder, darunter eine Tochter, die als Nonne bei den Mutter-Teresa-Schwestern in Albanien lebt, und einen Sohn, der zum Priester des Dominikanerordens geweiht wurde. Odendall selbst kann man während der Pilgerfahrten in Lourdes über Stunden dabei beobachten, wie er als Freiwilliger schwerbehinderte Menschen in die dortigen Heilquellen hievt und dabei mit ihnen betet.

Gleichzeitig entspricht Odendalls Gesamterscheinung ungefähr dem Bild, das man sich von erfolgreichen Investmentbankern macht: alphatierhafte Körpersprache, silbergrauer Scheitel, breites Sunnyboy-Smile, eine dezente Kette unter dem aufgeknöpften Button-Down-Hemd, der Typ, der abends mit dem SUV noch schnell von der historischen Stadtvilla in seinen Jachtclub am Hafen fährt, um ein Glas Chardonnay am Genfer See zu genießen.

Vor allem aber ist Odendall der Inbegriff eines rastlosen Machers. Pausenlos müssen Dinge angestoßen, umgesetzt, optimiert, in Bewegung gehalten werden. Wenn Meetings zu lange dauern, springt er zwischendurch rasch in den hauseigenen Pool, um ein paar Runden durchs Wasser zu pumpen. Zu seinen klassischen Gesten gehört es, Daumen und Zeigefinger zu einem O zu formen. Das tut er, wenn er sagen will, dass jemand »null« zur Lösung eines Problems beigetragen hat, dass er tatenlos war, und das will Odendall oft sagen. Leute, die seine Prozesse unnötig ausbremsen, gehen ihm sichtbar auf die Nerven. Tatsächlich ist ihm oft sogar das Tempo der eigenen Erzählung zu langsam, dann kürzt er seine Sätze ungeduldig mit »undsoweiterundsoweiter« oder »blablabla« ab.

Es ist der damalige Großkanzler Jean-Pierre Mazery, der Odendall im Rahmen einer Fundraising-Aktion in Genf entdeckt und 2011 seinen Eintritt in den Orden gefördert haben soll. Die Mischung aus Kirchennähe und Know-how im Finanzbereich ist im katholischen Milieu selten. Außerdem unterhält Odendall freundschaftliche Verbindungen sowohl in den Vatikan als auch zu einigen ehemals oder immer noch regierenden Häusern, etwa den Habsburgs oder den Luxemburgs. Der Ruf, exzellent vernetzt, hoch engagiert in Kirchenfragen und ein fähiger Geldbeschaffer für karitative Projekte zu sein, macht ihn für die Malteser zum wertvollen Aktivposten. Und es dauert nicht lange, bis Odendall die Hoffnungen, die man im Orden auf ihn setzt, umfassend bedient.

Die Schatzinsel

Ende 2012 berät und begleitet Marc Odendall den Spendenbeauftragten der französischen Priestergemeinschaft Saint-Martin bei einer Runde von Fundraising-Gesprächen. Im Oktober begegnet er dabei in Genf der Vermögensverwalterin Ariane Slinger, einer kleinen Dame mit rötlichem Haar, wilder Schminke und holländischen Wurzeln. Als sie erfährt, dass Odendall Mitglied des Malteserordens ist, erklärt sie ihm, sie wolle den Maltesern Geld über einen von ihr entwickelten wohltätigen Trust zuwenden. Sie habe dazu bereits Vertreter des Ordens kontaktiert, ohne dass ihr wirklich geeignete Spendenzwecke genannt worden wären. Ob Odendall ihr helfen könne?

Odendall hilft gern. Er kontaktiert den Präsidenten der Schweizer Assoziation, Gilles de Weck, und den damaligen Großhospitalier, Albrecht Boeselager. Nach Rücksprache mit den beiden erstellt er eine Liste mehrerer Ordenswerke als mögliche Spendenziele, unter anderem die Altenpflege in Kuba, das Malteser-Krankenhaus in Bethlehem und die Arbeit von Malteser International. Außerdem schlägt Odendall Spenden für »Caritas in Veritate« vor, einer katholischen Stiftung, die er gemeinsam mit den Maltesern und dem päpstlichen Nuntius in Genf, Erzbischof Silvano Tomasi, aufgebaut hat. Tomasi ist nicht nur Stiftungspräsident, er ist auch langjähriger Vatikan-Diplomat und selbst Mitglied des Malteserordens. Die Stiftung vertritt kirchliche Positionen bei der UN, etwa zur Familien-

und Sozialpolitik. Der Posten des Vizepräsidenten steht laut Statuten dem jeweils amtierenden Malteser-Botschafter in Genf zu, Schatzmeister und Hauptspender ist Marc Odendall selbst.

Im Januar 2013 bestätigt die Vermögensverwalterin Marc Odendall, dass sie dem Orden üppige Spenden im Wert von über zwei Millionen Euro für die vorgeschlagenen Projekte zukommen lassen will, davon auch 100.000 für »Caritas in Veritate«. Im März fließt das Geld über die Schweizer Assoziation an die verschiedenen Ordenswerke. Über die vorbereitenden Treffen und Gespräche entwickeln Odendall und Ariane Slinger eine professionelle und persönliche Freundschaft.

Bei den Maltesern ist man hochzufrieden über den plötzlichen Geldregen. Zumal es heißt, Ariane Slinger wolle Spenden in der geleisteten Höhe über die nächsten Jahre weiterführen. Albrecht Boeselager schreibt ihr einen freundlichen Dankesbrief. Der Schweizer Ordenspräsident gratuliert Odendall zur »klugen Verhandlung« mit der Stiftung. Man sei »bezaubert« von der Aussicht auf weitere Zuwendungen.

Nur Odendalls Förderer, Großkanzler Jean-Pierre Mazery, reagiert sonderbar verhalten. Als er im Januar 2013 von Odendall über die kommenden Spenden informiert wird, klagt er darüber, nicht in die Verteilung der Gelder involviert worden zu sein. Und als Slinger im Februar nach Rom fliegt und im Rahmen einer Malteser-Jubiläumsfeier geehrt werden soll, heißt es im Großmagisterium, Mazery sei nicht begeistert von der Idee. Ein Empfang für die angereiste Vermögensverwalterin fällt aus.

Odendall, der zu der Zeit ebenfalls in Rom ist, begreift nicht, warum sein millionenschwerer Erfolg so wenig gewürdigt wird, und veranstaltet schließlich in seinem Hotel am Vatikan selbst eine Cocktailparty zu Slingers Ehren. In Rom wird Slinger auch von kirchlichen Würdenträgern umschwirrt; es heißt, sie verwalte mehrere Hundert Privatvermögen, Stiftungen oder Trusts, viele davon mit wohltätigen Spendenzielen. Odendall glänzt als Vermittler.

Doch kurz darauf meldet sich Ariane Slinger aufgebracht bei Odendall. Großkanzler Mazery habe im Namen des Malteserordens Anwälte beauftragt, gegen sie vorzugehen. Und tatsächlich eröffnet die Genfer Staatsanwaltschaft am 29. April ein Verfahren wegen des Verdachts auf »Veruntreuung« und »kriminelle Misswirtschaft« und friert provisorisch alle Gelder des Slinger-Trusts ein. Weder Odendall noch Boeselager durchblicken, was los ist. Auch im Souveränen Rat ist man völlig überrascht.

Auf mehrfaches Nachfragen werden Boeselager und einige Ordenskollegen schließlich am 10. Mai per Mail von Großkanzler Mazery darüber informiert, dass die Malteser tatsächlich von Anwälten in einer Sache um Ariane Slinger vertreten werden. Mazery rät, nicht mehr auf Anfragen von Ariane Slinger oder Marc Odendall zu reagieren.

Boeselager ist jetzt extrem beunruhigt und begreift nicht, warum Mazery ihm und den Kollegen bisher nichts von dem Rechtsstreit gesagt hat, der offenbar seit Monaten vorbereitet wurde. Mazery verweist Boeselager auf dessen Nachbohren hin schließlich an einen der Anwälte, die den Orden in der Sache vertreten, einen Malteserritter aus Monaco. Der Anwalt und der Großhospitalier treffen sich zum Mittagessen in Lourdes.

Der Monegasse entwirft Boeselager ein finsteres Szenario: Slinger verwalte das Millionenvermögen eines 2011 verstorbenen Franzosen. Dieser Mann habe die Malteser, einen weiteren Orden und zwei Privatpersonen als Erben eines Vermögens eingesetzt, das die bisher gezahlten Millionen weit übersteige. Aber statt das Geld, wie vom Toten vorgesehen, direkt an die Erben auszuzahlen, habe Slinger es in einem Trust in Neuseeland versteckt und rücke es nur häppchenweise heraus, um sich so mit den jährlichen Verwaltungsgebühren zu bereichern. Das alles wisse man, weil ein mutiger »Whistleblower« in Slingers Firma ausgepackt habe. Der Orden würde nun gemeinsam mit den drei anderen Begünstigten gegen Slinger vorgehen in der Hoffnung, so an die gesamte, ihm zugedachte Summe zu gelangen.

Im Monat darauf, im Juni 2013, erläutert Mazery die Geschichte schließlich auch dem Souveränen Rat und Großmeister Festing. Als Boeselager nach Details und Unterlagen zu dem Fall fragt, erwidert Mazery laut Sitzungsprotokoll, die Staatsanwaltschaft habe alle Dokumente beschlagnahmt. Man müsse sich auf ein langwieriges Verfahren einstellen. Irgendwann werde der Orden hoffentlich an das volle ihm zustehende Vermögen kommen, auch wenn das Geld offenbar inzwischen in Steuerparadiese verschoben worden sei. Die Regierungsmitglieder akzeptieren diese Darstellung widerspruchslos, auch wenn mancher das im Rückblick bereuen sollte.

Es sind die turbulenten Monate vor den Wahlen 2014. Mazery hatte begonnen, um seine Wiederwahl zu kämpfen. Im Schatzamt wird fieberhaft daran gearbeitet, erst Gian Luca Chiavari und dann seine Finanzdirektorin zu beseitigen. Und das Vertrauensverhältnis zwischen Mazery und Boeselager ist über die dazugehörigen Scharmützel bereits schwer beschädigt. Auch deshalb geht Boeselager der Sache nicht weiter nach. Für ihn klingen die Erklärungen von Mazery und dem Anwalt plausibel. Und nachdem vom bisher geflossenen Geld nichts über die Ordenszentrale im Großmagisterium abgewickelt wurde, scheint für Boeselager und seine Kollegen vorerst nichts anderes geboten, als das Verfahren in Genf abzuwarten und derweil gebührenden Abstand zu Slinger und ihren Assoziierten zu halten.

Der gerade noch als Spendenbeschaffer gefeierte Odendall erlebt nun, wie er auf einmal diskret fallen gelassen wird. Von den Ordenspräsidenten, an deren Projekte Odendall Geld in Millionenhöhe geleitet hatte, bedankt sich keiner mehr bei ihm. Boeselager scheint mit dem Fall nichts mehr zu tun haben zu wollen. Und Mazery stellt Odendall intern als Komplizen von Slinger und ihren unehrlichen Machenschaften dar.

Dabei ist Odendall selbst überzeugt davon, dass Slinger nichts Illegales getan hat. Nach diversen Beratungen mit Slinger stellt sich ihm die Lage inzwischen so dar: Das Geld des alten Franzosen, offenbar ein Mann namens Jehan du Tour, der 1921 geborene Alleinerbe einer Immobiliendynastie, lag ursprünglich in einer Liechtensteiner Stiftung. Es soll sich dabei 2013 um die spektakuläre Summe von etwa 125 Millionen Schweizer Franken, umgerechnet rund 115 Millionen Euro handeln. Als sich die Liechtensteiner Stiftungsgesetze verschärften und bald darauf auch die französischen Steuergesetze, beauftragte der Franzose die Vermögensverwalterin 2009 mit der Schaffung einer Struktur, die das Geld möglichst steuersparend an diejenigen transportieren sollte, die er nach seinem Tod zu beschenken wünschte, darunter auch die Malteser. Daraufhin wurde das Geld umgeschichtet und endete schließlich in Neuseeland bei »Caritas Pro Vitae Gradu«, einem von Slinger entwickelten wohltätigen sogenannten Trust.

Ein Trust, wie er hier konzipiert wurde, ist ein Konstrukt mit einem Nachteil für den Geldgeber: Er tritt bei der Einzahlung sämtliche Rechte am Geld unwiderruflich an den Treuhänder des Trusts ab. Im vorliegenden Fall waren das Slinger und ihre Firma. Für die Begünstigten eines solchen Trusts hat dieser Transfer wiederum einen entscheidenden Vorteil: Ihnen werden auf diese Weise massiv Steuern und Regulierungen erspart. Wie viel genau diese Begünstigten erhalten und wer sie sein sollen, kann der Geldgeber dem Treuhänder in Form einer Wunschliste mitteilen, die allerdings unverbindlich ist. Der Treuhänder ist rechtlich lediglich verpflichtet, sich an den Zweck zu halten, der in den Statuten des Trusts definiert ist. Im Fall von »Caritas Pro Vitae Gradu« (CPVG) ist das einfach die Unterstützung wohltätiger katholischer Projekte.

Sowohl der komplizierte Geldtransfer als auch die Legende seiner Entstehung werfen diverse weitere Fragen auf, die aber im Orden zu der Zeit noch kaum einer stellt. Für den Moment muss man nur verstanden haben, dass Slinger nach den Prinzipien solcher Trusts gar nicht verpflichtet wäre, den Maltesern überhaupt Geld zukommen zu lassen. Und das, obwohl der offenbar 2011 verstorbene Jehan du Tour noch 2009 schriftlich vermerkt hatte, dass 25 Prozent des Vermögens den Maltesern zukommen solle. Offenbar war es diese Notiz, die vom »Whistleblower« an die Anwälte durchgestochen wurde, die auf dieser Grundlage nun im Auftrag des Ordens auf Herausgabe der vollen 25 Prozent klagen.

Die strategische Hoffnung der Kläger ist also offenbar, beweisen zu können, dass es sich bei Slingers Konstrukt gar nicht um einen echten Trust handelt. Denn in dem Fall wäre die Notiz des Jehan du Tour keine unverbindliche »Wunschliste«, sondern hätte den Charakter eines verbindlichen Testaments. Slinger hätte dann womöglich tatsächlich »Veruntreuung« betrieben, indem sie bisher nur portionsweise kleine Teile der Gelder verteilt hatte. Als rechtmäßige Verwalterin eines Trusts hingegen hätte sie völlig legitimen Gebrauch von einer Freiheit gemacht, aus der heraus sie in Zukunft auch ganz darauf verzichten könnte, den Maltesern weiteres Geld zu spenden.

Dieses Risiko sieht Odendall, der an Slingers Seriosität festhält und inzwischen auch um seinen eigenen Ruf im Orden kämpft. Er will die Beziehung zu Slinger schon deshalb weiterpflegen, um nicht die theoretische Chance auf die ursprünglich angekündigten weiteren Großspenden zu verspielen. Für den

Orden scheint es schließlich um mehr als 27 Millionen Euro zu gehen. Allerdings ist Odendall inzwischen scheinbar der Einzige im Orden, der noch bereit ist, die Vermögensverwalterin bei der Stange zu halten. Während die Ordensregierung demonstrativ auf Distanz geht, sucht er deshalb jemanden, der Slinger gegenüber ein positives Bild von den Maltesern vermitteln kann, und umgekehrt.

Dabei stößt Odendall auf den Mann, der im Orden als Wunderwaffe in diplomatischen Krisen gilt: Marwan Sehnaoui, der libanesische Ordenspräsident, der für die Malteser bereits die Blackwater-Affäre und den Skandal in England entschärft hatte. Odendall hatte den schillernden Libanesen 2013 auf der Malteser-Pilgerfahrt in Lourdes kennengelernt. Er und Sehnaoui, beides hyperaktive Machertypen, verstehen sich auf Anhieb. Odendall fliegt kurz darauf in den Libanon, lässt sich von Sehnaoui die Projekte der Libanesischen Assoziation zeigen und ist begeistert. Die beiden Männer freunden sich an. Und als Sehnaui das nächste Mal nach Europa fliegt, arrangiert Odendall ein gemeinsames Treffen mit Ariane Slinger in Genf. Dabei ist Sehnaoui auch davon motiviert, dass ihm im Falle einer Beilegung des Rechtsstreites Spenden von Slinger für die Aufgaben der libanesischen Malteser in Aussicht gestellt werden. Sehnaoui hält in Slingers Büro eine Präsentation über die Projekte seiner Assoziation. Dabei macht er, wie immer, sein Ding. Teilnehmer des Treffens berichten später, es sei viel geweint worden.

Marwan Sehnaoui, der sich in dem Fall mehr auf seine menschliche Intuition und weniger auf das sorgfältige Studium relevanter Dokumente verlässt, glaubt nach seinen Begegnungen mit Odendall und Slinger an die Lauterkeit der Vermögensverwalterin. Er sieht es fortan als seine Aufgabe an, als Mediator und Verbindungsmann zwischen dem fallen gelassenen Odendall, der umstrittenen Slinger und den alarmierten Funktionären im Magistralpalast zu agieren. Doch in der Via Condotti hat man da bereits ganz andere Sorgen.

*

Es geht auf die Wahlen 2014 zu. Die auf geheimnisvolle Weise generalstabsmäßig organisierte Säuberung des Schatzamtes ist in vollem Gange. Über die Chiavari-Affäre ist sowohl das Tuch zwischen Boeselager und Mazery als auch das zwischen Festing und Lobkowicz zerrissen. Der Großmeister, da längst komplett überfordert vom politischen Chaos in Rom, hatte die Diskussion um den Trust CPVG derweil nur mittelinteressiert verfolgt. Er glaubt, die Geldsache sei bei Mazery in guten Händen, und kümmert sich nicht weiter darum.

Dann aber schreibt Ariane Slinger dem Großmeister im März 2014 persönlich einen Brief. Darin beharrt sie noch einmal darauf, dass der Orden gar keinen Rechtsanspruch auf Gelder im CPVG-Trust habe, und bittet Festing um Hilfe: Der Trust habe auch der Gemeinschaft Sankt-Martin Gelder zugesagt, die das Geld nun dringend für die Sanierung ihrer baufälligen Abtei benötige. Die Schweizer Behörden würden aber ohne die Zustimmung der Malteser keine Gelder freigeben. Ob der Orden freundlicherweise bestätigen könne, dass er nichts gegen eine teilweise Freigabe der Mittel für die betroffene Gemeinschaft hätte?

Aus der Via Condotti kommt keine Reaktion. Schließlich wird das Ordensmitglied Erzbischof Tomasi von Odendall darum gebeten, im Namen der Gemeinschaft Sankt-Martin noch einmal persönlich beim Großmeister vorzusprechen. Tomasi, ein kompakter Herr mit scharfer Nase und roten Backen, erscheint im Mai 2014 im Großmagisterium. Er hat eine Kopie von Slingers Brief samt Eingangsbestätigung mitgebracht und zeigt Festing das Papier. Der Großmeister sieht den Brief scheinbar zum ersten Mal und wirkt wütend darüber, ihn bisher nicht vorgelegt bekommen zu haben. Er lässt seinen Großkanzler Mazery rufen. Der Erzbischof wird später berichten, Mazery habe ihm daraufhin auf aggressive Weise nahegelegt, sich aus dem Thema herauszuhalten. Tomasi reist irritiert wieder ab.

Kurz darauf, am 31. Mai 2014, wird Jean-Pierre Mazery im dramatisch umkämpften Großkapitel auf dem Aventin abgewählt, Albrecht Boeselager wird Großkanzler.

*

Als eine seiner ersten Amtshandlungen versucht Boeselager, sich ein vollständiges Bild der verworrenen Lage zu verschaffen. Er bittet in der Großkanzlei um die Akte zum Slinger-Fall und stellt fest, dass es offenbar keine gibt. Er fragt bei seinem Vorgänger Mazery nach Dokumenten dazu an und bekommt nach eigener Angabe nichts zurück. Beides macht ihn misstrauisch. Auch deshalb folgt er kurz darauf dem Vorschlag Odendalls, sich Anfang Juni gemeinsam mit Slinger in Genf zu treffen, um sich die Dinge persönlich erklären zu lassen.

Das Treffen findet bei Silvano Tomasi in der päpstlichen Nuntiatur statt. Odendall hatte vorgeschlagen, den inzwischen mit der Sache vertrauten Erzbischof als Vermittler einzusetzen. Anhand von diversen Gutachten erklärt Slinger dem neuen Großkanzler die steuerlichen Gründe der Umschichtung nach Neuseeland und die Konstruktion des Trusts. Es ist das erste Mal, dass Boeselager überhaupt Dokumente zu dem Fall sieht und dass ihm ein schlüssiges Gegenkonzept zur Darstellung der Mazery-Anwälte vorgelegt wird. Er sieht deshalb noch keinen Grund, Slinger zu vertrauen und den Rechtsstreit aufzugeben. Aber die Argumentation der eigenen Anwälte, es handelt sich dabei um den Monegassen, eine Anwaltsfirma in Paris und deren Schweizer Vertreter, erscheint ihm zunehmend fragwürdig.

Als wenig später, am 20. Juni 2014, die neue Ordensregierung mit dem Großmeister tagt, schlägt Boeselager deshalb vor, das bisherige Mandat der Anwälte noch einmal durch einen dritten Anwalt überprüfen zu lassen. Festing und der Souveräne Rat stimmen zu. Dann fordert Boeselager schriftlich von den Anwälten das von Mazery unterschriebene Mandat an und bestellt sie in den Magistralpalast.

Was er dabei schließlich erfährt, erschüttert seine bisherige Einschätzung der Situation nachhaltig. Aus den vorliegenden Mandaten sowie aus später in Auftrag gegebenen internen Untersuchungsberichten geht Folgendes hervor: Offenbar hat Mazery den Anwalt aus Monaco bereits im Oktober 2012 mit dem Fall betraut, also mehr als ein halbes Jahr bevor die Ordensregierung davon erfährt, dass da überhaupt Millionen im Namen des Ordens erstritten werden. Der Monegasse wiederum hatte das Mandat an eine weitgehend unbekannte Pariser Anwaltsfirma übergeben. Mit dieser Firma hatte Mazery laut diesen Unterlagen im Januar 2013 eine höchst ungewöhnliche Vereinbarung geschlossen: Sämtliche Ansprüche auf die zu erklagenden Gelder tritt der Orden darin unwiderruflich an ein drittes Konstrukt ab; laut den späteren Untersuchungsberichten handelt es sich dabei um einen Trust mit Sitz auf Zypern. Die von Slinger errungenen Summen sollten im Erfolgsfall in diesen Topf fließen und erst von dort weiterverteilt werden. Für eingesammelte Gelder vereinbaren die Anwälte eine gestaffelte Gewinnbeteiligung von bis zu 50 Prozent ab einer Summe von über 25 Millionen Euro. Nachdem es allein im Fall der Malteser um Ansprüche von umgerechnet etwa 27 Millionen Euro geht, wären das womöglich mehr als 13 Millionen Euro, die am Ende abgezweigt und in Richtung der Anwälte und ihrer Hintermänner abgeflossen wären.

Wer neben den Anwälten alles auf diese abgezweigten Millionen hätte zugreifen dürfen und in welcher Höhe, bleibt ungeklärt.

In der Honorarvereinbarung ist von »anderen beteiligten Parteien« die Rede. Teile des Geldes hätten wohl theoretisch auch unter der Hand zurück an einen Vertreter der Malteser fließen können. In einem internen Untersuchungsbericht wird jedenfalls später von einem nicht bewiesenen, aber möglichen »Versuch, den Orden um eine erhebliche Summe Geld zu betrügen«, die Rede sein.

War das Ziel, ungehindert über solche Millionen zu verfügen, der eigentliche Grund für die brutale und ruckartige Entfernung der Kompetenz im Schatzamt? Es gibt zentrale Figuren im Orden, die diesen Verdacht haben. Nach dem Rauswurf von Gian Luca Chiavari und seiner Finanzdirektorin hatte außer Mazery dort kaum noch jemand die Übersicht. Mazery selbst streitet auf Nachfrage ab, etwas von der Existenz eines Offshore-Trusts zu wissen oder in irgendeiner Weise daran beteiligt gewesen zu sein.

*

In jedem Fall ahnt Boeselager nun, dass er aus der dubiosen Vereinbarung mit den von Mazery mandatierten Anwälten schneller raus muss als aus dem Rechtsstreit mit Slinger. Am 3. Juli 2014 schreibt Boeselager dem Großmeister eine E-Mail zum »Slinger-Fall«, die Sache sei zunehmend kompliziert und sollte mündlich besprochen werden.

Kurz darauf, am 9. Juli, schreibt wiederum Festing Erzbischof Tomasi eine E-Mail zum CPVG-Trust. Der Großmeister hatte Tomasi schon nach dessen Besuch im Mai in einem Brief noch einmal die Umstände des Rechtsstreits erläutert. Nun bedankt er sich über den bisherigen Austausch zum Thema und schreibt, er habe »die ganze Angelegenheit der Vorgänge in Genf jetzt in die Hände des Großkanzlers gegeben«. Boeselager habe die Sache bereits mit dem neu gewählten Großhospitalier besprochen. Er sei darum sicher, das Ganze werde »in nächster Zeit gelöst«, und er wisse, dass »alle Beteiligten sich wünschen, dass die Angelegenheit so bald wie möglich abgeschlossen werde«.

Aber so schnell wird sich vorerst nichts lösen. Boeselager weiß, dass er im Großmagisterium Gegner hat und unter Beobachtung steht. Schon deshalb erlaubt er sich keine voreiligen Schritte. Er lässt das Mandat vom Staatsanwalt des Ordens und einem neuen Anwalt in Paris prüfen. Er fordert Akteneinsicht bei der Staatsanwaltschaft in Genf. Diese wird erst Monate später gewährt. Er sucht und findet schließlich einen weiteren Anwalt, der sich mit Trusts auskennt und die Fachkompetenz hat, die Mazery-Anwälte zu ersetzen. Es dauert weitere Monate, bis diese Anwälte, von denen noch die Rede sein wird, schließlich ohne Honorar vor die Türe gesetzt und gekündigt werden können.

Über alldem vergeht mehr als ein Jahr. In der Zwischenzeit ist Raymond Burke Kardinalpatron der Malteser geworden, Festings Kondom-Kommission arbeitet an ihrem Bericht, der Orden steht kurz vor der Zahlungsunfähigkeit, und im Magistralpalast werden die Messer gewetzt.

Im Dezember 2015 informiert Boeselager die Genfer Staatsanwaltschaft schließlich, dass er die alten Anwälte gekündigt und einen neuen Anwalt engagiert hat und dass der Orden die Strafanzeige gegen Ariane Slinger zurücknimmt. Die Staatsanwaltschaft, deren Untersuchung bisher nichts Substanzielles ergeben hatte außer offenbar immense Verfahrenskosten, zeigt sich bereit, das Verfahren fallen zu lassen und die Trust-Gelder freizugeben.

Aber nur unter der Bedingung, dass es zu einer Einigung zwischen Slinger und den vier Klägern kommt und die Verfahrenskosten dann von den Beteiligten übernommen werden. Die vier Kläger, das sind die Malteser, eine katholische Bruderschaft und zwei Privatpersonen. Alle standen auf der »Wunschliste« des verstorbenen Franzosen. Alle wurden dazu über die ominöse Pariser Anwaltsfirma kontaktiert, zur Klage motiviert und schließlich von ihr vertreten. Dieser Einigungsprozess wird noch viele weitere Monate in Anspruch nehmen.

*

Marc Odendall, der Zeitverschwendung, Ineffizienz und zähe Vorgänge hasst, aber nun seit mittlerweile über zwei Jahren darauf wartet, dass der Rechtsstreit beigelegt wird, dass die Aufrechterhaltung seines Drahtes zu Slinger sich für den Orden auszahlt und dass er selbst damit rehabilitiert wird, verliert zusehends die Geduld. Mehrfach und vergeblich versucht er, Boeselager zur Eile anzutreiben. Doch das Prozedere zieht sich schier endlos in die Länge.

Über seine bisherigen frustrierenden Erfahrungen bei den Maltesern hat Odendall unzählige Erkenntnisse und Notizen gesammelt. Er hat sehr konkrete Vorstellungen entwickelt, nicht nur, warum der Rechtsstreit längst hätte beigelegt werden können, sondern auch darüber, was man im Orden reformieren sollte, wie etwa Verfassung, Strategie, Finanzkontrollen oder das Professrittertum verbessert werden müssten.

Aber es gelingt ihm auch nicht so recht, diese Visionen an den Mann zu bringen. Nicht bei Boeselager, der seine Vermittlungshilfe dankbar nutzt, ihn aber ansonsten noch immer höflich auf Abstand hält. Und auch nicht im Vatikan. Dort hatte Odendall noch einmal deutlich an Status zugelegt, seitdem Papst Franziskus ihn im Juni 2014 zu einem der fünf Führungsmitglieder seiner neuen Finanzaufsichtsbehörde AIF ernannt hatte. Als Kardinal Burke 2014 bei den Maltesern antritt, empfängt er

Odendall in seinem Apartment am Petersdom und lässt sich von ihm ein vertrauliches Briefing über die aktuelle und kriselnde Lage im Orden geben.

Dieser Kontakt wird dazu führen, dass Odendall, Kardinal Burke, ein Bischof aus Frankreich und ein prominenter Journalist sich im Februar 2015 zwei Tage für ein Brainstorming über die Zukunft des Ordens in Paris treffen. Auslöser dafür ist, dass dem Bischof zugetragen worden ist, der Papst persönlich wünsche einige Gedanken zur Lage der Malteser. Odendall wird am Ende ein engagiertes Papier mit Reformvorschlägen zusammentragen und Ideen dafür, wie man »der Kirche einen größeren religiösen Raum im humanitären Umfeld« des Malteserordens einräumen könne. Das Dokument wird dem Papst zugestellt. Odendall hört dazu nie wieder etwas. Sein Frust wächst.

*

Es wird Dezember 2016, als Slinger und der Malteserorden endlich in der Trust-Sache übereinkommen. Wie es von der Rechnungskammer prognostiziert worden war, hatte sich die katastrophale finanzielle Lage des Ordens bis dahin konstant verschlimmert. Die Zahlungsunfähigkeit war verhindert worden, weil der Orden sich in seiner Verzweiflung schließlich Geld von einer wohltätigen Stiftung geliehen hatte. Insofern kommt es mehr als gelegen, dass Boeselager während einer Sitzung des Souveränen Rates am 6. Dezember verkünden kann, man stehe mit Slinger nun kurz vor einer Vereinbarung über die Entgegennahme von Spenden im Wert von mehr als 27 Millionen Euro und werde die Staatsanwaltschaft demnächst über die Einigung informieren.

Wie immer, wenn die Regierung tagt, sitzen Festing, Boeselager und das restliche Kabinett im Ratssaal im dritten Stock des

Großmagisteriums. Im Vergleich zum Rest des Palastes handelt es sich dabei um einen deprimierend funktionalen Konferenzraum mit Beamer, Tischmikrofonen, modernen Bürostühlen und surrender Klimaanlage. Aus den Fenstern blickt man auf die sonst verborgene Dachlandschaft der ewigen Stadt mit ihren Wäscheleinen, Topfpflanzen, Lüftungsrohren und Fernsehantennen. Was man von dort nicht sieht, sind die Eingangstore des Palastes. Und dort fährt während der laufenden Sitzung auf einmal der Wagen von Kardinal Burke vor. Es ist ein Besuch, der für keinen der Anwesenden etwas Gutes verheißen sollte.

Wer hat Angst vorm Klabautermann?

Der Kardinal hatte ein paar bewegte Monate hinter sich. Das erste Mal ernsthaft mit Papst Franziskus aneinandergeraten war er 2014 in der Vorbereitung der sogenannten Familiensynode. Bei solchen Synoden werden Schlüsselfragen der Kirchenlehre zwischen Kardinälen, Bischöfen und Papst diskutiert, in diesem Fall geht es um den Stellenwert von Liebe, Ehe und Familie. Dafür hatte der Papst ein Begleitschreiben namens »Amoris laetitia« – »Die Freude der Liebe« – entworfen. Dieser Entwurf war von Burke und anderen Kardinälen abgelehnt und modifiziert worden, er sei, hieß es, unklar und schwammig gewesen. Bereits diesen Einwand soll der Papst seinen Kritikern übel genommen haben. Burke jedenfalls hatte er kurz darauf aus der Kurie geschmissen und zu den Maltesern versetzt.

Die Synode soll im Oktober 2015 fortgesetzt werden. Auf der Agenda stehen diverse kirchlich umstrittene Themen, unter anderem der Umgang mit Homosexuellen und implizit auch die Frage nach dem Zölibat. Zur Vorbereitung werden Kardinäle, Bischöfe, Bodentruppen aller Art mobilisiert, um in den Bistümern Stimmung für die Anliegen des Papstes zu machen, der für eine Kirche der seelsorgerischen Hinwendung plädiert und die »rigide« Doktrin dabei in den Hintergrund stellt. Das löst unter vielen katholischen Intellektuellen die Sorge um die Integrität der kirchlichen Lehre aus und im traditionalistisch-konservativen Lager aggressive reaktionäre Abwehrbewegungen. Innerkirchlich findet in dieser Zeit eine Polarisierung und Spaltung statt, wie es sie unter Katholiken seit den Reformen der 1970er-Jahre nicht mehr gab. Burke entwickelt sich dabei zur zentralen Identifikationsfigur der rechten Papstgegner.

Zum Abschluss der Synode hatte der Papst 2016 schließlich eine überarbeitete Version von »Amoris laetitia« veröffentlicht, dem Schreiben, das in seiner Rohversion noch von Burke und anderen zerpflückt worden war. In einer Fußnote dieses Dokuments ermutigt Papst Franziskus die Kirche, geschiedenen und wiederverheirateten Paaren auf ihrem Weg der Liebe beizustehen. Das könne, schreibt der Papst, »in gewissen Fällen auch die Hilfe der Sakramente beinhalten«.

Diese zunächst harmlos klingende Bemerkung ist in Wirklichkeit theologisches Dynamit: Die Ehe gilt nach katholischem Verständnis als Bund, der so unauflöslich ist wie die Treue Gottes zu den Menschen. Wer noch einmal heiratet, obwohl er bereits eine Ehe geschlossen hat, bricht diesen Bund und lebt somit nach formalen kirchlichen Kriterien in einem Zustand, der nicht mit dem Empfang der Kommunion vereinbar ist. So galt es jedenfalls bisher. Der Papst allerdings bemerkt nun, die Eucharistie sei »keine Belohnung für die Perfekten, sondern ein mächtiges Heil- und Nahrungsmittel für die Schwachen«.

Für Kardinal Burke, den unermüdlichen Verteidiger doktrinärer Klarheit, und nicht nur für ihn, hatte der Papst damit fundamentalste Gewissheiten des katholischen Sakraments- und Eheverständnisses offen infrage gestellt. Er schien den Umgang mit den Wiederverheirateten dem Ermessen der Ortsbischöfe zu überlassen und damit diverse nationale Sonderwege, also ein völliges Auslegungs-Wirrwarr zu ermöglichen. In den Augen seiner Kritiker hatte Papst Franziskus nicht nur die Lehre der Kirche, sondern auch die zentralistische Deutungshoheit Roms zum Abschuss freigegeben.

Zusammen mit drei anderen Kardinälen formuliert Burke deshalb schriftlich mehrere »Dubia«, also Zweifel an den päpstlichen Aussagen, die »ernsthafte Orientierungslosigkeit und große Verwirrung« unter den Gläubigen gestiftet hätten. Ihre »Dubia« stellen die Kardinäle dem Papst im September 2016 zu, verbunden mit der Bitte, seine Aussagen zu erklären und zu präzisieren. Ansonsten werde eine »formale Korrektur« nötig sein. Der Papst hätte diesen Vorgang wohl auch als Gelegenheit aufgreifen können, um seine Haltung differenzierter und deutlicher darzustellen und möglichen Missverständnissen aufklärend entgegenzuwirken. Stattdessen fühlt er sich aber offenbar vom Einwurf der Kardinäle provoziert und bestraft sie damit, dass er sie komplett ignoriert. Er antwortet einfach nicht auf Burke und seine Kollegen.

Es ist wichtig, dieses Scharmützel nachzuvollziehen, weil es auch den heiligen Zorn erklärt, mit dem Burke anschließend auf die Malteser losgeht. Denn die Frage, um die er mit dem Papst ringt, ist dieselbe, die ihn auch in der Kondom-Affäre bei den Maltesern umtreibt: Warum sollten äußere Umstände bisher scheinbar absolute moralische Regeln und Verbote zur Disposition stellen können? Dass Verhaltensweisen, die der Kardinal für »intrinsisch böse« oder zumindest moralisch nicht hinnehmbar hält, die Nutzung von Kondomen im Kontext der Malteser und den Empfang der Kommunion für »Ehebrecher« im Fall der Kirche sich durch besondere humanitäre oder pastorale Bedingungen rechtfertigen lassen sollen, weigert er sich standhaft zu akzeptieren.

Aber in seinem zunehmend verzweifelten Kampf gegen die Zerbröselung von für ihn absoluten moralischen Gewissheiten scheitert Burke vorerst an beiden Fronten. Beim Papst erreicht er gar nichts. Und beim Großmeister auch nicht so wirklich. Im April 2016 hatte Festing dem Kardinal frustriert von seinem erfolglosen Versuch berichtet, Boeselager zum Rücktritt zu bewegen. Seitdem hatte Burke den Großmeister mehrfach »ermutigt«, es wieder zu versuchen und damit die »moralische Verwirrung« des Ordens zu beenden. Doch diese Appelle hatten nicht zum gewünschten Ergebnis geführt. Zwar war auch das letzte umstrittene Malteser International-Projekt in Myanmar Mitte 2016 eingestellt worden. Aber das war Burke, der sich für die konkreten Details der Arbeit bei MI nie sonderlich interessiert hatte, möglicherweise entgangen. Und der widerspenstige Boeselager war noch immer Großkanzler.

Der Kardinal schickt sich nun an, das endgültig zu ändern. Am 10. November 2016 hat Burke eine Audienz bei Papst Franziskus. Dabei erkundigt der Papst sich nach dem aktuellen Stand der Freimaurerjagd bei den Maltesern. Und Burke nutzt das wiederum hingehaltene Stöckchen postwendend für einen erneuten Sprung Richtung Boeselager. Er habe, sagt Burke dem Papst, zwar noch keine Namen, wohl aber Hinweise auf einen äußerst besorgniserregenden »säkularen Geist« im Orden. Er müsse ihn tief betrübt über dort stattfindende »unmoralische Aktivitäten« informieren: Malteser International würde Verhütungsmittel verteilen, und »aus den Reihen der höchsten Offiziere« gäbe es den expliziten »Befehl«, darüber Stillschweigen zu bewahren. Zum Ende dieser Audienz wird Burke sich vom Papst ein schriftliches Mandat erbitten, gegen die geschilderten »schwerwiegenden« Probleme im Orden vorzugehen. Der Papst sagt ihm das zu.

Zu was exakt instruiert der Pontifex den Kardinal? Das ist eines der Rätsel dieser Geschichte. Denn mit dem Mandat, das Burke am 5. Dezember in Form eines Briefes vom Papst zugestellt wird und das später in Kopie auch Festing vorliegen wird, stimmt etwas nicht.

In seinem Brief bekräftigt der Papst noch einmal Burkes Mission, »das geistliche Wohl des Ordens zu fördern«, und geht zum einen auf die Kondomsache ein: Er wäre »sehr enttäuscht«, schreibt er, wenn im Orden tatsächlich »hohe Offiziere von der Verteilung von Verhütungsmitteln gewusst und noch immer nicht eingegriffen hätten«. Man möge sich im Gespräch um eine Lösung bemühen und dabei im Sinne des heiligen Paulus »die Wahrheit in Liebe aussprechen«. Zum anderen nimmt Papst Franziskus offenbar Bezug auf die Freimaurer: Ordensleute sollten »säkulares und frivoles Verhalten vermeiden«, wie etwa die Mitgliedschaft in »relativistischen oder dem katholischen Glauben widersprechenden Organisationen«.

Und an genau dieser Stelle hat der Brief, oder zumindest die Kopie, die Burke später dem Großmeister präsentieren wird, einen entscheidenden Haken. Er liegt in zwei Versionen vor: im vom Papst unterschriebenen italienischen Original und in einer formlos beigefügten englischen Übersetzung. Im italienischen Original schreibt der Papst, Menschen, die Mitglieder in den oben genannten Organisationen seien, sollten »eingeladen werden, solche Organisationen zu verlassen«. Doch die englische Übersetzung verlangt etwas völlig anderes, nämlich, dass solche Menschen »aufgefordert werden, den Orden zu verlassen«. Auf diese ungleich steilere Forderung wird Festing, der auch nach acht Jahren in Rom kaum Italienisch spricht, sich später berufen können, sie wird auch die Richtung des weiteren Geschehens vorgeben.

Wie diese gravierende Fehlübersetzung entstand, bleibt unklar. War es die Panne eines wohlmeinenden Sekretärs? Hatte Burke sie bearbeitet und auf diese Weise einen Auftrag zum liebevollen Konfliktgespräch zur Waffe gegen Boeselager geschärft? Oder war es gar ein Streich des Papstes, von dem es heißt, er würde im Umgang mit seinen Gegnern auch immer wieder mal auf Mittel des »schwarzen Humors« zurückgreifen?

Jedenfalls hätte der Papst im entscheidenden Moment allen Grund gehabt, wütend auf Burke zu sein. Denn nur vier Tage nach dessen Audienz beim Papst und zwei Wochen vor Zustellung des Briefes, nämlich am 14. November 2016, hatten die vier Kardinäle ihre »Dubia« unter gewaltigem medialen Getöse öffentlich gemacht. Das war ein Affront und ein spektakuläres Misstrauensvotum gegen den Papst und hatte ihm spürbar zugesetzt. Er würde sich kurz darauf in einer Predigt über »böswillige Formen des Widerstands« unter dem Deckmantel der Tradition beklagen. Wollte er dem aufmüpfigen Kardinal deshalb mit dem Brief ein Beinchen stellen und so auch endlich Bewegung in den Orden bringen, der ihm offenbar unverändert suspekt war?

Beabsichtigt oder nicht, dem Papst würde beides gelingen. Burke wird diese Chance nutzen, um am Orden ein Exempel zu statuieren, um die verhasste relativistische Philosophie, die sich im Rest der Kirche nun offenbar unkontrolliert ausbreiten durfte, zumindest in diesem kleinen Zuständigkeitsbereich, den der Papst ihm gelassen hatte, gründlich abzustrafen. Und obwohl der Papst in seinem Schreiben keine Namen nennt und zumindest im Kontext der Kondome ja ohnehin lediglich zum Dialog »in Liebe« aufgerufen hatte, ist für Burke völlig klar, gegen welche Person sich die ihm verliehene Autorität des Heiligen Stuhls zu richten hat, und zwar mit voller Wucht. Er greift noch am selben Tag zum Telefon und ruft im Magistralpalast an.

*

Festing will eigentlich nur noch in Ruhe gelassen werden mit dem ganzen Zeug. Er will mit Freunden zusammensitzen, jagen, schöne Messen feiern, nicht ständig mit komplizierten, verworrenen, unlösbaren Ordensproblemen belästigt werden. Ende November war er noch zu einem fröhlichen Treffen mit seinen »Cousins« vom Orden zum Goldenen Vlies nach Innsbruck geflüchtet. Das erste Wochenende im Dezember hatte er sich mit der Büchse in die dichten, von Wildschweinen wimmelnden Eichenwälder eines befreundeten Fürsten nördlich von Rom zurückgezogen. Jetzt, es war der 5. Dezember 2016, hatte er für die anstehende Sitzungsperiode ins Großmagisterium zurückkehren müssen und war wieder mittendrin im Schlamassel.

Obwohl das Thema ihn inzwischen vor allem müde machte, hörte Festings Umfeld nicht auf, ihn mit Boeselager zu nerven, besser gesagt, mit den Appellen, ihn endlich rauszuwerfen. Neben Burke, der ihn dazu kontinuierlich ermunterte, wurde Festing auch von einigen Figuren in seinem direkten Umfeld geradezu bekniet, den Deutschen abzuschießen, an vorderster Front einer, der sich offenbar selbst große Hoffnungen auf das Amt des Großkanzlers machte.

Und trotzdem hatten Albrecht Boeselager und Matthew Festing in den vorhergehenden Wochen und Monaten so etwas Ähnliches wie einen erschöpften, resignierten Waffenstillstand geschlossen. Festing war bisher darin gescheitert, Boeselager loszuwerden. Boeselager musste noch immer mit einer lebenslänglichen Herrschaft Festings rechnen. Der eine verzweifelte am anderen. Und doch war man aufeinander angewiesen, um den taumelnden Orden irgendwie am Laufen zu halten.

Schon im Oktober hatte sich Festings junger Adjutant Jack Straker mit Boeselager auf ein vermittelndes Friedensgespräch an der Bar des Grand Hotel Plaza getroffen und versucht, ihn bei einem Drink davon zu überzeugen, dass der Großmeister nicht mehr vorhabe, ihn rauszuschmeißen, sondern sich vielmehr eine gute Kooperation wünsche. Boeselager hatte in Gesprächen mit befreundeten Ordensleuten anschließend durchblicken lassen, dass es momentan ungewöhnlich entspannt mit Festing laufe, der Konflikt also womöglich auf dem Weg der Besserung sei. Und am Abend vor den Regierungssitzungen am 6. Dezember hatten Boeselager und Festing sich sogar für eine gemeinsame Besprechung auf ein Glas Whisky im Apartment des Großmeisters getroffen. Nachdem es schon seit 2014 zur Gewohnheit geworden war, dass die Vorbereitungen der Ratssitzungen in zwei unterschiedlichen, oft gegeneinanderstimmenden Gruppen abgehalten wurden, die eine bestehend aus Boeselager und den Ministern, die andere aus Festing und den Professrittern, war dieses informelle, geradezu gemütliche Treffen der beiden Männer eine echte Sensation.

Da klingelt bei Jack Straker das Telefon, Kardinal Burke ist am Apparat. Er müsse morgen, trotz der laufenden Sitzungen, unbedingt mit dem Großmeister sprechen. Es sei dringend. Im Magistralpalast vermutet man, dass der Kardinal am kommenden Tag erklären werde, der Papst habe ihn wegen der veröffentlichten »Dubia« seines Kardinalsranges enthoben. Damit wird man, natürlich, falschliegen.

*

Am nächsten Tag steigt ein Freund Boeselagers im Palast in den Aufzug und trifft dabei zwei Männer aus Festings engstem Kreis. Die beiden Männer sagen gar nichts, aber sie grinsen. Es ist der 6. Dezember. Wieso haben die beiden so komisch geguckt? So triumphierend? Boeselagers Freund wird sich das noch Stunden später immer wieder fragen. Am Abend wird er es wissen.

Kardinal Burke hatte Festing den Brief des Papstes noch vor Beginn der Sitzungen zukommen lassen, mit einem Deckblatt, das er am selben Tag persönlich verfasst hatte. Der Papst, schreibt Burke darin, habe ihn mit »der Säuberung eines weltlichen Geistes« im Orden beauftragt. Er erwarte von Festing dabei »die vollste Kooperation, auf dass der Heilige Vater es nicht für nötig erachten möge, seine Sorgen direkt durch eine Visitation an den Orden zu richten«.

Dass Burke mit dem »weltlichen Geist« vor allem die leibhaftige Gestalt des Großkanzlers meint, daran haben auch Festing und seine Entourage wenig Zweifel. Und natürlich wollte Festing den Deutschen schon lange loswerden, er war wohl im Prinzip nicht undankbar für diese, jetzt wirklich höchstoffizielle, gewaltige, vatikanische Schützenhilfe. Doch selbst wenn es nicht so wäre, hätte Festing diesen Brief nach den bisherigen Geschehnissen kaum anders verstehen können als den unmissverständlichen und mit der Androhung einer Visitation unterfütterten Befehl, endlich das umzusetzen, womit Burke ihm schon seit Monaten in den Ohren lag, nämlich Boeselager rauszuschmeißen.

Dem Großmeister, so berichtet es zumindest sein direktes Umfeld, entgleiten bei der Lektüre die Gesichtszüge. Anschließend flucht er laut. Festing hatte sich scheinbar vorgestellt, heute ausnahmsweise mal einen unkomplizierten, zwischenmenschlich reibungsfreien Tag im Palast erleben zu dürfen. Stattdessen wird er nun offenbar vom Vatikan gezwungen, sich kopfüber in den Konflikt zu stürzen, den er seit Monaten ungelöst und halb verdrängt vor sich herschiebt. Er telefoniert mit Burke. Der Kardinal sagt ihm immerhin zu, ihn persönlich bei dem offensichtlich unabwendbaren Vorgehen zu unterstützen. Dann marschiert er mit dem Brief in der Hand in den Ratssaal oben im dritten Stock.

Wahrscheinlich war es ein strategischer Fehler, dass Festing den Brief des Papstes der Regierung noch während der Sitzung laut vorliest. Unter den Mitgliedern des Souveränen Rates, den Ministern, Räten und Professrittern, hört man »Verhütungsmittel«, man hört »Gespräch« und man hört »Wahrheit in Liebe«. Man begreift, dass es irgendwie um die eigentlich ja längst geklärte und abgeschlossene Kondomfrage geht. Aber was genau der Papst jetzt eigentlich will, erschließt sich den meisten Zuhörern nach dem Vortrag seines Briefes nicht.

Vielleicht hatte Festing sich erhofft, dass der Brief Sorge und Empörung unter den Regierungsmitgliedern auslösen würde, dass sie von sich aus darauf drängen würden, Boeselager zu entfernen. Mit einer Zweidrittelmehrheit des Souveränen Rates hätte man den Großkanzler ohne Weiteres seines Amtes entheben können. Das wäre der reguläre und bequemste Weg gewesen, ihn loszuwerden. Aber den freundlich-verunsicherten Gesichtern der Ratsmitglieder nach zu urteilen war dieser Weg keine Option.

Schließlich klopft es an der Saaltür, Jack Straker schaut herein. Kardinal Burke sei soeben eingetroffen, ob Festing nach unten kommen könne. Der Großmeister unterbricht die laufende Sitzung und verschwindet. Kurz darauf wird auch Boeselager aus dem Saal gerufen und in Festings Büro zitiert. Die Versammlung im dritten Stockwerk löst sich unter beunruhigtem Gemurmel auf. Einer von Festings Leuten zieht sich in die Palastkapelle zurück, um die offenbar gerade eskalierende Situation betend zu begleiten.

Es ist später Nachmittag, der Himmel über Rom ist dunkelblau. Im Büro des Großmeisters wird Boeselager von Festing, Burke und dem ebenfalls dazubestellten Chef der Professritter, Großkommandeur Ludwig Hoffmann von Rumerstein, erwartet, als wäre er ein Schuljunge, der sich jetzt vom Direktor seinen Anschiss abholt.

Festing wiederholt sinngemäß den Text, den er dem Großkanzler bereits acht Monate zuvor aufgesagt hatte: Es tue ihm sehr leid, aber weil Boeselager die Vergabe von Verhütungsmitteln zugelassen habe, hätte der Heilige Stuhl seinen Rücktritt verlangt. Burke nickt zustimmend und erklärt mit strenger Stimme, es sei völlig inakzeptabel, dass der Orden in derartig skandalöse Praktiken verwickelt sei, ohne den ranghöchsten Zuständigen dafür bisher zur Rechenschaft gezogen zu haben. Der Heilige Vater erwarte, dass nun entschlossen eingegriffen werde.

Albrecht Boeselager schaltet auf stur. Er habe sich nichts zuschulden kommen lassen, er werde folglich auch nicht zurücktreten. Diese Reaktion agitiert den Kardinal sichtlich, er beginnt zu erröten. Auch Festing, allmählich verzweifelt, wird jetzt barsch: Er befehle Boeselager hiermit unter Berufung auf dessen Gehorsamsversprechen zurückzutreten. Auch dieser Trumpf verfängt nicht. Er werde, sagt Boeselager, darüber nachdenken und sich mit seinem »geistlichen Beistand« beraten. Damit löst die Männerrunde sich auf.

Boeselager geht zurück in den dritten Stock und schildert den aufgeregten Regierungskollegen, was eben geschehen ist. Schließlich kehrt auch der Großmeister zurück in die Sitzung. Und dann werden für eine weitere beklemmende Stunde die übrigen Tagesordnungspunkte abgearbeitet, als wäre nichts gewesen. Nur dass Festing und Boeselager sich dabei nicht mehr in die Augen gucken.

*

Der Großkommandeur hatte derweil den Kardinal zu seinem Wagen eskortiert. Burke hatte dabei kopfschüttelnd und offenbar wütend vor sich hin geschimpft. Dann hatte er die Autotür zugeknallt und war davongefahren. Er war jetzt auch unter Zeitdruck, am nächsten Tag würde er Rom für eine zwölftägige Reise in die USA verlassen. Am Abend ruft Burke wieder bei Festings Adjutant Straker an: ob der Großkanzler jetzt endlich zurückgetreten sei? Straker verneint das. Daraufhin erklärt der Kardinal, wenn der Großmeister nicht bis morgen den Rücktritt Boeselagers eingeholt habe, werde er keine andere Wahl haben, als dem Papst zu empfehlen, den Orden unter die Aufsicht einer Kommission zu stellen. Straker leitet diese Drohung per SMS an Festing weiter.

Boeselager erscheint am nächsten Morgen nicht zum Frühstück und verbringt den Großteil des Tages zurückgezogen in den Räumen der Großkanzlei im zweiten Stock. Durch den Palast bewegt er sich heute nicht wie sonst durch die großen, mit Perserteppichen ausgelegten Korridore und Hallen, sondern über die kleinen Hintertreppen auf der Rückseite seines Büros. Er führt mehrere längere Telefonate und Gespräche, mit Vertrauten im Orden, mit einem Priester, mit seiner Frau Praxedis. Er kommt darüber zu dem Schluss, bei der Verweigerung seines Rücktritts zu bleiben. Trotzdem weiß er, dass Festing die Sache diesmal nicht einfach auf sich beruhen lassen würde. Boeselager beginnt deshalb vorsichtshalber, sein Büro aufzuräumen, die Akten zu sortieren, persönliche, vertrauliche Dokumente einzupacken und seinen Stab in der Großkanzlei darauf vorzubereiten, dass die Lage bald ernst werden könnte.

Ein Stockwerk tiefer war sie längst ernst geworden. Festing hatte die Abwesenheit Boeselagers für eine »Notfallsitzung« des Souveränen Rates in einem diskreten Saal neben der Kapelle genutzt und dabei seine Möglichkeiten sondiert, doch noch die nötige Zweidrittelmehrheit für ein Amtsenthebungsverfahren zusammenzukriegen. Aber Boeselagers Unterstützer wirkten während der Sitzung feindselig und wie versteinert, das Ratsmitglied Winfried Henckel von Donnersmarck hatte sogar laut protestiert, Festing kam trotz seiner Warnung vor einer päpstlichen Visitation nicht weiter.

Erst später brachte ihn einer seiner Berater auf einen weiteren Weg, gegen Boeselager vorzugehen, nämlich die Einleitung eines förmlichen Disziplinarverfahrens. An dessen Ende könnte man Boeselager die Ordensmitgliedschaft entziehen. Damit würde er automatisch auch seinen Posten als Großkanzler verlieren. Festings Leute machen sich umgehend daran, die nötigen Dokumente vorzubereiten.

*

Am Tag darauf, es ist der 8. Dezember, feiert die katholische Kirche das Hochfest der Unbefleckten Empfängnis. In Rom ist das eine große Sache. Wie jedes Jahr nimmt der Malteserorden an der traditionellen Prozession zur Mariensäule auf der Piazza di Spagna teil. Schon am Morgen wird deshalb eine feierliche Messe in der Palastkapelle gelesen. Boeselager taucht auf und trifft dort das erste Mal seit dem vorgestrigen Rücktrittsbefehl auf Festing. Der setzt sich, wie immer, auf den hölzernen Thronstuhl des Großmeisters am linken Kapellenflügel. Boeselager nimmt wie gewohnt direkt neben ihm in der Bank Platz. Beide blicken starr geradeaus. Beim Friedensgruß schaut keiner dem anderen ins Gesicht. Es ist für beide schrecklich.

Beklommen schweigend gehen die Bewohner des Magistralpalastes anschließend gemeinsam nach draußen auf die Via Condotti und reihen sich dort routiniert in den Prozessionszug ein, zwischen dem italienischen Militärkorps des Ordens und einer Abordnung der römischen Carabinieri. Unter den festlichen Klängen der Blasmusik marschieren Albrecht Boeselager und Matthew Festing gemeinsam auf die Spanische Treppe zu, biegen dann noch auf dem Platz rechts ab, verbeugen sich schließlich vor der Mariensäule, legen einen Kranz zu Ehren der Gottesmutter ab, beten ein »Gegrüßet seist du, Maria« und gehen dann Richtung Palast zurück.

Es folgt ein gemeinsames Frühstück, Bacon, Eggs, es wird viel gekaut, laut geschluckt, nervös gehustet und intensiv auf die Teller geguckt. Während der quälend langen Gesprächspausen klappert das Besteck. Boeselager und Festing sitzen so weit voneinander weg wie möglich. Die Stimmung ist grauenhaft.

Als das überstanden ist, ruft der Großmeister erneut zu einer Sitzung des Souveränen Rates auf. Wieder findet sie neben der Kapelle statt. Diesmal ist Boeselager dabei, wieder fordert Festing ihn auf zurückzutreten. Wieder weigert sich der Großkanzler. Nur ist Festing diesmal darauf vorbereitet. In diesem Fall, sagt er, bliebe ihm leider nichts anderes übrig, als Boeselager mit sofortiger Wirkung vom Dienst zu suspendieren und ein Disziplinarverfahren zu eröffnen. Er zückt die vorbereiteten Unterlagen und überreicht sie dem Großkanzler. Damit ist die Sitzung beendet. Peinlich berührt und sich umständlich räuspernd gehen die Männer wieder auseinander. Boeselager packt einige letzte Dinge ein, geht durch die Büros und sagt Auf Wiedersehen, setzt sich in die Ordenslimousine, wird zum Flughafen gefahren und ist erst mal weg.

Am selben Nachmittag fliegen auch der Großmeister und sein Adjutant nach England. Eigentlich will Festing nun seine Winterferien einläuten. Er ist unendlich ermattet und emotional ausgelaugt, es ist ihm zu diesem Zeitpunkt auch relativ egal, was weiter mit Boeselager geschieht. Er ist nur froh, aus Rom wegzukommen. Festing und Straker reden auch auf dem Flug kaum über den Rausschmiss des Großkanzlers, sondern vor allem über die Jagd. Als die beiden in Newcastle landen, holt die Mutter des Adjutanten sie vom Flughafen ab und bringt sie für ein Abendessen auf das Anwesen der Strakers. Von dort wird Festing nach Birks chauffiert, wo er Weihnachten mit seiner Großfamilie verbringen will.

*

Mit den Ferien würde es zunächst nicht so richtig was werden. Während Festing selbst sich am nächsten Tag auf eine Flintenjagd bei Freunden in England vorbereitet, geht aus der Via Condotti im Namen des Großmeisters eine offizielle Mail an den Ordensverteiler: Der Großkanzler sei aus seinem Amt »entfernt« worden, weil er »schwerwiegende Probleme« aus seiner Zeit als Großhospitalier vor dem Großmagisterium »verschleiert« habe, wie eine »Untersuchung des Großmeisters aus dem Vorjahr« bewiesen habe. Der Souveräne Rat würde in den kommenden Tagen einen neuen Großkanzler wählen. Es gäbe zwar »ein paar Freunde von Boeselager«, die dagegen protestieren würden, das zeige aber lediglich »mangelnden Respekt vor dem Großmeister und die Bereitschaft, den Orden für ihre eigenen Zwecke in Unruhe zu stürzen«.

In Wirklichkeit hatten die »paar Freunde von Boeselager« da bereits eine veritable, von jahrelangem Ärger geölte Kriegsmaschine angeworfen. Findige Juristen hatten schnell festgestellt, dass die Art, wie Festing Boeselager suspendiert hatte, sowohl mit dem kirchenrechtlichen Verständnis vom Gehorsam als auch mit den komplizierten ordensrechtlichen Regeln eines Disziplinarverfahrens kollidierte. Diese Feststellung geht in diesen Tagen in Form von Dutzenden Beschwerdebriefen im Großmagisterium ein, auch diverse Präsidenten, Ordensführer und Regierungsmitglieder beschweren sich schriftlich, man ist »höchst besorgt und unglücklich« und beklagt eine »schwerwiegende Verfassungskrise« und den »Machtmissbrauch seitens Eurer Eminenz«.

Schließlich war sogar Großkommandeur Hoffmann von Rumerstein, der von Festings Umfeld offenbar gedrängt worden war, das Disziplinarverfahren einzuleiten, nach Rücksprache mit dem Staatsanwalt des Ordens zum Schluss gekommen, dass das Prozedere rechtlich nicht funktionierte. Am Montag hatte er seine Unterschrift zurückgezogen. Damit war rein formell das gesamte, übereilt durchgezogene Verfahren in sich zusammengebrochen.

In dieser Krise war auch die Stunde des deutschen Präsidenten Erich Lobkowicz gekommen, der vom Großmeister kaltgestellt worden war und noch die eine oder andere Rechnung mit ihm offen hatte. Zudem hatte die Suspendierung Boeselagers ein Ziel in Gefahr gebracht, auf das seine Assoziation seit drei Jahrzehnten hingearbeitet hatte, nämlich die diplomatische Anerkennung des Malteserordens durch die Bundesrepublik. Der Orden ist in über 100 Staaten mit eigenen Botschaften vertreten, der direkte Zugang in die Regierungen ist das Geheimnis der humanitär-karitativen Effizienz der Malteser. Nachdem der Orden ein Vermögen in Lobbyisten auf allen Ebenen, zuletzt auch rund 200.000 Euro in ein rechtliches Gutachten, investiert hatte, war nun die Anerkennung durch die Bundesregierung zum Greifen nahe. Das lag vor allem an CDU-Fraktionschef Volker Kauder, der den Libanon besucht, die dortigen Malteser-Projekte besichtigt hatte und schließlich in den Genuss der speziellen, hochemotionalen Marwan-Sehnaoui-Behandlung gekommen war. Wie zu erwarten war, hatte Kauder feuchte Augen bekommen. Dann hatte er zugesagt, sich bei Angela Merkel und Außenminister Frank-Walter Steinmeier für die diplomatische Anerkennung starkzumachen.

Mit Erfolg. Am Mittwoch dieser Woche sollte Boeselager sich mit Steinmeier treffen, um letzte Absprachen vor der entscheidenden Kabinettssitzung in Berlin zu treffen. Mit dem Rausschmiss stand das nun alles auf der Kippe.

Ohnehin glaubt Lobkowicz genauso wenig wie viele andere keine Minute lang, dass der Papst die Suspendierung des Kanzlers gefordert haben könnte. Lobkowicz tut deshalb das Naheliegende: Er verfasst gemeinsam mit acht weiteren einflussreichen Präsidenten, darunter die aus Frankreich und England, einen Brief und schickt ihn am Wochenende an den vatikanischen Kardinalstaatssekretär Pietro Parolin, der rechten Hand des Papstes. Zu den Unterzeichnern gehört auch Marwan Sehnaoui. Die Präsidenten beklagen in ihrem Schreiben, dass Boeselagers Absetzung unrechtmäßig erfolgt und dabei der »Wunsch des Heiligen Vaters« ins Spiel gebracht worden sei.

Diese Information löst beim Heiligen Stuhl eine sofortige heftige Reaktion aus. Am Montag, dem 12. Dezember, geht im Großmagisterium ein Brief von Parolin ein. Der Kardinal tadelt darin »die unerfreuliche und gefährliche Wendung« der Ereignisse. »Seine Heiligkeit hat darum gebeten, mögliche Probleme im Dialog zu adressieren und zu klären. Er hat nie davon gesprochen, jemanden wegzuschicken!« Letzteres stimmt, oder es stimmt nicht, je nachdem, welcher Übersetzung des Papstbriefes man folgt. In jedem Fall wird der Kardinalstaatssekretär schon am nächsten Tag sowohl Festing als auch Boeselager zum klärenden Gespräch zu sich in den Vatikan bestellen.

*

In Northumberland hatte Festing da bereits wieder fluchend seine Koffer gepackt. Schon während des zunehmend chaotischen Wochenendes hatte Straker ihn bestürmt, ins Großmagisterium zurückzukehren. Am Montag waren die beiden in Rom gelandet. Die Protestwelle aus den eigenen Reihen versucht Festing mit einer weiteren Rundmail unter Kontrolle zu bekommen: Wer »nicht einverstanden mit der Entscheidung des Großmeisters« sei, könne »austreten«. Wer weiterhin »Kritik übe, ohne auszutreten, könnte einer disziplinarischen Prozedur unterzogen werden«.

Am Tag darauf tritt der Großmeister bei Kardinal Parolin an. Auch wenn das im Nachhinein überaus töricht erscheint: Obwohl der ungehaltene Brief Parolins kaum misszuverstehen war, zweifelte man in Festings Lager zu diesem Zeitpunkt noch immer nicht an Burkes Darstellung des päpstlichen Willens. Parolin dagegen gilt dort als einer von Burkes liberalen, ideologischen Gegenspielern. Burke selbst hatte noch scharf in Erinnerung, wie Boeselager sich 2014 bei Parolin über seine Benennung beklagt hatte, und er hatte in Festings Umfeld gestreut, dass die beiden Männer sich äußerst nahestehen würden.

Durch all das verfestigte sich im Kreis des Großmeisters die Annahme, Parolin sei ein Komplize Boeselagers, der dem Kanzler nun, am Papst vorbei, aus der Patsche helfen wolle. Festings Berater rüsten sich darum zum Widerstand. Dem Großmeister werden für die Audienz zwei Begleiter zur Seite gestellt: Christophe Drzyzdzinski, seinen Kabinettschef, und einen Fürsten aus Rom, der sowohl Mitglied im Vliesorden als auch bei den »Edelmännern Seiner Heiligkeit« ist.

Festing selbst hat die Details dieser Tage in Rom und das Treffen mit Parolin nur noch verschwommen in Erinnerung. Aus dem Kreise seiner Begleiter heißt es, im Gespräch habe der Kardinal die Sache mit den Kondomen als Nebensächlichkeit abgetan. Er habe allerdings vorgeschlagen, eine gemeinsame Kommission zur Untersuchung der Causa Boeselager zu bilden, für die sowohl der Vatikan als auch der Orden Mitglieder benennen könne.

Das wäre der Moment gewesen, an dem Festing sein Schicksal noch hätte wenden können. Hätte er eigene Leute für eine solche Kommission nominiert, hätte das einen extrem komplizierten und differenzierten Arbeitsprozess zur Folge gehabt. Diese Kommission hätte widersprüchliche Berichte beider Lager sortieren, Falschinformationen filtern und sich auf eine gemeinsame Interpretation der Ereignisse einigen müssen. Eine derartige Investigation hätte Monate in Anspruch genommen, so wie es bei vatikanischen Kommissionen eben üblich ist. Boeselager wäre als Großkanzler wohl für die gesamte Dauer einer solchen Untersuchung auf Eis gelegt gewesen. Selbst wenn ein Kommissionsbericht ihn am Ende entlastet hätte, wäre Boeselagers Zukunft im Amt danach mehr als fraglich gewesen.

Aber so kommt es nicht. Das Staatssekretariat wird später berichten, Festing selbst habe sich zunächst offen für die Idee einer gemeinsamen Kommission gezeigt. Seine Begleiter allerdings, der Fürst und der Kabinettschef, hätten sie energisch abgelehnt. Daraufhin sei Festing umgeschwenkt und habe den Vorschlag einer Kommission abgewiesen. Und tatsächlich heißt es auch aus dem Umfeld von Festings Begleitern, man habe darauf bestanden, dass der Heilige Stuhl sich aus den inneren Angelegenheiten der Malteser heraushält. Das ist natürlich insofern paradox, als ja intern die ganze Aktion gegen Boeselager mit den Erwartungen des Heiligen Stuhles begründet worden war. Aber schließlich nahm man in Festings Lager an, es hier nicht mit dem verlängerten Arm des Papstes, sondern in Wirklichkeit mit dem Störkommando eines Boeselager-Freundes zu tun zu haben, dessen Einmischung es nun zurückzudrängen galt. Das war eine Fehleinschätzung, die sich für Festing bitter rächen wird.

*

Auch Boeselager war wieder in der Stadt. Das Wochenende hatte er spazieren gehend, telefonierend und betend bei seiner Familie auf der Burg Kreuzberg verbracht. Er und seine Berater waren entschlossen, den Anspruch auf die Großkanzlerschaft weiter zu verteidigen. Die deutsche Assoziation hatte dem abgesetzten Großkanzler versichert, den dazu nötigen Rechtsbeistand zu finanzieren. Also hatte er Termine mit mehreren

Anwälten und Kirchenrechtlern in Rom gemacht und war zurückgeflogen.

Als im Magistralpalast bekannt wurde, dass Boeselager zurückkehren würde, hatte man panisch die Schlüsselcodes an allen Eingängen geändert und die Pförtner instruiert, dem Großkanzler den Einlass zu verweigern. Von diesen Maßnahmen wiederum erfährt man in Deutschland und diskutiert die Idee, einige Journalisten zu informieren, die dann in dramatischen, öffentlichkeitswirksamen Bildern dokumentieren könnten, wie der Großkanzler brutal vor dem eigenen Amtssitz abgewiesen wird. Boeselager lehnt das ab, schon um die Pförtner, die er zum Teil seit Jahrzehnten kennt, nicht in Loyalitätskonflikte zu bringen.

Zur moralischen Unterstützung hatte Albrecht Boeselager seine Gattin Praxedis mitgebracht. Die beiden steigen im Grand Hotel Plaza unterhalb des Großmagisteriums ab. Abends dinieren sie zu zweit in einem kleinen Restaurant, in dem am selben Abend zufällig auch eine Gruppe von Festings Leuten aus dem Palast speisen will. Die Männer bemerken das essende Ehepaar Boeselager im letzten Moment, drehen erschreckt wieder ab und verschwinden unbemerkt in die Nacht.

Kardinal Parolin hatte für den nächsten Tag auch den Großkanzler zum Gespräch gebeten. Boeselager darf seine Frau mitbringen, die beiden nehmen ein Taxi zum Vatikan. Der Kardinal und der Großkanzler kennen sich, weil zu den alljährlichen Papstaudienzen des Ordens auch ein formelles Treffen der Quasi-Premierminister beider Institutionen gehört: In der katholischen Kirche ist das Parolin, im Orden Boeselager. Außerdem hatte Boeselager den Kardinal bereits direkt nach seiner Wahl besucht, um sich vorzustellen, und auch zwischendurch mal, für Berichte über die Ordensarbeit. Die beiden pflegen also ein professionelles Vertrauensverhältnis. Der Kardinal lässt sich die jüngsten Ereignisse aus der Sicht des Deutschen schildern.

Dann entlässt er das Ehepaar, offenbar mit dem nicht näher definierten Versprechen, sich weiter um die Dinge zu kümmern.

Sowohl in Festings als auch in Boeselagers Umgebung wird angenommen, mit dem Treffen bei Parolin sei nun Zeit gewonnen und insgesamt Stabilität und Entspannung in die Situation gebracht worden. Aber das wird sich bald als Trugschluss erweisen.

*

Im Magistralpalast schafft man unterdessen weiter Fakten. Der Großmeister hatte schon Anfang der Woche, als die Dinge ihm zu entgleiten drohten, erneut eine Sitzung des Souveränen Rates einberufen, diesmal wieder ohne Boeselager. Zweck war die Wahl eines neuen Großkanzlers »ad interim«, schließlich musste irgendjemand die Geschäfte führen. Anders als in der Woche zuvor saßen die meisten Mitglieder nun aber nicht sprungbereit in ihren Büros oder Palastapartments, sondern waren längst für die Ferien in ihre Heimatländer gereist. Auf den plötzlichen Ruf des Großmeisters fliegen sie also aus New York, Zürich, London oder Paris wieder ein und versammeln sich am Mittwoch, dem 14. Dezember, genervt und übel gelaunt im Großmagisterium.

Matthew Festing hatte in den Tagen zuvor sondiert, ob die Regierungsmitglieder bereit wären, seinen Kabinettschef Christophe Drzyzdzinski zum Großkanzler »ad interim« zu wählen. Dass diese Idee früher oder später auf den Tisch kommen würde, war vielen Palastbewohnern schon seit Langem klar. Allerdings hatte Drzyzdzinski sich in den vergangenen Jahren, vorsichtig ausgedrückt, nicht gerade den Ruf eines umsichtigen Diplomaten erarbeitet. Eine überwältigende Mehrheit der Regierungsmitglieder hatte den Vorschlag sofort abgelehnt. Stattdessen hatte sich der bisherige Ordensbotschafter beim Vatikan, Antonio Zanardi Landi, als Favorit herauskristallisiert. Doch am Tag der Wahl heißt es plötzlich aus dem Umfeld des Kabinettschefs, Zanardi Landi stünde Kardinal Parolin und damit auch Boeselager zu nahe, er dürfe deshalb keinesfalls gewählt werden.

So geht man verwirrt in die Wahlen. Dabei wird, völlig unverhofft, John Critien, ein Professritter aus Malta, gewählt. Durch die fehlende Stimme Boeselagers hatten bei dieser Wahl die Professritter erstmals eine Mehrheit im Souveränen Rat. Sie hatten die einmalige Chance kurzerhand genutzt, um endlich einen ihrer eigenen Männer in eines der operativ verantwortlichen »Hohen Ämter« zu hieven. Mit Festing hatte diesen Schachzug vorher niemand abgesprochen. Er schlägt resigniert die Hände über dem Kopf zusammen. Critien hatte sich bisher als Mann mit einem Händchen für das Innendesign und die Kunstsammlung des Palastes hervorgetan. Nun ist er, zwar »ad interim«, aber doch Großkanzler und Außenminister des Malteserordens. Von Kabinettschef Drzyzdzinski berichten Regierungsmitglieder später, er habe nach der Wahl offenbar wütend und schimpfend den Palast verlassen.

Nachdem das Cockpit des Ordens auf diese überraschende Weise neu bemannt worden war, fliegen die Regierungsmitglieder wieder in alle Himmelsrichtungen davon. Der Großmeister und sein Adjutant nehmen den Flieger nach Regensburg zur vorweihnachtlichen Saujagd bei Gloria von Thurn und Taxis. Abends gibt es Drinks im Schloss, am nächsten Morgen wird gejagt. Auf der Strecke liegen am Ende 74 Wildschweine, zwei Füchse und acht Rehe. »Und ein Großkanzler!«, ruft ein Gast. »Aufhören«, sagt Festing und lacht. Es macht ihn froh, hier zu sein. Zwar hat er selbst diesmal nichts geschossen, aber es gibt gutes Essen, guten Wein und lustige Gäste wie den spanischen König Juan Carlos, über dessen Exzentrik Festing sich köstlich amüsieren kann. Und man gratuliert Festing allenthalben dafür, wie er mit diesem Boeselager fertiggeworden sei. Er ist hier fast ausschließlich unter Freunden. Was sich vom Magistralpalast schon lange nicht mehr behaupten lässt.

*

Dass mit Critien ein neuer Großkanzler ernannt worden war, hatte die Stimmung unter Boeselagers Unterstützern nicht gerade gehoben. Zumal auch der Brief an Parolin und die folgende strenge Intervention des Kardinalstaatssekretärs das Blatt bisher ganz offensichtlich nicht gewendet hatten. »Wenn das alles ist, was der Vatikan tut, wird es nicht reichen«, heißt es dazu am 15. Dezember in einem frustrierten, internen Mailwechsel aus Boeselagers innerstem Kreis. Es sei zu befürchten, dass der Heilige Stuhl sich nun sage: »Wir haben mit dem Brief unseren Teil beigetragen. Hoffentlich lässt der Sturm über die Ferien nach, und dann arrangieren wir uns mit dem neuen Mann.« In dem Fall, heißt es weiter, würden neue Proteste womöglich dazu führen, »dass der Vatikan uns als Störenfriede wahrnimmt und sich distanziert. Wir sind also immer noch am Schwimmen«.

Als Boeselager sich am selben Tag anschickt, zurück nach Deutschland zu fliegen, ruft Parolin an und will ihn noch einmal sehen. Der Kardinal unterbreitet dem abgesetzten Großkanzler den Vorschlag, den er zuvor schon Festing gemacht hatte: Was er von der Idee halten würde, die Umstände seiner Suspendierung von einer Kommission untersuchen zu lassen, die sowohl aus Ordensleuten als auch aus Kirchenmännern besteht? Und ob er bereit wäre, die Ansprüche auf sein Amt für die Dauer einer solchen Untersuchung ruhen zu lassen? Boeselager sagt ihm das zu. Auf die Idee der Kommission blickt er neutral bis pessimistisch. Schließlich war es durchaus wahrscheinlich, dass die Ordensvertreter einer solchen Arbeitsgruppe von Festings Seite kommen würden. Und einschlägige Erfahrungen mit Kommissionen in Festings Dunstkreis hatte Boeselager ja bereits hinreichend gesammelt.

Inzwischen hatte es erste Presseberichte über die Affäre gegeben, und das Thema wird bis auf die untersten Ebenen des Ordens diskutiert. Dabei blicken große Teile der Ritterschaft überhaupt nicht durch, was in Rom vor sich geht, und halten sich völlig aus dem Konflikt heraus. Und es gibt auch noch immer viele Präsidenten und Funktionäre, die Matthew Festing trotz allem verehren oder sich zumindest demonstrativ hinter ihn stellen, nicht nur in nahezu ganz Italien, sondern etwa auch in Spanien, Portugal, Mexiko, Chile, Malta oder Teilen der USA, dazu die allermeisten Professritter.

Für die Kritiker des Großmeisters allerdings war nun der Moment gekommen, um zu kämpfen. Es geht den meisten dabei nicht primär um die konkrete Person Albrecht Boeselager, sondern ums Prinzip. Über die letzten Jahre hatten viele den fatalen Eindruck gewonnen, der Orden werde nicht nur willkürlich, sondern auch zunehmend autoritär regiert, und zwar von einem komplett überforderten Großmeister, der sich von den Figuren um ihn herum für deren ganz persönliche Zwecke instrumentalisieren lässt. Die Toleranz dafür hatte mit dem Rausschmiss Boeselagers ein jähes Ende gefunden. Für die wachsende Opposition ging es jetzt um die Zukunft des Malteserordens. Und wenn die Galeere des Admirals wirklich gekapert worden war, dann war spätestens jetzt die Zeit reif für die Meuterei.

Damit war die kollektive Résistance erwacht. Sie hatte allerdings ein organisatorisches Problem: Sie war von Brasilien bis Australien um den Globus verteilt und wurde nur durch Telefonate, WhatsApp-Gruppen und E-Mail-Verteiler zusammengehalten. Angesichts der verzweifelten Lage beschließt man deshalb, persönlich für einen großen Kriegsrat zusammenzukommen. Koordiniert von Erich Lobkowicz, wird deshalb für Donnerstag, den 22. Dezember, zwei Tage vor Weihnachten, eine strategische Krisenkonferenz am Flughafen München anberaumt.

Im allerletzten Moment hatten zwei Mitstreiter wieder abgesagt, auf deren gute Verbindungen man in Deutschland eigentlich stark gehofft hatte: der libanesische Präsident Marwan Sehnaoui und der Schweizer Ordensritter und Spendenvermittler Marc Odendall. Erich Lobkowicz scheint wütend darüber, in letzter Minute im Stich gelassen zu werden. Besonders der plötzliche Absprung der Geheimwaffe Sehnaoui ist kampfstrategisch ein dramatischer Verlust und ärgert ihn sichtlich. Aber immerhin fliegen Dutzende andere Präsidenten und Schlüsselfiguren aus Deutschland, Frankreich, England, Holland, Österreich, der Schweiz und den USA ein. Die Verschwörer versammeln sich im siebten Stock des Tagungszentrums Municon.

Auch Boeselager selbst ist gekommen. Er wirkt deprimiert und niedergeschlagen, sitzt mit hängendem Kopf am Tisch und sagt wie immer wenig. Da klingelt, mitten in die Sitzung hinein, das Telefon des deutschen Präsidenten. In der Leitung ist sein Amtskollege Marwan Sehnaoui. Der Heilige Stuhl, meldet der Libanese, habe sich entschlossen, eine Untersuchungskommission einzusetzen.

Pause.

Die fünfköpfige Kommission bestehe aus einem Jesuitenpater, einem uralten Exordenskanzler und ansonsten aus: Marc Odendall, Erzbischof Silvano Tomasi und Marwan Sehnaoui.

Kurze ungläubige Stille.

Dann bricht im Konferenzraum eine Stimmung aus wie bei der Fußball-WM nach dem alles entscheidenden Tor. Es wird gejubelt, in die Luft geboxt, sich umarmt und sogar geweint. Albrecht Boeselager hebt ungläubig den Kopf und beginnt glücklich übers ganze Gesicht zu grinsen. Und damit wird er auch eine ganze Weile lang nicht mehr aufhören.

What shall we do …?

Aus der Schweiz hatte Marc Odendall das totale politische Chaos in Rom mit zunehmend genervter Fassungslosigkeit verfolgt. Er hatte kurz nach dem Rausschmiss mit Boeselager telefoniert. Der hatte sich über die genauen Umstände seiner Suspendierung bedeckt gehalten und angedeutet, es werde schon alles irgendwie werden. Dann hatte sich im Orden die Information verbreitet, der Wille des Papstes sei ins Spiel gebracht worden. Odendall hatte Burke eine E-Mail geschrieben, um mehr über die Hintergründe zu erfahren. Der Kardinal hatte ihm geantwortet, er könne die Details der Angelegenheit leider nicht kommentieren.

Allerdings hatte Marwan Sehnaoui seinen Freund Odendall bald darauf bei seinen E-Mail-Wechseln mit den anderen Präsidenten ins cc gesetzt. Damit war Odendall im kommunikativen Inner-Circle des Widerstands gelandet und erhielt ein umfassendes Lagebild. Dabei hatte er begonnen, immer mehr an der Strategie der Boeselager-Leute zu zweifeln. Aus seiner Sicht agierten sie viel zu zaghaft und passiv.

In der folgenden Woche musste Odendall als Vorstand der vatikanischen Finanzaufsicht AIF ohnehin für ein Treffen nach Rom fliegen. Er hatte sich gefragt, ob er bei der Gelegenheit nicht versuchen sollte, bei Kardinal Parolin vorzusprechen, um Klärung in die Sache zu bringen. Diesen Vorschlag hatte er an

Boeselager und Ex-Vatikanbankchef Ernst Freyberg, nebenbei auch Schatzmeister der deutschen Assoziation, herangetragen.

Man hatte ihn umgehend abgewimmelt. Odendall war es im Verlauf des Rechtsstreits um den CPVG-Trust zwar weitestgehend gelungen, den Ruf der Unseriosität abzustreifen, den ihm Boeselagers Vorgänger Mazery angeheftet hatte. Dafür hatte er sich aber durch ständige Wortmeldungen und sein penetrantes Beharren auf zügiges Vorgehen in Boeselagers Kreis den Ruf erarbeitet, eine latent anstrengende Nervensäge zu sein, die es nach Möglichkeit auf Distanz zu halten galt. Boeselager hatte Odendall also wissen lassen, er sei selbst gerade bei Parolin gewesen, es gälte jetzt abzuwarten und bloß nicht zusätzlich querzuschießen. Und auch Freyberg, der scheinbar voll auf den Rechtsweg setzte, soll ihm vehement davon abgeraten haben, den Vatikan zusätzlich zu involvieren. Odendall sollte Ruhe geben und die Füße stillhalten.

Doch die Füße lange stillhalten zu können gehört nicht zu Odendalls Stärken. Er war am 14. Dezember in Rom gelandet. Am selben Tag hatte der Magistralpalast vermeldet, dass John Critien das Amt des Großkanzlers übernommen hatte. Da hatte Odendall endgültig den Glauben an die Appeasement-Politik der Gruppe um Boeselager verloren, hatte es nicht länger im Zuschauerrang ausgehalten und war auf eigene Faust losgeprescht. Er hatte sich bei seinem langjährigen Vertrauten Erzbischof Tomasi gemeldet, der als Nuntius und vatikanischer Vertreter bei den UN Kardinal Parolin direkt untersteht. Ob Tomasi ihm kurzfristig einen Termin bei Parolin verschaffen könne? Tomasi konnte. Bereits zwei Tage später, für den 16. Dezember, hatte Marc Odendall einen Termin beim Kardinalstaatssekretär.

Zur Vorbereitung hatte Odendall dem Kardinal noch am 15. Dezember per E-Mail ein steiles Briefing zukommen lassen: Die Vorgänge im Malteserorden unter Berufung auf den Papst stellten ein »Reputationsrisiko« für die Kirche dar. Die Absicht dieser Notiz sei, den Heiligen Stuhl »zur Intervention zu bewegen, um dieses nun öffentliche Risiko zu eliminieren«. Diesem Appell fügt er erneut eine Liste der aus seiner Sicht wichtigsten Reformbaustellen im Orden hinzu: »Eine komplette Umbildung der Verfassung, eine Reform der Mission der Professritter, eine Revision von Management und Finanzkontrollen, eine Definition der globalen Ordensstrategie im Dienst der Kirche.« Diese Anregungen habe er dem Vatikan schon einmal geschickt, die genannten Problembereiche lägen alle immer noch offen und müssten jetzt »dringend« adressiert werden.

Wie viele Gespräche im Vatikan lässt sich auch der Verlauf von Odendalls Audienz bei Kardinal Parolin am 16. Dezember nur annäherungsweise durch Beschreibungen aus dem Umfeld der Beteiligten rekonstruieren. Dass dieses Gespräch am Ende zu einer für Albrecht Boeselager spektakulär vorteilhaften Kommissionsbesetzung führen wird, könnte auch damit zu tun haben, dass Odendall als AIF-Vorstand bei Parolin vor allem als Mann des Vatikans und weniger als Vertreter der Malteser wahrgenommen wird. Indem er dem Vatikan bereits in der Vergangenheit kritische Reformvorschläge hatte zukommen lassen, hatte er möglicherweise den Eindruck hinterlassen, tief genug drin zustecken, um den Orden zu kennen, und kritisch genug zu sein, um ihn noch objektiv beurteilen zu können. Es wird auch nicht geschadet haben, dass Odendall bei seinem Ansturm auf den Staatssekretär nicht die Interessen des Ordens oder gar der Person Boeselagers nach vorne gespielt hatte, sondern das ureigenste Interesse des Heiligen Stuhls und die Reputation des Papstes, dessen Name ja schließlich in die Schlammschlacht gezogen worden war.

Jedenfalls, heißt es später aus Odendalls Umfeld, habe Parolin ihm bei der Audienz am kommenden Tag geduldig und interessiert zugehört. Als Parolin schließlich von seinem Vorschlag einer Kommission berichtet habe, hätte Odendall diesen Vorschlag enthusiastisch aufgegriffen. Und irgendwann hätte der Kardinal gefragt, ob nicht vielleicht Odendall Ideen hätte, mit wem man eine solche Kommission besetzen könnte? Und tatsächlich: Odendall war da die eine oder andere Idee gekommen …

Offenbar gab es zwei Kommissionsmitglieder, auf die der Vatikan von ganz alleine gekommen war: zum einen auf den Jesuitenpater Gianfranco Ghirlanda, einen Ex-Rektor der Universität Gregoriana, der als päpstlicher Kommissar bereits die »Legionäre Christi« untersucht hatte und als Experte für kanonisches Recht gewappnet für die kirchenjuristischen Aspekte der Affäre war. Und zum anderen auf den greisen Anwalt Jacques de Liederkerke, ein altgedienter Ordenskanzler aus der Ära vor Mazery.

Und dann gab es noch die anderen drei. Odendall selbst, Marwan Sehnaoui und Erzbischof Silvano Tomasi. Diese Männer in die päpstliche Kommission zu berufen hätte wohl auch dann naheliegen können, wenn es nicht Marc Odendall selbst gewesen wäre, der sich und die beiden anderen bei Parolin ins Spiel gebracht hätte. Natürlich kannte Odendall sowohl den Erzbischof als auch den Libanesen nun seit Jahren, schätzte sie als Freunde und hatte sie, im Gegensatz zu anderen Ordensleuten, als effiziente, fähige Männer erlebt, die denken konnten und mit denen sich Dinge bewegen ließen. Aber Sehnaoui hatte sich schließlich auch schon als Kommissar und Reformer in England einen Namen gemacht. Und Tomasi kannte als Ordensmitglied den Hintergrund der Krise, galt als Nuntius und Vatikandiplomat gleichzeitig als treuer Soldat des Heiligen Stuhls und war Parolin bestens vertraut. Alles in allem also scheinbar eine solide Auswahl.

Ob Parolin wusste, dass mindestens zwei von ihnen da längst Partei ergriffen hatten? Dass es so war, lässt sich kaum bezweifeln, schon weil man Odendall und Sehnaoui beim Münchner Widerstandstreffen erwartet hatte. Allerdings gab es im gespaltenen Führungsstab des Ordens zu diesem Zeitpunkt ohnehin kaum mehr Leute, die sich nicht wenigstens innerlich einer Seite zugeordnet hatten. Später würde von den Kommissaren um Odendall auch behauptet werden, es seien alles »enge Freunde« Boeselagers. Das wiederum traf in Wahrheit auf keinen von ihnen zu. Odendall war, obwohl die beiden Männer sich im Prinzip schätzten, die meiste Zeit ihrer Bekanntschaft mindestens so genervt von Boeselager, wie Boeselager es von ihm war. Und Sehnaoui und Tomasi hatten den Großkanzler auf verschiedenen Ebenen des Ordens gut kennengelernt, dasselbe hätten sie allerdings auch von Festing behaupten können.

Aber natürlich gab es da noch ein anderes Thema, dass die drei Männer sowohl untereinander als auch mit Boeselager verbunden hatte: die kuriosen Vorgänge um den Trust CPVG. Und scheinbar war an diesem Punkt noch keinem von ihnen in den Sinn gekommen, dass ihnen diese Verbindung noch einmal so richtig um die Ohren fliegen könnte.

*

Das päpstliche Staatssekretariat hatte die Einsetzung der Kommission schon am 21. Dezember dem Magistralpalast verkündet, und zwar in Form eines Briefes an den Großmeister. Kardinal Parolin kritisiert darin noch einmal, dass die »Maßnahmen« gegen den Großkanzler auf den Willen des Papstes zurückgeführt worden seien. Außerdem habe Boeselager sie als illegal und die Vorwürfe als unwahr zurückgewiesen. Weil das alles nun auch öffentlich »schwerwiegende Spannungen« und »lebhaften Streit« erzeuge, habe der Papst »nach viel Reflexion und Gebet« entschieden, »eine Gruppe von fünf respektierten

Personen mit aufrichtigem Interesse am Wohl des Ordens und der Kirche« mit der Aufgabe zu betrauen, alle Parteien anzuhören, Informationen und Beweise zu sammeln und dem Papst anschließend einen Bericht zu erstellen. Man sei sich gewiss, das Großmagisterium werde mit »äußerstem Gehorsam« kooperieren.

Und diesmal, offenbar um jegliche Zweifel auszuräumen, meldet sich in einem knappen Begleitschreiben auch Papst Franziskus selbst zu Wort: »Ich bitte Eure Hoheit, diese Entscheidungen zu akzeptieren«, schreibt der Pontifex an Festing. »Diese Entscheidungen gelten ungeachtet aller gegenteiligen Argumente.« Damit war unzweifelhaft klargestellt, dass hier ein donnernder Gehorsamsbefehl auf den Orden niedergegangen war. Und zwar nicht etwa als geheimes Störkommando eines Boeselager-Komplizen, sondern als direkte Durchsage vom Papst, dem Stellvertreter Christi auf Erden.

Nun werden sich aus dieser Situation noch über Monate und Jahre heftig geführte juristische Debatten über die Frage ergeben, inwieweit der Heilige Stuhl überhaupt das Recht hat, derartig in den Orden einzugreifen. Die Malteser sind ein religiöser Orden, der Großmeister ist ein katholischer Ordensmann. Das spricht für die Legitimität eines solchen Eingriffs. Andererseits ist der Orden auch souverän, unterliegt internationalem Recht und pflegt diplomatische Beziehungen mit dem ebenfalls souveränen Vatikan. Das spricht dagegen.

Aber wie man es auch dreht und wendet: Matthew Festing selbst hatte die beiden wohl umstrittensten Entscheidungen seiner Amtszeit, die Absetzung Chiavaris und den Rausschmiss Boeselagers, mit dem Willen des Heiligen Stuhles begründet und gerechtfertigt. Schon wenn ein Kardinalpatron als Vertreter des Papstes Anordnungen erteile, habe man »keine Alternative, als zu gehorchen«, hatte Festing gesagt. Er hatte erklärt, dass einem Großmeister niemand so recht Befehle erteilen könne. »Außer der Papst.« Und schließlich hatte er sich als Professritter sogar per Gelübde zum »Gehorsam gegenüber dem Heiligen Vater« verpflichtet. Er hatte sich mit dieser Linie durch die bittersten Zerwürfnisse hindurch verteidigt und der Haftung entzogen. Und das, obwohl der angebliche Wille des Papstes in beiden Fällen bestenfalls durch Dritte an ihn herangetragen worden war.

Diesmal gab es keine Zweifel am Absender. Spätestens jetzt also wäre demnach für den Großmeister der logische Moment gekommen, die Segel zu streichen. Der Moment, sich dem Willen zu unterwerfen, auf den er sich mehrfach auf Kosten anderer berufen hatte. Aber das war natürlich der Unterschied zu vorher: Der Wille des Heiligen Stuhles war diesmal nicht Freischein und Rückenwind für einen Angriff. Er war Gegenwind, er war selbst eine Attacke, die man grob unterschätzt und in ihrer wahren Dimension viel zu spät hatte kommen sehen.

Im Großmagisterium holt darum auch niemand die Segel ein. Im Gegenteil, es kommt zu einem abenteuerlichen Wendemanöver. Der Magistralpalast lässt am 23. Dezember im Namen des Großmeisters öffentlich erklären, die Einsetzung der Kommission basiere auf einem »Missverständnis« des päpstlichen Staatssekretariats: Die Entfernung Boeselagers beträfe den Heiligen Stuhl gar nicht, sondern sei ein »interner Akt« des Ordens. Am 3. Januar erklärt Übergangskanzler Critien in einer Rundmail, der Orden könne und werde nicht mit der Kommission kooperieren. Um seine Souveränität zu schützen. Und am 10. Januar lässt der Palast verlautbaren, Kontakte der Ordensleute mit der Kommission dürften »weder direkt noch indirekt im Widerspruch stehen zur Entscheidung des Großmeisters und des Souveränen Rates, den Großkanzler zu ersetzen«.

Gegenüber dem Heiligen Stuhl dürfe die Weigerung zu kooperieren aber »in keiner Weise als Mangel an Respekt« verstanden werden.

Doch genau das war es natürlich. Es war ein unerhörter, öffentlicher Affront gegen den Papst, und noch viel mehr. Mit wohlwollendem Blick auf das Souveränitätsargument könnte man sagen, der weltweit kleinste Staat habe sich in diesem Moment gegen den politischen Interventionsversuch des ungleich größeren, aber immer noch zweitkleinsten Staates der Welt gewehrt. Aber die Malteser waren eben nicht nur ein Zwergstaat, sie blieben trotz allem auch eine kirchliche Filiale, und der Großmeister war nicht nur Fürst, sondern eben auch Mönch im Rang eines Kardinals. Also hatte der katholische Orden ein Armdrücken mit der eigenen Kirche herausgefordert. Und damit hatte er nichts anderes als den offenen Machtkampf dieser beiden ältesten souveränen Institutionen der westlichen Christenheit ausgerufen.

Der somit vollends außer Kontrolle geratene Konflikt wurde damit zur Sensation auf der Weltbühne. In den kommenden Tagen und Wochen würde daraus ein Mediensturm werden, wie ihn die Pressestelle der Via Condotti seit ihrer Existenz noch nicht erlebt hatte. Rund um den Globus wurde nun darüber berichtet, in der *New York Times*, der *Washington Post*, auf *Fox News*, der BBC und *Le Monde* bis hin zur *Hindustan Times* oder *Asian News International*. »Wir haben mit der Kirche eine Krise, wie es sie in jeder Familie gibt«, wird Pressesprecher Eugenio Ajroldi di Robbiate mantraartig wiederholen. Dabei wird die Geschichte zusätzlich von überraschend eingeworfenen O-Tönen diverser Beteiligter angeheizt. Zu denen gehört auch Erich Lobkowicz, der in einem Interview erklärt, die Ordenskrise sei ein »Kampf zwischen allem, für das Papst Franziskus steht, und einer kleinen Clique von ultrakonservativen, schrulligen alten Sturköpfen, die in jeder Hinsicht den Zug verpasst«[xv] hätten.

Das kleine Presseteam des Palastes, das es bis dahin vor allem mit höflichen Anfragen zugeneigter Kirchenblätter zu tun gehabt hatte, wird in den folgenden Wochen über all das an den Rand des Burnouts getrieben werden.

*

Das Dilemma im Magistralpalast lag auf der Hand. Mit der Kommission zu kooperieren hätte bedeutet, die Beurteilung des Geschehens Leuten zu überlassen, von denen man ahnte, dass sie an Festing und seinen Beratern kein gutes Haar lassen würden. Aber nicht zu kooperieren, sich damit dem Papst entgegenzustellen, was bedeutete das?

Von außen betrachtet schien offensichtlich, dass diese angeblich zum »Schutz« des Ordens getroffene Entscheidung zwar womöglich die Arbeit der Kommission erschweren, den Orden selbst aber gleichzeitig in größte Gefahr bringen würde. Er war damit in einen Kampf geraten, den er unmöglich gewinnen konnte. Der Kurs, den man im Großmagisterium offenbar panisch und ruckartig eingeschlagen hatte, erinnerte an das Verhalten flüchtiger Bankräuber, die die Zerschießung und die anschließende Verbrennung ihres Fluchtfahrzeugs bereitwillig in Kauf nehmen, solange sie mit der Beute davonkommen. Aber das Auto war in dem Fall kein gebrauchter Sportwagen, sondern der älteste noch existierende Ritterorden der Welt.

Wer hatte die Malteser in dieses Himmelfahrtskommando gesteuert? Hochgradig umtriebig und entschlossen, heißt es aus dem Magistralpalast, habe in dieser Zeit vor allem Festings Kabinettschef Christophe Drzyzdzinski agiert. Und im Cockpit des Großkanzlers saß ja jetzt der Kunstexperte John Critien.

Der, sagt sein Umfeld, habe sich redlich darum bemüht, seinem neuen, überraschend herausfordernden Job gerecht zu werden. Allerdings habe er in diesen Tagen mehrmals so gewirkt, als wäre er ihn eigentlich gerne schnell wieder los.

Während der Orden in Flammen steht, macht Matthew Festing selbst eher nicht den Eindruck, als hätte er das Steuer in der Hand. Nachdem am 21. Dezember die Einsetzung der Kommission bekannt gegeben wird, fährt Festing zu einer Jagd bei Freunden in Yorkshire. Dann hilft er in seinem Heimatort bei der Dekoration der Kirche und feiert Weihnachten im Kreis seiner Großfamilie. Anschließend bricht er wieder zum Jagen auf. Erst in Schottland, dann auf zwei weiteren Gesellschaftsjagden bei Freunden in England. Gutes Essen, viele Fasane, lustige Leute, prächtiges Winterwetter.

Am 8. Januar lässt der Großmeister sich für zwei Tage in Rom blicken. Es gilt, den brasilianischen Botschafter zu verabschieden und am nächsten Tag eine Gruppe von Diplomaten zu empfangen, das stand schon lange im Kalender. Als das erledigt ist, reist er schnell wieder ab, um weiter zu jagen.

Er fliegt zu einem Freund nach Nottinghamshire. Sieben Schützen, zwei Tage, 370 erlegte Fasane. Von dort reist er nach Budapest, wo ihn ein einflussreicher Politiker aus Viktor Orbáns Kabinett zur Jagd eingeladen hatte, ein Bekannter aus dem Umfeld des Vliesordens. Gloria von Thurn und Taxis ist da, genau wie der italienische Fürst, der ihn zur Audienz bei Parolin begleitet hatte. Es ist sonnig und verschneit, die Aussicht auf die Berge ist herrlich, und obwohl die Fasane hier extrem hoch fliegen, schießen Festing und neun weitere Schützen gemeinsam 948 Vögel. Das findet selbst Festing ein bisschen viel.

Von dort geht es wieder zurück auf eine Jagd in England. Insgesamt werden 144 Fasane und eine Waldschnepfe geschossen. Festing trifft gut und amüsiert sich. Die Anspannung durch die unangenehmen Vorkommnisse in Rom lässt allmählich nach. Kardinäle oder Großkanzler sind weit und breit keine zu sehen. Der größte Konflikt hier besteht offenbar darin, dass der Landrover vom Duke of Northumberland im Matsch stecken bleibt.

Irgendwann zwischen Budapest und England hatte Festing »die Ereignisse, die in den letzten paar Wochen auf den Orden heruntergekommen sind«, mit einer langen, ärgerlichen Mail an die Ordensführung kommentiert. »Während ich versucht habe, den Advent und die Weihnachtszeit in Frieden zu genießen, konnte ich mich kaum auf etwas anderes konzentrieren.« Das sei für ihn »extrem erschöpfend« gewesen.

*

In Rom hatte die Kommission derweil ihre Arbeit aufgenommen. Marc Odendall hatte noch am Tag seiner Benennung damit begonnen, die Agenda und umfangreiche To-do-Listen für die Arbeit der Gruppe zu entwerfen. Mission: die Untersuchung der »unmittelbaren«, »technischen« und »politischen« Ursachen der Krise. Methodik: die Einholung von Zeugenberichten und juristischen Gutachten zu allen relevanten Aspekten und Vorgängen der Krise.

Anfang Januar kommen die fünf Männer erstmals auf römischem Boden zusammen. Sie wohnen und tagen im vatikanischen Gästehaus Sanctae Marthae, ein moderner Komplex im Stil eines gehobenen Autobahn-Motels, in dem auch Papst Franziskus residiert. Einer der Gründe für die Wahl dieses Hauptquartiers war, dass dieses Haus ausschließlich von der Schweizer Garde und nicht von der vatikanischen Gendarmerie bewacht wird. Deshalb gilt Sanctae Marthae als der einzige Ort im Vatikan, der sicher davor ist, mit Wanzen abgehört zu werden. Am 2. Januar hatte die Gruppe eine E-Mail an die 400 Top-Leute im Orden geschickt. Die Kommissare hatten darin um eine schriftliche Beurteilung des abgesetzten Großkanzlers und der Umstände seiner Suspendierung gebeten und angekündigt, Ende Januar auch ausgewählte Mitglieder für Interviews nach Rom einzuladen.

Am Tag darauf hatte das Großmagisterium erklärt, der Malteserorden verweigere die Zusammenarbeit mit der Kommission.

Natürlich war die Idee dahinter, die Untersuchungen der Gruppe um Odendall auf diese Weise unmöglich zu machen und ins Leere laufen zu lassen. Doch im Ergebnis würde man so das genaue Gegenteil erreichen. Schon indem Festing und seine Berater dem Kardinalstaatssekretär eine Absage erteilt hatten, als er mit der Idee einer Kommission gekommen war, hatten sie die Gelegenheit verspielt, Einfluss auf die Besetzung einer solchen Kommission nehmen zu können. Der Aufruf, die Kooperation zu verweigern, führt jetzt dazu, dass sich all die Teile des Ordens, die noch immer hinter Festing stehen, gehorsam ihrer Wortmeldung enthalten. Dazu gehören etwa nahezu geschlossen die Vertreter der italienischen Großpriorate und die Professritter, auch aus Ländern wie Spanien oder Portugal kommt kaum etwas. So hatten die vielen Verteidiger des Großmeisters sich effektiv selbst aus dem Zeugenstand verbannt. Die Kritiker Festings hingegen pfeifen auf die Vorgabe aus dem Magistralpalast und beginnen hoch motiviert Berichte zu verfassen. Mit dem Versuch, sich wegzuducken, war dem Kreis um Festing also das Kunststück gelungen, sich jeglicher Chance auf eine für sie auch nur halbwegs differenzierte, ausgewogene oder gar wohlwollende Darstellung des Geschehens zu berauben.

Eigentlich hatte die Kommission ja gar nicht explizit nach

Festing gefragt, sondern nur nach einer Einschätzung des Großkanzlers und der Umstände seiner Suspendierung. In den knapp 110 Berichten, die im Laufe der kommenden Tage im kleinen Arbeitszimmer der fünf Kommissare eintrudeln, wird Boeselager in der Regel auch gelobt, wie fromm, kirchentreu, gewissenhaft, pflichtbewusst und so weiter er sei. Vor allem aber entlädt sich in den Zuschriften die volle, manchmal erstaunlich ungehemmte, längst nicht immer nur sachliche Breitseite des Frusts über Matthew Festing. Es wird sich darin etwa auch in offenbar kaum belegten Mutmaßungen über das Sexualleben einiger Professritter oder Festings geistigen Gesundheitszustand ergangen.

In den Zuschriften werden noch einmal detailliert Themen wie der Skandal in England, die Chiavari-Affäre, die Wahl 2014, die Kämpfe im Magistralpalast, die Sache mit den Kondomen, die Ordensfinanzkrise oder der Rausschmiss Boeselagers aufgerollt. Als Konsequenz fordert offenbar ein erheblicher Teil der Autoren nicht nur, dass sowohl Burke und Festing abgesetzt werden, sondern auch, dass Boeselager nach seiner Wiedereinsetzung selbst sein Amt niederlegen solle. Weniger, weil sie ihm etwas vorwerfen, mehr, weil sie darin den einzigen Weg zur Befriedung des gespaltenen Ordens sehen.

*

Atmosphärisch glich das Innere des Magistralpalastes inzwischen einer belagerten Festung, die aus allen Richtungen mit Kanonenfeuer belegt wird. Vom Heiligen Stuhl. Von Journalisten und Bloggern aus der ganzen Welt. Von den eigenen Ordensrittern, die das Großmagisterium unverdrossen mit Protestbriefen und Rücktrittsdrohungen bombardierten. Und natürlich von der unsichtbar und bedrohlich vor sich hinarbeitenden Kommission hinter den Mauern des Vatikans.

Nachdem sie selbst mit der Berufung auf die eigene Souveränität und der Verweigerung der Zusammenarbeit scheinbar alles Pulver verschossen hatten, harrten die Unterstützer des Großmeisters im Palast nun angespannt der kommenden Dinge. Ein großer Teil von ihnen kochte mittlerweile vor Wut über Festing, der während der schlimmsten Krise der jüngeren Ordensgeschichte ausgiebig Ferien machte. Er hatte in ihren Augen während der entscheidenden Schlacht desertiert. In seinem Großmagisterium herrschte inzwischen Endzeitstimmung.

Aber dann fiel auf einmal doch noch eine Waffe vom Himmel. Angeblich soll es Christophe Drzyzdzinski gewesen sein, dem die kuriose Verbindung zwischen Boeselager und einem Teil der Kommissare zuerst aufgefallen war. Boeselager hatte die Sache mit dem CPVG-Trust abgewickelt. Odendall war von Anfang an involviert. Sehnaoui hatte damit zu tun gehabt. Und Erzbischof Tomasi hatte in der Angelegenheit sogar im Großmagisterium vorgesprochen. Die Sache lief noch immer, und so richtig in ihrer Komplexität durchdrungen hatte sie scheinbar keiner der Anwesenden im Palast. Aber es ging offenbar um Millionen, es war irgendwie undurchsichtig, für diesen Ernstfall taugte es allemal zur Verteidigung.

Der eingekesselte Kreis um Festing unternimmt einen letzten Ausbruchsversuch. Im Namen des Großmeisters geht am 14. Januar eine weitere E-Mail an die komplette Ordensführung. Die »Zusammensetzung« der Untersuchungskommission hätte »ernste Fragen« im Großmagisterium aufgeworfen. Es lägen »schwerwiegende Vorwürfe eines Interessenkonflikts von mindestens drei Mitgliedern vor, die nachweislich Verbindungen zu einem Fonds in Genf haben«, heißt es. Die »vorliegenden Beweise« hätten dem Großmeister nun Anlass gegeben, eine »professionelle Untersuchungskommission mit der Situation zu beauftragen. Wir warten auf die Ergebnisse«. Bis dahin werde man die Gruppe um Odendall »auf Abstand halten«.

Das war kriegspropagandistisch ein geradezu genialer Schachzug. Eine Beobachtung war ja völlig zutreffend: Odendall, Sehnaoui und Tomasi kannten sich, sie gehörten irgendwie zusammen, waren über den CPVG-Trust mit Boeselager verbunden. Das alles war schon kein schlechtes Argument dagegen, dass hier eine sorgfältig paritätisch ausbalancierte, unbefangene Kommission ohne eigene Interessen am Werk war. Bereits damit hatte man der Gruppe und so auch ihrem zukünftigen Untersuchungsbefund die Glaubwürdigkeit beschädigt.

Wenn man die Details der Geschichte vom »Fonds in Genf« einer näheren Betrachtung unterzogen hätte, wäre die Sache natürlich sofort komplizierter geworden. Aber die isolierte Andeutung eines Finanzkomplotts ohne Nennung störender Details knallte medial sofort. Es gab jetzt Schweizer Geheimkonten, Ritter, Kondome, Freimaurer, Kardinal Burke und den Papst zusammen in einer Story, die sich zu gut anhörte, um wahr zu sein.

Neben den weltlichen Medien, die jetzt weiterdrehen oder aufspringen, läuft vor allem die katholische Presse völlig heiß.

Mit dem gewaltigen Medieninteresse beginnt auch das öffentliche taktische Spiel mit Halbwahrheiten und Desinformationen. Eine zu dieser Zeit zentrale Figur im Magistralpalast gibt interessierten Pressevertretern diverse Hintergrundgespräche und bringt, zum Teil anonym, sorgfältig zurechtgekürzte Dokumente in Umlauf. Auch im Umfeld des Caccia-Clubs finden Journalisten gesprächige Informanten.

In diesen Tagen und den folgenden Monaten entwickelt die Fonds-Geschichte medial eine faszinierende narrative Eigendynamik, die der Orden kommunikativ auch Jahre später nicht wieder in den Griff bekommen wird. Das gilt insbesondere für das Paralleluniversum katholischer Online-Medien. Deren rechter Flügel sieht sich nun vollumfänglich in seinen Feindbildern bestätigt, zu denen Boeselager längst zählt. Denn er war ja offenbar einer dieser berüchtigt liberalen deutschen Katholiken, ein Gegner Burkes und ein Freund der Franziskus-Administration.

»Wie viele Aktivitäten Boeselagers war Festing auch der Trust unbekannt« (*National Catholic Register*). »Was den Millionen-Nachlass anbelangt, fühlte sich Großmeister Festing hintergangen. Vom Nachlass scheint er nichts gewusst zu haben, sehr wohl aber Boeselager« (*Katholisches.Info*). Die Kommissare werden von »Boeselager bezahlt« (*LifeSiteNews*). »Als Großmeister Festing vom Geld erfuhr, installierte er eine Untersuchungskommission (…) Das Vatikanische Staatssekretariat versuchte diese Untersuchung zu verhindern, indem es eine päpstliche Kommission mit den betroffenen Figuren besetzte« (*The Remnant*).

Nach dem Flüsterpostprinzip verschieben sich über diese Berichterstattung schließlich auch Kausalität und Chronologie zu einem völlig neuen, in sich logisch geschlossenen narrativen Remix der tatsächlichen Vorgänge.

So wird etwa das britische Gesellschaftsmagazin *Tatler* 2017 in einem großen, mehrseitigen Feature darüber berichten, dass Festing 2013 eine professionelle Kommission eingesetzt habe, um die sonderbaren Vorgänge in Genf untersuchen zu lassen. Das, erklärt der *Tatler*, habe zur Klage gegen den Trust geführt. In Wahrheit hatte diese Klage aber ja auf dem Versuch der Mazery-Anwälte beruht, dem Trust im Namen des Ordens viele Millionen abzuringen. »Als Festing auf dem Versuch bestand, Klarheit über den Trust in Genf zu bekommen«, schreibt dagegen der *Tatler* unverdrossen, »erzeugte das eine starke Beschleunigung der Ereignisse, die schließlich zu seinem Rücktritt führen sollten«.

Die Wirkung der Nebelkerzen, die man ab dem 14. Januar 2017 aus dem Magistralpalast geworfen hatte, multiplizierte sich auf diese Weise exponentiell. Es war ein Narrativ ins Leben gerufen worden, das nun auf der ganzen Welt unermüdlich wiederholt, ausgebaut und weitergesponnen wurde.

Basierend auf der Tatsache, dass 2013 auch Geld von Ariane Slingers CPVG-Trust an die Stiftung »Caritas in Veritate« geflossen war, die ja in Genf von Maltesern und Erzbischof Tomasi gemeinsam betrieben wurde, entsteht zunächst die Behauptung, »der Vatikan« habe bereits Geld vom CPVG-Trust erhalten. Später wird daraus viel mehr werden, nämlich das Gerücht, »der Vatikan« habe 2016 ungeduldig auf Geld aus dem CPVG-Trust gewartet. Aber dann sei der wachsame Großmeister den Machenschaften seines Großkanzlers auf die Schliche gekommen und habe durch seinen investigativen Eingriff die Einigung mit dem verdächtigen Trust gestoppt, der ihm von Boeselager »verheimlicht« worden sei. Auch darum habe er den Deutschen rausgeworfen. Damit habe der aufrechte Großmeister die finanziellen Interessen »des Vatikans« gestört. »Der Vatikan« habe daraufhin die bereits beteiligten Strohmänner um Odendall als Kommissare installiert, um das Hindernis, also Festing, zu beseitigen Boeselager wiedereinzusetzen und so an das Geld zu kommen.

So verbreiten es diverse Blogs und auch viele wohlmeinende Leute im Orden bis heute weiter. Und auch Festings Palasthistoriker und Freund Henry Sire, der in seinem 2017 erschienenen Buch »Der Diktatorpapst« den Maltesern ein Kapitel widmet, wird in seiner Erklärung der Krise dieser Theorie in etwa folgen.

Schließlich werden selbst große seriöse Medien Teile diese Version ungeprüft wiedergeben, etwa die *Frankfurter Allgemeine Zeitung*, die noch 2018 berichten wird, der Großmeister habe »Boeselager nicht nur wegen der Kondomfrage abgesetzt, sondern auch wegen eines Streits um ein nicht ganz durchsichtiges Finanzgeschäft«. Festing habe »Auszahlungen aus dem Fonds verhindert, weil ihm die Herkunft des Geldes nicht geheuer war«.

Bei alldem hatte es Boeselagers Image nicht gerade geholfen, dass sein eigener Bruder, der Banker Georg Freiherr von Boeselager, ausgerechnet im Dezember 2016 zu einem der drei neuen Mitglieder im Aufsichtsrat der Vatikanbank ernannt worden war. Abgesehen davon gibt der Blick auf die jüngsten kirchlichen Finanzskandale ohnehin überhaupt keinen Anlass, auf die Redlichkeit des vatikanischen Systems im Umgang mit Geldgeschäften zu vertrauen.

Und trotzdem stimmt an dieser Erzählung fast gar nichts.

Beim Rausschmiss Boeselagers hatte das Geld keine Rolle gespielt. Zwar war das Thema am Tag der Rücktrittsforderung im Souveränen Rat unaufgeregt besprochen worden. Doch im konkreten Kontext der Suspendierung wurde es von Festing dem Großkanzler gegenüber nicht einmal erwähnt. Die beiden waren darüber auch sonst nie in einen Konflikt geraten.

Verheimlicht hatte Boeselager dem Großmeister das Thema auch nicht. Dass Festing selbst von 2013 bis Ende 2016 in die Diskussionen um den CPVG-Trust eingebunden war und darüber auch mehrfach im Austausch mit Boeselager stand, belegen ja Festings eigene Briefe sowie diverse E-Mails und Sitzungsprotokolle.

Auszahlungen an den Orden hatte der Großmeister nie verhindert. Im Gegenteil, Festing hatte drei Jahre lang mittelinteressiert dabei zugeschaut, wie die Millionen unter wechselnden Anwälten im Namen seines Ordens erst erfolglos eingeklagt und schließlich kompliziert und langwierig erhandelt wurden.

Die Frage nach der Herkunft des Geldes würde die Malteser in den folgenden Monaten tatsächlich noch intensiv beschäftigen.

Festing selbst hatte diese Frage aber bis dahin bestenfalls mal beiläufig in den Raum geworfen und zu ihrer Aufklärung bis zu Boeselagers Rausschmiss nichts beigetragen.

Und es hat offenbar auch keine »professionelle Untersuchungskommission« des Großmeisters gegeben, deren Installation der Magistralpalast am 14. Januar 2017 öffentlichkeitswirksam verkündet hatte. Abgesehen davon, dass Festing zu der Zeit jagen war, hatten sich die »Untersuchungen«, wie Festing später selbst sagen wird, darauf beschränkt, dass er John Critien, seinem Großkanzler »ad interim«, gesagt habe, er solle sich die Sache mal »genau anschauen«. Ob Critien das dann wirklich getan habe, sagt Festing, wisse er auch nicht genau.

Jedenfalls wird es John Critien selbst sein, der am 17. Januar 2017 der Staatsanwaltschaft schriftlich bestätigt, dass der Orden sich nach jahrelangem Rechtsstreit nun mit Ariane Slinger geeinigt habe. Der amtierende Großmeister Festing hatte ihn davon in keiner Weise abgehalten. Und Boeselager befindet sich zu der Zeit im suspendierten Exil und hat Hausverbot. Es kann also folglich auch kaum so gewesen sein, dass Festing als Hindernis aus dem Weg geräumt und Boeselager reinstalliert werden musste, damit die Sache in Genf endlich weitergehen konnte.

Trotzdem wird auch Matthew Festing bald darauf beginnen, die Geschichte von Boeselager als verdächtigem, konspirativem Heimlichtuer und ihm selbst als unbestechlichem, wachsamem Aufklärer zu wiederholen. Er wird erzählen, dass Boeselager ihm »kein Wort. Nicht ein einziges Wort« von der Sache mit dem Trust gesagt habe. Wie er, Festing, die falschen Fragen zum Geld gestellt habe, darum zur »Bedrohung« geworden sei und offenbar deshalb ruckartig durch einen vatikanischen Coup beseitigt wurde.

Womöglich glaubt er das selbst. Man stellt es sich schwer vor, einer derartig penetranten medialen und gesellschaftlichen

Mythenbildung der eigenen Person zu widerstehen. Besonders als jemand, den der Finanzbereich und seine Zahlen durchgängig und geradezu antimagnetisch abgestoßen hatte, dem man förmlich angesehen hatte, wie er innerlich abdriftete, wenn derartige Details verhandelt wurden. Und als jemand, der vielleicht nicht nur vor der Welt, sondern auch vor sich selbst dankbar für jedes Argument ist, das schlüssig begreifbar macht, was zur Hölle da eigentlich genau in Rom passiert ist. Jedenfalls wird Festing sich dem Nimbus des tapferen orthodoxen Wächters, der zum Opfer vatikanischer Finanzintrigen wurde, irgendwann bereitwillig fügen. Das ist vermutlich auch unterhaltsamer und erträglicher als jede andere Erklärung dafür, dass die Sache mit der Großmeisterschaft am Ende so tierisch in die Hose ging.

*

Die Kommission hat ihren Sitz inzwischen vom vatikanischen Gästehaus ins quirlige Stadtviertel Trastevere verlegt. Dort nehmen sich die Männer ein Hotel und bekommen einen Konferenzraum mit Computern im römischen Amtssitz von Erzbischof Tomasi an der Piazza San Calisto. Dadurch ist man auf neutralem Boden, als in der zweiten und dritten Januarwoche vorgeladene Ordensmitglieder aus aller Welt einfliegen, um der Kommission persönlich Bericht zu erstatten. Es erscheinen alle Regierungsminister, mit Ausnahme des Übergangskanzlers Critien, und Dutzende Präsidenten.

Die Aussagen in den knapp 30 Interviews bestätigen im Wesentlichen das Bild, das sich bereits aus den schriftlichen Beiträgen ergeben hatte: Boeselager könne nichts Substanzielles vorgeworfen werden, seine Absetzung sei unrechtmäßig erfolgt. Burke habe bei den Maltesern nicht die Interessen des Papstes, sondern seine persönliche, traditionalistische Agenda vertreten, auf Kosten des Ordens. Die Professritter seien als religiöser

Kern des Ordens mehrheitlich in einer miserablen, potenziell skandalträchtigen Verfassung. Ihre Auswahl, ihre Aufgaben, ihre Ausbildung und ihre Rolle in der Ordensregierung müssten dringend reformiert werden. Und Festing selbst sei von den falschen Leuten vereinnahmt und instrumentalisiert worden. Er habe sich darüber von einem bescheidenen, frommen Professritter zu einem autokratischen, geistig und körperlich oft abwesenden Monarchen mit absolutistischen Tendenzen entwickelt. Er habe den kirchlichen Gehorsamsbegriff mit dem militärischen verwechselt und auf Methoden des Mobbings zurückgegriffen. Dabei habe er mehrfach gegen Verfassung und Regeln des Ordens verstoßen.

Es gibt zu alldem nur zwei Gegenstimmen. Sie kommen von Palastkaplan Anthony Robbie und einem australischen Banker aus dem Beirat der Ordensregierung. Beide werden Festing zumindest in Teilen verteidigen und sich kritisch zu Boeselagers Rolle in der Kondomsache äußern. Ihre Beiträge werden im späteren Bericht als prominente Fremdkörper hervorstechen und im Gesamtbild immerhin zu einem Mindestmaß an Ausgewogenheit beitragen. Ansonsten verweigern Festings Unterstützer noch immer geschlossen die Zusammenarbeit, genau wie er selbst. Auch Kardinal Burke, der inzwischen wieder in Rom ist und um seinen Input gebeten worden war, weigert sich, von der Gruppe befragt zu werden. Er findet, dazu müsste ihn schon der Papst persönlich beordern. Der aber ignoriert den Kardinal offenbar, obwohl Burke in diesen Tagen mehrfach um ein Gespräch gebeten haben soll.

Zu diesem Zeitpunkt hatte die Gruppe auf Grundlage der knapp 110 schriftlichen Berichte und einer kirchen- und ordensrechtlichen Prüfung durch den Jesuitenpater Ghirlanda bereits einen großen Teil ihres späteren Reports fertiggestellt. Aus dem gesammelten Material hatten sich inzwischen Aberhunderte von Seiten, verteilt auf Dutzende Papierstapel, angehäuft.

Bei der Bewältigung ihrer Recherche waren die Männer auf sich allein gestellt. Odendall hatte auf eigene Kosten eine Sekretärin angeheuert und eingeflogen. Die hatte dann aber Grippe und einige Kommissare damit angesteckt. Da hatte man sie schnell wieder nach Hause geschickt.

Der Heilige Stuhl hatte ein erstes Ergebnis der Kommission für Ende Januar angekündigt, die Gruppe steht also unter Zeitdruck. Mit 59 Jahren ist Odendall mit Abstand das jüngste Mitglied. Er treibt das Ganze voran, steht täglich um 5 Uhr morgens auf und arbeitet bis Mitternacht. Ein anderer Kommissar schläft dagegen ständig tagsüber im Sitzen ein oder bringt die mühsam chronologisch sortierten Papiere durcheinander, indem er sie alphabetisch neu ordnet. Darüber wird im Konferenzraum der Gruppe wahlweise hysterisch gelacht oder auch mal wütend ausgerastet.

Eigentlich hatte die Gruppe sich vorgestellt, nach Beendigung der Interviews nach Hause zu fliegen und den Report von dort aus in Ruhe fertigzustellen. Dann aber wird ihnen die Information zugetragen, in der Via Condotti werde nun auch der Großkommandeur, Ludwig Hoffmann von Rumerstein, massiv unter Druck gesetzt, sein Amt niederzulegen. Hoffmann sei ins Visier geraten, weil er das Disziplinarverfahren gegen Boeselager eingestellt und dessen Suspendierung damit rechtlich ungültig gemacht habe. Das habe den inzwischen aus den Ferien zurückgekehrten Großmeister so wütend gemacht, dass er Hoffmann ebenfalls rausschmeißen und durch dessen 2014 abgewählten Vorgänger, dem Italiener Carlo d'Ippolito di Sant'Ippolito, ersetzen wolle.

Das hätte gravierende Folgen gehabt. Denn bislang war in der Ordensregierung das Stimmverhältnis zwischen Festings und Boeselagers Unterstützern noch immer knapp auf Gleichstand. Hoffmann tendierte zu Boeselagers Seite. Hätte man ihn mit d'Ippolito ausgetauscht, wäre dieses Verhältnis endgültig gekippt. Vor allem gilt der Großkommandeur laut Ordensverfassung als Stellvertreter des Großmeisters. Im Falle einer plötzlichen Vakanz würde er dessen Platz einnehmen. Das hieße: Egal welche Konsequenzen die päpstliche Untersuchung für Festing persönlich hätte, einer seiner Männer, nämlich d'Ippolito, könnte jedenfalls das Zepter übernehmen. Und er hätte noch dazu die absolute Stimmenmehrheit. Das Chaos im Orden würde dann wohl weitergehen oder schlimmer werden. Die Arbeit der Kommission wäre vergeblich gewesen.

Für die Gruppe galt es nach diesem Gerücht nun, keine Zeit mehr zu verlieren. Die Männer beschließen, in Rom zu bleiben und ihren ohnehin fast fertigen Report mit Hochdruck noch über das kommende, vorletzte Januarwochenende fertigzustellen. Es wird durchgearbeitet und wenig geschlafen. Im Laufe des Vormittags werden in Tomasis Büro noch hektisch Dokumente durch den Kopierer gejagt. Ein Sekretär des Hauses wird zum Schreibwarenladen geschickt, um Ordner zu besorgen. Dann steht der Untersuchungsbericht. Vier blaue Plastikordner mit jeweils etwa 100 Papierseiten als Dokumentation. Dazu in Klarsichthüllen der eigentliche Report auf 45, die Zusammenfassung auf sechs und die Conclusio auf drei Seiten. Das wenig überraschende Fazit: Boeselager soll wieder eingesetzt werden. Burke soll ausgewechselt werden. Und Festing soll gehen.

Die Audienz beim Papst findet noch am selben Mittag statt, es ist der 23. Januar. Die fünf Kommissare werden dafür ins Wohnzimmer im Erdgeschoss des Gästehauses Sanctae Marthae bestellt. Dafür haben sie sich schick gemacht. Tomasi hängt sein goldenes Bischofskreuz um, er und Ghirlanda tragen Kollar. Sehnaoui, Odendall und Liederkerke ziehen Blazer und dunkle Krawatten an. Als Papst Franziskus schließlich in seiner weißen Soutane den Salon betritt, gehen die Männer in die Knie und küssen nacheinander den Ring des Heiligen Petrus an seiner Hand. Der Papst bittet sie, auf den Sesseln Platz zu nehmen.

Dann fangen die Kommissare nacheinander an zu sprechen. Der eine oder andere verhaspelt sich dabei vor lauter Aufregung. Marwan Sehnaoui, der zum ersten Mal einem Papst gegenübersteht, wird derartig von Emotionen überwältigt, dass er dem Pontifex kurzzeitig eher laut ins Gesicht ruft, als dass er redet. »Das gefällt mir. Sprich weiter, mein Sohn«, soll Papst Franziskus gesagt haben. Nach dem Vortrag soll der Papst eine Reihe präziser Rückfragen gestellt haben. Er merkt an, die Männer würden nervös wirken, ob man nicht gemeinsam beten wolle. Man will. Der Papst spricht ein freies Gebet über seinen Besuchern und drückt zum späteren Weiterbeten jedem von ihnen einen kleinen Rosenkranz in die Hand. »Habt keine Angst« soll er zum Abschied gesagt haben. Dann klemmt er sich die vier blauen Plastikordner unter den Arm und geht.

Die fünf sind immer noch bewegt von ihrer mittäglichen Begegnung, als sie sich abends im »Al 34«, einem kleinen Restaurant an der Piazza di Spagna direkt hinter dem Magistralpalast, zum Essen niederlassen. Sehnaoui hatte die Gruppe zur Feier der abgeschlossenen Mission eingeladen. Es gibt Artischocken, Pasta und guten Wein, die Männer sind erschöpft, aber glücklich. Am nächsten Morgen würden sie nach Hause fliegen. Sie hoffen, dass der Papst sich mit der Prüfung des Berichtes und möglichen Konsequenzen nicht mehr als ein oder zwei Monate Zeit lassen würde.

*

Es ist später Abend, wohl um die Zeit herum, als die Ex-Kommissare Dessert und Espresso bekommen, als im Palast einen Block hinter ihnen das Telefon klingelt. In der Leitung ist

Kardinal Parolins Sekretär. Er verlangt den Großmeister zu sprechen. Festing nimmt den Anruf verwundert entgegen. Der Papst, sagt der Sekretär, wolle Festing morgen um 17:30 Uhr sehen. Er soll alleine kommen und keinem von dem Termin erzählen. Schon an der Stimme des Monsignores meint Festing herauszuhören, dass ihm am kommenden Abend kein angenehmer Small Talk bevorstehen würde.

Am nächsten Tag lässt der Großmeister sich zum Vatikan fahren. Dabei begleiten ihn Jack Straker und Christophe Drzyzdzinksi. Es geht auf speckigem Kopfsteinpflaster durch die römische Altstadt. Über den Tiber, der im Abendlicht glänzt. Vorbei an der wuchtigen Engelsburg. Am Petersplatz entlang, bis zu den eisernen grünen Toren unterhalb des Petersdoms. Die Schweizer Garde salutiert. Die hinter den Mauern verborgene Vatikanstadt mit ihren Gärten ist betörend schön, wie immer. Unzählige Male ist Festing diese Route entlangchauffiert worden. Es ist eigentlich eine prachtvolle Fahrt. Aber diesmal herrscht im Wagen beklommene Nervosität.

Der Großmeister hatte bereits nach Einsetzung der Kommission um einen Termin beim Papst gebeten. Ihm war gesagt worden, der Papst wolle erst das Ergebnis der Untersuchungen abwarten. Und auch Burke war in der Zwischenzeit noch nicht zum Papst vorgedrungen. Noch immer gab es in Festings Umfeld deshalb wider aller warnenden Hinweise die vage, verzweifelte Hoffnung, es könnte sich doch um eine Intrige von Kardinal Parolin handeln oder zumindest um ein großes, entsetzliches Missverständnis. Und dass sich in der direkten Begegnung zwischen Papst und Großmeister das Ganze doch noch irgendwie auflösen und zum Guten wenden würde.

Die Begleiter warten im Auto, während Festing sich von päpstlichen Hofchargen zum Pontifex bringen lässt. Der Großmeister wird, genau wie am Vortag die Kommissare, im Wohnzimmer von Sanctae Marthae empfangen. Der Papst guckt sehr freundlich, lässt Festing sich setzen und beginnt auf Italienisch zu reden. Sein Übersetzer, Monsignore Mark Miles, dolmetscht. Dann geht alles relativ schnell. Matthew Festing versteht »irgendwas, irgendwas dimissioni del gran maestro« und begreift auf einmal, was hier gerade geschieht.

Und tatsächlich erklärt ihm der Papst nun sinngemäß, er wolle im Malteserorden aufräumen – und das gehe nur ohne ihn, den Großmeister. Festing, Soldat, der er ist, fügt sich dem Beschluss ohne Widerworte. Er sei, wird Festing später erzählen, sofort entzückt und begeistert von der Idee gewesen, endlich zurücktreten zu dürfen. Das habe er dem Papst auch so gesagt und sich sogar bedankt, er habe den Job sowieso nie haben wollen. Er habe auch nie Papst werden wollen, habe der Papst erwidert. Die beiden Männer vereinbaren, dass der Großmeister sein Rücktrittsgesuch noch an Ort und Stelle unterschreibt. Festing bittet nur darum, schriftlich hinzufügen zu dürfen, dass er bei der Suspendierung Boeselagers auf Anweisung von Kardinal Burke als Vertreter des Papstes gehandelt habe. Diese Bitte wird ihm gewährt.

Es folgt ein etwas peinlicher Moment, in dem der Papst für längere Zeit ungeduldig murmelnd die Schubladen des Salons durchwühlt, bis er endlich ein Papier findet. Der Großmeister zückt seinen Kugelschreiber. Während Monsignore Miles und der Papst ihn schweigend beobachten, kritzelt Matthew Festing, was ihm zu kritzeln aufgetragen wurde. Dann verbeugt er sich zum Abschied und geht, ohne sich noch einmal umzudrehen.

Nicht mehr als eine halbe Stunde nachdem er sie verlassen hatte kehrt Festing zur Ordenslimousine zurück. Sein Adjutant und der Kabinettschef springen ihm vor Neugierde förmlich entgegen. Wie lief es denn jetzt? Matthew Festing lässt sich in den Sitz fallen, guckt sie an und sagt: »Ich bin zurückgetreten.« Und dann sagt im Auto eine Weile lang keiner mehr ein Wort.

*

Als Festing in den Palast zurückkehrt, wirkt er niedergeschmettert, ist aber innerlich längst bereit, sich seinem Schicksal zu ergeben. Doch in seinem Umfeld gibt es noch immer einige Leute, die sich weigern, die Niederlage hinzunehmen. Allen voran Kardinal Burke. Festing hatte ihn noch am Abend angerufen und von seinem Papstbesuch berichtet. Am nächsten Morgen um elf steht der Kardinal wütend im zweiten Stock des Palastes und eröffnet wild entschlossen sein letztes Gefecht um den Orden.

Während einer Sitzung, an der auch der Staatsanwalt des Ordens, Francesco Gazzoni, und Pressesprecher Eugenio Ajroldi teilnehmen, versucht Burke über eine Stunde lang, den völlig ermatteten Festing zu einem Widerruf seines Rücktrittes zu bewegen.

Der Kardinal vollzieht dabei eine verblüffende Kehrtwende. Anfang Dezember hatte er Festing noch mit der Autorität des Papstes unter Druck gesetzt. Burke hatte den Papst aufwendig eingespannt und sich von ihm einen Brief ausstellen lassen. Damit und mit der Drohung, der Papst würde andernfalls eine Visitation »für nötig erachten«, hatte er den Großmeister dazu gebracht, etwas zu tun, was der sich andernfalls so schnell nicht getraut hätte, nämlich Boeselager tatsächlich rauszuschmeißen. Auf diese Weise hatte er als Vertreter des Heiligen Stuhls selbst in die inneren Angelegenheiten des Ordens eingegriffen und Festing damit in eine desaströse Lage gebracht.

Jetzt drängt er weiter vorwärts, argumentiert aber genau umgekehrt: Er redet die päpstliche Autorität klein, die ihm das letzte Mal noch als Druckmittel gedient hatte. Der Papst, erklärt Burke nun, habe Festing unter »Gewalt und Angst« zur Unterschrift genötigt. Dieser Akt sei damit illegal und das Papier ungültig. Und der Papst sei schließlich nicht allmächtig. Man brauche die Situation nicht zu akzeptieren. Außerdem müsse der Souveräne Rat den Rücktritt des Großmeisters ja erst mit einer Wahl legitimieren. Solange sei die Abdankung laut Ordensverfassung gar nicht wirksam. Das müsse man in einer öffentlichen Erklärung deutlich machen. So schnell wie möglich. Bevor der Vatikan selbst ein Kommuniqué herausgebe. Möglicherweise könne eine Pressemeldung den Heiligen Stuhl zumindest ausbremsen!

Im Sitzungssaal hört man dem agitierten Kardinal bedrückt zu. Auf einen der Teilnehmer wirkt er beim Reden, als sei er bereit, den kompletten Kollaps des Ordens hinzunehmen, wenn er sich nur durchsetzen könne. Als wünsche Burke sich eigentlich, zu sehen, wie Festing auf qualmenden Ruinen regiert.

Es sei ein Dilemma, sagt Festing schließlich. Natürlich habe er eine Pflicht dem Orden gegenüber. Er müsse und wolle aber auch dem Papst gehorchen. Gazzoni, der Ordensjurist, pflichtet ihm bei: Der Papst sei der Papst. Festing sei ein katholischer Ordensmann. Das Risiko eines weiteren offenen Widerstands sei enorm für den Orden. Und die Malteser seien schlichtweg nicht stark genug für einen dauerhaften Kampf mit dem Vatikan.

Da erhält Pressesprecher Ajroldi noch während der Sitzung die Nachricht, der Heilige Stuhl werde demnächst eine offizielle Erklärung zu Festings Rücktritt veröffentlichen. Ganz gleich, was der Orden kommunikativ dagegen schieße, prophezeit Ajroldi, das Statement des Heiligen Stuhls werde »hundertmal so mächtig« sein.

Der Pressoffizier wird recht behalten. Noch am Mittag des Tages geht ein förmliches Kommuniqué des Heiligen Stuhls online: Gestern habe Matthew Festing vor dem Heiligen Vater seinen Rücktritt vom Amt des Großmeisters der Malteser erklärt. Der Papst habe ihn akzeptiert und danke Festing für seine »Loyalität und Hingabe gegenüber dem Nachfolger Petri«. Die Regierung des Ordens werde nun »ad interim« von Großkommandeur Hoffmann von Rumerstein geführt. Und der Papst werde demnächst einen Delegaten in den Orden entsenden.

Damit hatte der Vatikan unabänderliche Fakten geschaffen. Die Bordkanonen des Großmagisteriums waren effektiv neutralisiert. Jeder öffentliche Protest aus der Via Condotti hätte jetzt nur noch lächerlich gewirkt. Oder wahnsinnig. Die Schlacht war verloren. Und die Abstimmung über den Rücktritt des Großmeisters im Souveränen Rat war nur noch Formsache.

*

Es regt sich noch ein letzter Widerstand unter den Professrittern im Souveränen Rat. Ein Großteil hat offenbar vor, in der kommenden Ratssitzung am Samstag, dem 28. Januar, trotz allem gegen Festings Rücktritt zu votieren, ihn also nicht zu akzeptieren. Aber der Papst hatte inzwischen seinen Innenminister und Staatssekretär, Erzbischof Giovanni Angelo Becciu, zum Delegaten im Orden ernannt. In den Tagen vor der Sitzung erhalten mehrere Professritter nacheinander strenge Anrufe vom neuen päpstlichen Aufseher. Je nach Gesprächspartner soll Becciu dabei wohl mindestens darum gebeten, wenn nicht sogar barsch befohlen haben, sich Festings Abdankung nicht entgegenzustellen. Damit ist die zölibatäre Rebellion niedergeschlagen.

Am Freitagabend vor der Abstimmung landet Albrecht Boeselager in Rom und nimmt einige Hundert Meter unterhalb des Palastes Quartier im Grand Hotel Plaza. Er hatte sich mit den beiden Regierungsministern János Esterházy und Ludwig Hoffmann von Rumerstein abgesprochen. Am Samstag lässt man ihn diskret und weitgehend unbemerkt ins Großmagisterium. Während der Sitzung verbirgt er sich ungeduldig wartend in Esterházys Palastapartment.

Doch es gibt keine Überraschungen mehr. Im Sitzungssaal des Souveränen Rates wird per Abstimmung Matthew Festings Rücktritt als Großmeister akzeptiert. Es ist das erste Mal seit 1799, dass ein Großmeister zurücktritt. Damals hatte Großmeister Ferdinand von Hompesch Malta an Napoléon verloren. Und es ist das allererste Mal in der fast tausendjährigen Geschichte des Malteserordens, dass ein Papst einen solchen Rücktritt verlangt hat. Eine Wahlrunde später wird Albrecht Boeselager, der ordensrechtlich immer Großkanzler geblieben war, per Abstimmung offiziell wiedereingesetzt.

Die Tür geht auf, und der ausgestoßene Boeselager kehrt zurück auf die Bühne. Er guckt freudig erleichtert und setzt sich zu den Männern, die nun ihrerseits allesamt so schauen, als seien sie die vergangenen sieben Wochen immer auf seiner Seite gewesen.

Direkt nach der Sitzung bezieht Boeselager, dessen Großkanzlei noch von Critien besetzt ist, den kleinen Besprechungsraum der Presseabteilung als Übergangsbüro. Er beginnt dort sofort zu telefonieren und wird damit für längere Zeit nicht aufhören.

Im Raum daneben hatte die Pressestelle derweil für alle Fälle drei Statements in fünf Sprachen vorbereitet. Eins: Die Regierung hat sich heute gar nicht beraten. Zwei: Festings Rücktritt wurde nicht angenommen, er ist noch immer Großmeister. Drei: Festings Rücktritt wurde angenommen, er geht.

Man war dann doch einigermaßen erleichtert, als aus dem dritten Stock schließlich gemeldet worden war, dass Nummer drei rausgeschickt werden könne. Über Boeselager, dem in den letzten Wochen über dieselben Computer alles Mögliche vorgeworfen wurde, wird jetzt erklärt: »Die Vorwürfe gegen ihn entbehren jeglicher Grundlage.« Matthew Festing wird elegisch abmoderiert: »Aufs Höchste wissen wir die vielen guten Dinge, die er für den Orden getan hat, zu schätzen«, heißt es. »Uns ist bewusst, dass das Amt des Großmeisters ihm oft eine Bürde war, die er trotz alledem annahm.« So war es ja auch gewesen.

*

Seine letzten Tage in Rom erlebt Matthew Festing wie durch Watte. In den Tagen vor der Abstimmung hatte er sich noch mit einigen Freunden aus Rom getroffen. Auch unter denen gab es solche, die ihn bestürmt hatten, standzuhalten, nicht aufzugeben, dafür zu kämpfen, ihr »Principe« bleiben zu dürfen. Aber Festing konnte nicht mehr kämpfen. Und er wollte es auch nicht mehr. Er hatte es satt.

Am Sonntag nach der Sitzung geht er mit Duncan Gallie noch in die Messe. Nicht im Palast, sondern in der prachtvollen Kirche Santa Trinità dei Monti über der Spanischen Treppe. Er spaziert ein bisschen durch Rom, mit Gallie und später auch mit Jack Straker. An einem seiner beiden letzten Abende besucht ihn ein Professritter aus Malta. Die beiden trinken den einen oder anderen Whisky zusammen. Eventuell dann auch noch einen. Jedenfalls wird am nächsten Morgen die abgeschlossene Tür zu Boeselagers Büro eingetreten sein. Das Schloss war offenbar mit einem kräftigen Fußtritt zertrümmert worden. Er könne sich wirklich nicht mehr erinnern, sagt Festing. Aber es sei nicht komplett auszuschließen, dass er selbst das gewesen war.

Im Morgengrauen des 30. Januar verlässt Festing für immer das Großmagisterium. Das Packen seines ganzen Krams hat er Jack

Straker überlassen. Er geht also mit leichtem Koffer, genau so, wie er neun Jahre zuvor auch gekommen war. Am Tor stehen die Sekretärinnen und weinen. Auch einige Dienstboten haben Tränen in den Augen. Einige Angestellte stehen oben in den Fenstern und rufen zum Abschied. Festing winkt noch einmal aus dem Auto. Dann lässt er den Palast, den Papst, den Vatikan und alle bösen Träume aus dem Maschinenraum des Schiffes Petri hinter sich.

Werftarbeiten

Festings Abgang hatte die öffentlichen Spekulationen um den CPVG-Trust erst so richtig losgetreten. Nachdem Boeselager die Einigung mit der Treuhänderin nun über Monate begleitet und Festings Übergangskanzler John Critien diese Einigung schließlich auch dem Staatsanwalt gemeldet hatte, stand im Frühjahr nun eine Vereinbarung mit der Treuhänderin Ariane Slinger zur konkreten Entgegennahme der geplanten Spenden an: Summen im Gegenwert von etwa 27 Millionen Euro, so wie es der verstorbene Jehan du Tour auf seiner Wunschliste vermerkt hatte. Offenbar stellte man in Boeselagers Umfeld aber auch erst jetzt, im Feuer der medialen Rückfragen, fest, dass man eigentlich über die Herkunft der mehrfach umstrukturierten Geldanlage längst nicht so viel wusste, wie man das vielleicht sollte.

Marc Odendall und der Schweizer Präsident hatten 2013 vor Empfang der ersten Spenden bereits die rechtlich erforderliche Herkunftsprüfung vorgenommen, die immerhin ergeben hatte, dass die Entgegennahme des Geldes für den Orden legal war. Sehr viel mehr hatte man aber im Magistralpalast bis dahin nicht durchschaut. Und inzwischen stand sogar die *Bild*-Zeitung mit unangenehmen Fragen vor der Tür.

Die verwirrende Geschichte wirkte auch für viele seiner Unterstützer immer mehr wie die Achillesferse des siegreichen Großkanzlers. Ein besorgter Malteser mit Erfahrung im

Finanzsektor hatte deshalb schon im Januar 2017 einen ehemaligen BND-Agenten als Privatermittler angeheuert, um der Sache noch einmal investigativ auf den Grund zu gehen. Und im April gibt schließlich auch die Rechnungskammer des Ordens eine umfassende »Due Diligence«, eine sorgfältige Herkunftsprüfung, beim New Yorker Finanzprüfer Promontory in Auftrag und erstellt auf dieser Grundlage schließlich einen eigenen Untersuchungsbericht.

Die Ergebnisse dieser Recherchen sind in mancher Hinsicht beruhigend. In anderer Hinsicht sind sie es nicht.

Alle Berichte stolpern noch einmal alarmiert über den ungewöhnlichen Deal von Mazery und seinen Anwälten. Sie alle beschäftigt die Frage, wohin genau die Gewinnbeteiligung in mutmaßlich zweistelliger Millionenhöhe am Ende geflossen wäre.

Was die Herkunft des Geldes betrifft, wird etwa der Promontory-Report auch neue Fragen aufwerfen. Das Vermögen des verstorbenen Jehan du Tour, zeitweilig eine Summe von etwa 125 Millionen Schweizer Franken, liegt offenbar seit den 1920er-Jahren und noch immer bei der Bank UBS in der Schweiz und wurde von dort in diversen Finanzkonstrukten angelegt und mehrfach umgeschichtet. Ein Teil der Papiere dazu ist zum Zeitpunkt der Prüfung noch immer beim Staatsanwalt, und auch sonst scheint die Dokumentation der vielen Umstrukturierungen alles andere als lückenlos zu sein.

Aber trotzdem und immerhin wird der Report die Treuhänderin Slinger vom Vorwurf der Veruntreuung entlasten. Dafür lägen keine Hinweise vor, heißt es. Und vor allem werden die Prüfung und mehrere dazugehörige Rechtsgutachten dem Orden schließlich bestätigen, dass die Entgegennahme des Geldes legal und steuerrechtlich unbedenklich ist. Es gäbe »keinerlei Indizien für Geldwäsche«, bescheinigt Promontory. Sehr viel mehr will man im Orden angesichts der Aussicht auf 27 Millionen Euro auch gar nicht unbedingt wissen.

Wirklich abenteuerlich hingegen sind die Details, die im Laufe dieser und folgender Untersuchungen über die von Mazery mandatierten Pariser Anwälte und ihre Hintermänner ans Licht kommen. Offenbar hatten die beiden Anwälte Frankreich inzwischen den Rücken gekehrt und sich in Dubai niedergelassen. Sie waren nun in einen Skandal um den Verkauf mehrerer Tonnen Uran verwickelt, der in Nigeria eine Staatsaffäre ausgelöst hatte. Der Offshore-Trust, in den die von Slinger erklagten Gelder eingezahlt werden sollten, war offenbar unter Mithilfe eines belgischen Adeligen konstruiert worden, der in den Arabischen Emiraten ein Firmenkonglomerat betreibt, das wegen des Verdachts auf mehrfache Steuerhinterziehung in Frankreich und der Schweiz Schlagzeilen gemacht hatte und inzwischen von diversen eigenen Kunden angezeigt worden war. Der angebliche »Whistleblower« aus Slingers Firma, der Mann, der Mazerys Anwälten damals die Wunschliste des verstorbenen Jehan du Tour durchgestochen hatte, war 2013 von Slingers Firma zur Firmengruppe dieses Prinzen gewechselt. Im Jahr 2018 würde der »Whistleblower« schließlich in Dubai zu einer einjährigen Haftstrafe verurteilt werden. Er hatte, scheinbar im Namen der Firma dieses Prinzen, die Unterschrift eines russischen Oligarchen für einen Geldtransfer in Millionenhöhe gefälscht. All dies ist Stoff für ein eigenes Buch.

Die übrigen Begünstigten von der Wunschliste du Tours, die französische Ordensgemeinschaft und die beiden Privatpersonen, waren von denselben Anwälten zur Klage angestachelt und vertreten worden. Auch sie hatten sich inzwischen von den dubiosen Advokaten getrennt. Sie lassen bis Ende 2017 ihre Klagen ebenfalls fallen und einigen sich mit Slinger und den restlichen Parteien. Und damit schließt der Staatsanwalt in Genf am 4. Dezember 2017 endgültig die Akte und lässt endlich die Gelder sprudeln.

Am 7. Februar 2018 fließt die erste von sieben jährlichen

Raten über vier Millionen Euro an die Malteser. Die eine Hälfte des Geldes geht an internationale Hilfsprojekte des Ordens. Die andere Hälfte lindert die Finanzkrise in Rom. Eine Million pro Jahr fließt ans Großmagisterium zur Erneuerung der dortigen IT. Eine weitere Million pro Jahr geht an das überschuldete Magliana-Hospital. Außerdem geht eine üppige Sonderzahlung von zwei Millionen Euro an das Chabrouh-Projekt im Libanon, Marwan Sehnaouis »Trainingscamp der Liebe«. Die Gesamtsumme wird die mit Abstand größte Einzelspende in der jüngeren Geschichte der Malteser darstellen. Die Achillesferse des Großkanzlers hatte am Ende doch zu einer höchst lukrativen Stärkung des Ordens geführt.

*

Der Name Matthew Festing schwebte noch Monate nach seinem Abgang wie ein Geist über dem Malteserorden. Für April 2017 hatte der Orden Wahlen für einen neuen Großmeister angesetzt. Daraufhin hatte Festing in Zeitungsinterviews zur allgemeinen Verblüffung auf einmal durchscheinen lassen, dass er sich möglicherweise erneut zur Wahl stellen lassen würde. Das löste Panik in Rom aus. Schließlich bekam Festing sogar einen Brief vom päpstlichen Delegaten Erzbischof Angelo Becciu, der ihn darum bat, während der kommenden Wahlen nicht nach Rom zu reisen, »als Akt des Gehorsams«, da dies »Wunden wieder öffnen« würde. Festing, davon unbeeindruckt, war trotzdem angereist. Allerdings war der nochmalige Antritt kein großer Erfolg. Auf dem Flug nach Rom ging ihm der Koffer mit dem Ordensgewand verloren. Und während der Wahl setzten ihn die anderen Professritter noch nicht einmal auf ihre Dreierliste, aus der schließlich die Kandidaten hervorgehen würden. Ob Festing mit alldem nur den Vatikan ärgern wollte oder ernsthaft unter einem Rückfall von Herrschaftsambition gelitten hatte: Es war nun klar, dass seine Zeit an der Spitze des Ordens endgültig vorbei war.

Bei der Wahl auf dem Aventin gab es zwei Überraschungen. Zum einen entschieden die Delegierten sich dagegen, einen Großmeister zu ernennen, und wählten stattdessen nur einen temporären Statthalter. Die Absicht dahinter war, dem Orden mehr Beweglichkeit für den anstehenden, vom Papst geforderten Reformprozess zu geben. Die zweite Überraschung lag in der Person des Statthalters. Man wählte den freundlichen römischen Greis Giacomo Dalla Torre. Den hatte die Mehrheit der Präsidenten 2008 noch für unwählbar gehalten, weil er als schlicht, beeinflussbar und naiv gegolten hatte. Aber nach Festing gab es unter den wählbaren Professrittern nun tatsächlich keine einzige Figur mehr, die auch nur im Ansatz das Potenzial für lagerübergreifende Begeisterung gehabt hätte. Und immerhin galt Dalla Torre, ein emeritierter Professor der Archäologie, als tieffrommer Mann, der einen genuin geistlichen Lebenswandel pflegte und gänzlich frei von karrieristischen Ambitionen war. Ein Jahr später, im April 2018, wählte der Orden ihn zum Großmeister. Nach Bekanntgabe des Wahlergebnisses hatte er geweint.

Ein großer Teil der Festing-Sympathisanten im Orden werden Giacomo Dalla Torre fortan als Gefangenen und Handpuppe Boeselagers darstellen. Es wird dem Ruf des neuen Großmeisters dabei nicht helfen, dass er später die Feier des alten Ritus auf öffentlichen Veranstaltungen des Ordens verbieten wird, was viele für eine direkte Durchsage Boeselagers halten werden.

Außerdem war inzwischen mit dem bolivianischen Ordensritter Mauro Bertero Gutierrez ein Mann in den Palast geholt worden, der offiziell die Reformen des Ordens koordinieren sollte, vor allem aber kaum mehr von der Seite des neuen Großmeisters zu weichen schien. Im Umfeld des Caccia-Clubs ist entrüstet zu hören, wie man Dalla Torre zu privaten Wochenenden oder römischen Dinners gebeten und der Bolivianer sich dann ungefragt dazugeladen habe oder gar unangemeldet mit Dalla Torre aufgekreuzt sei. Es wird geklagt, es sei inzwischen unmöglich, den Ordensfürsten alleine zu treffen und mit seinen Anliegen durchzudringen. Gutierrez sei ein von Boeselager abgerichteter »Wachhund«. Tatsächlich wäre nach der bisherigen Erfahrung die präventive Einbunkerung des Großmeisters ja auch eine naheliegende Strategie zur Schadensbegrenzung.

*

In der Zeit nach Festings Rücktritt war im Orden einiges in Bewegung geraten. Ein großes Erfolgserlebnis der ersten Monate war, dass die Bundesrepublik Deutschland den Orden 2017 doch noch diplomatisch anerkannt hatte. Es kursiert die Geschichte, Angela Merkel habe dem Präsidenten des Malteserhilfsdienstes gesagt, bei der Bewältigung der Flüchtlingskrise sei ihr Motto »Wir schaffen das« ohne die Arbeit des Ordens bloße Theorie geblieben. Und schließlich war der neue deutsche Außenminister Sigmar Gabriel nach Rom gekommen und hatte gemeinsam mit Albrecht Boeselager in der Villa Malta auf dem Aventin schriftlich die diplomatischen Beziehungen der beiden Staaten besiegelt.

Nach den Gefechten um den Magistralpalast war das grassierende Bedürfnis nach Siegerjustiz temporär damit gestillt worden, dass kurz nach Festings Abgang Teile seiner engsten Gefolgschaft den Palast verlassen hatten oder verlassen mussten. Kabinettschef Christophe Drzyzdzinski, Adjutant Jack Straker, Palasthistoriker Henry Sire, Palastkaplan Anthony Robbie, sie alle waren in kürzester Zeit freiwillig oder auch unfreiwillig gegangen. Das bereitete den einen Genugtuung, die anderen betrauerten es.

Auch Kardinal Burke war außer Gefecht gesetzt worden. Allerdings nicht, wie die Kommission es empfohlen hatte, durch einen Abzug aus dem Orden. Der Papst hatte einen originelleren Weg gefunden. Kurz nach dem Rücktritt Festings hatte er den alten Kardinal zur Klärung eines Missbrauchsfalles temporär auf das 12.0000 Kilometer entfernte Tropeneiland Guam versetzt. Guam ist die südlichste Insel des Marianen-Archipels im westpazifischen Ozean. Es gibt dort häufig Wirbelstürme und Erdbeben, ansonsten viele Flughunde. Lange bevor Burke zurückgekehrt war, hatte der Papst seinen Delegaten Erzbischof Becciu zum »einzigen Sprecher« des Vatikans bei den Maltesern erklärt. Burke hatte damit überhaupt keine Funktion mehr im Orden und war auch seither nie wieder im Magistralpalast aufgetaucht. Doch das offizielle Amt eines »Kardinalpatrons des Malteserordens« hat der Papst ihm bis heute nicht genommen. Damit war aus dem honorigen Titel ein Narrenhut für Burke geworden, den er nun offenbar für alle Zeiten wie ein strafendes Memento mit sich herumtragen muss.

Dafür würde der inzwischen ebenfalls zum Kardinal ernannte Papstdelegat Angelo Becciu ab 2018 selbst im Mittelpunkt eines gigantischen Finanzskandals um ein Immobilieninvestment in London stehen, das mit Spendengeldern für die Armen abgesichert worden war. Bei den Maltesern fragt sich seither mancher, ob der Papst den Orden eigentlich gezielt als Abstellhalde für personelles Sperrgut missbraucht.

*

Nach einer Weile hatte Matthew Festing sich nicht nur äußerlich, sondern weitgehend auch innerlich von seiner Großmeisterschaft befreit, hatte sie abgeschüttelt wie ein furchtbares

Fieber. Allmählich war es auch sonst gesundheitlich wieder bergauf gegangen. Und schließlich hatte er zurück in einen einfachen, halbwegs funktionierenden Alltag in Northumberland gefunden, jetzt eben in der ehemaligen Garage seiner Mutter, gegenüber vom Haupthaus, in dem sein Neffe und dessen Familie residieren.

Er ist jetzt nicht länger »Your Highness«, sondern »Fra Matthew« oder einfach »Matthew«. Er findet wieder Zeit, in aller Ruhe zu beten. Er schreibt viele Briefe und geht jagen, sooft er kann. Im Dorf muss er nicht mehr sein als der fröhliche Typ mit dem Stock, der immer einen netten Satz auf den Lippen hat. Und zu Hause nicht mehr als ein Freund, den man besucht, um sich ein Hähnchen braten und einen Drink einschenken zu lassen.

Viel mehr als das gibt es oft nicht zu regeln. Keine Intrigen, keine politischen Krisen. Durch das offene Fenster nur die torfige Brise aus Schottland und vielleicht mal der Sound des Rasentraktors. Im Haus ein angenehmes Durcheinander, hier und da noch Andenken, die an früher erinnern. Der Fußteppich mit dem Wappen des Großmeisters. Der Teddybär mit dem Seemannspullover, zurück in seinem Puppenstockbett. Im Regal Henry Sires Buch vom »Diktatorpapst«. Oder der Bilderrahmen auf der Fensterbank mit einem Foto vom Hündchen seines Ex-Kabinettschefs Drzyzdzinski.

Sein Adjutant James, der Nachfolger von Jack Straker, bleibt ihm treu. Der Job bei Festing war ursprünglich eher als Übergangslösung gedacht. James und seine Frau hatten vorher ein großes Landgut auf einer schottischen Insel verwaltet. Wenn er gewollt hätte, hätte er wohl auch einen spannenderen Job finden können, als das Leben eines übergewichtigen Pensionärs zu managen, der im Garagenhaus seiner seligen Mutter so vor sich hin lebte.

Aber James hatte Festing, das merkte man ihm an, lieb

gewonnen. Das war ohnehin das Kuriose: Matthew Festing hat im Laufe seiner völlig unkontrollierten Achterbahnfahrt auf dem Stuhl des Großmeisters diverse Leute halb in den Wahnsinn getrieben. Präsidenten, Regierungsmitglieder, im Zweifel sogar den Papst. Es gibt Menschen, die wirklich unter Festing gelitten haben. Für die zu viel auf dem Spiel stand, für die es viel, viel zu ernst wurde. Das sind Menschen, die nichts mehr witzig oder charmant an ihm finden, denen heute kein nettes Wort zu ihm mehr über die Lippen kommen würde.

Aber seine Adjutanten, die Menschen, die vom Anfang bis zum Ende seiner Amtszeit und darüber hinaus am allernächsten an ihm dran waren, die ihn von morgens vor dem Frühstück bis abends nach dem letzten Whisky begleitet und jede Katastrophe aus direkter Nähe miterlebt haben, die haben ihn, scheinbar ohne Ausnahme, bis heute in ihr Herz geschlossen. Festing hatte insgesamt vier solcher Adjutanten, James inklusive, alles keine Hofschranzen. Es sind gestandene Männer, zum Teil inzwischen verheiratet, manche mit beachtlichen Karrieren. Sie alle nennen Festing unverändert einen »Freund«.

Wenn unter ihnen über Festing gesprochen wird, werden auch Augen gerollt, Handflächen an die Stirne geklatscht, es wird fassungslos mit dem Kopf geschüttelt und »Oh Matthew!« gerufen. Aber das hatten sie auch immer schon in seiner Gegenwart getan. Und der Erste, der darüber gelacht hatte, war Matthew Festing selbst.

*

Im Souveränen Rat durften die gewählten Festing-Leute, etwa Professritter wie Duncan Gallie oder John Critien, zunächst völlig unangetastet weiterregieren. Dort änderten sich deshalb auch die Mehrheitsverhältnisse nicht. Damit hielten sich die realen Gestaltungsmöglichkeiten des wieder eingesetzten Großkanzlers Boeselager weiterhin in Grenzen, auch wenn manche den Deutschen seit Festings Rücktritt als Alleinherrscher im Großmagisterium darstellen.

Das machte sich vor allem im Reformprozess bemerkbar, der vom Papst eingefordert und von großen Teilen des Ordens auch begeistert angestoßen worden war. Man hatte durch eine Mitgliederbefragung die sanierungsbedürftigsten Bereiche identifiziert, etwa das Leben der Professritter, die Rolle der Frauen im Orden, die verfassungsgemäße Regierungsstruktur inklusive den Vollmachten des Großmeisters sowie den intransparenten Finanzbereich. Die einzelnen Themen waren in Arbeitsgruppen aufgedröselt worden, dann hatte man in Rom ein großes internationales Seminar zur Präsentation und Diskussion der Ergebnisse organisiert. Aber seither gelang es offenbar im Großmagisterium nur an wenigen Stellen, die angedachten Reformen auch konkret umzusetzen. Die Sache, so erlebte es jedenfalls ein Großteil der Teilnehmer, versandete nahezu komplett.

In der Ordensregierung beharrt man darauf, es sei bereits sehr viel passiert. Wesentliche Bereiche der Finanzverwaltung seien reformiert worden oder gewisse Regeln der Ordenswahlen, zu denen jetzt erstmals auch einige weibliche Mitglieder als Delegierte zugelassen werden. Doch bei den wirklich heißen Eisen, etwa einer grundlegenden Verfassungsreform oder dem Komplex der Professritter, scheint überhaupt nichts voranzugehen.

Dabei war genau das dem Papst offenbar ein besonderes Anliegen. Bereits im Januar 2017 hatte er dem Orden die »moralische und spirituelle Erneuerung« verordnet, »insbesondere den Professrittern«. Große Teile des Ordens begriffen das als lang ersehnten Marschbefehl, die Professritter geistlich und lebenswirklich neu auf die Mission des Ordens auszurichten, sie gegebenenfalls sogar zu disziplinieren, jedenfalls auf eine konsequentere Umsetzung ihrer Gelübde zu drängen.

Die Professen selbst hatten das stattdessen offenbar als Ermutigung interpretiert, sich selbst und ihre Privilegien noch prominenter in den Mittelpunkt des Ordens zu rücken. Sie hatten dem Papst Ende 2017 einen frohgemut-forschen Brief zukommen lassen: ob er sich bitte dafür einsetzen könne, dass sie fortan mehr Stimmen bei den Ordenswahlen bekämen, dass die Altersgrenze für die Regierungsämter abgeschafft und ein Drittel der Sitze in der Ordensregierung für Professritter reserviert würde?

Mit einem Antwortschreiben seines Delegaten Becciu hatte der Papst 2018 umgehend klargemacht, dass die Professen ihn da gründlich missverstanden hatten: Er werde, ließ er erklären, keine neuen Professritter mehr zulassen, bis eine Reform auf den Weg gebracht worden sei, »die das Profil der Professen wieder geltend macht, wie es der Identität des geweihten Lebens im Sinne der Kirche entspricht«. Heißt übersetzt: Bis die Professritter Armut, Keuschheit und Gehorsam konsequent so leben, wie es in der Kirche üblich ist, darf der »Erste Stand« keine neuen Leute aufnehmen. Der Papst hat den Stecker gezogen.

Es gibt derzeit 48 Professritter, davon sind etwa 16 über 80 Jahre alt, das Durchschnittsalter liegt bei ungefähr 70 Jahren. Kommt von unten nichts mehr nach, ist es eine Frage der Zeit, bis sie aussterben. Doch ohne die Professritter als geistliche Ordensmänner verlieren die Malteser ihren Status als religiöser Orden der Kirche.

Bisher lassen die Professritter es darauf ankommen. Für Änderungen ihrer Regeln und Lebensweisen müssen sie selbst mit einer Mehrheit stimmen. Es ist unklar, ob und wann eine solche Mehrheit je zustande kommt. Ein großer Teil der Professritter ist offenbar eher bereit, den Status eines religiösen Ordens zu opfern als die eigenen Freiheiten. Der Vorgang stagniert seitdem, mit ungewissem Ende.

Die Malteser gelten seit ihrer Gründung im 11. Jahrhundert durchgehend als religiöser Orden. Teile ihrer Statuten sind älter als das Kirchenrecht. Wenn der Papst die Geduld verlöre und dem Orden den religiösen Status entzöge, hätte das schwer zu kalkulierende Konsequenzen. Man fiele im Vatikan dann in die Abteilung der katholischen Bewegungen, allerschlimmstenfalls hätte das dort zugleich den Verlust der Anerkennung als Souverän zur Folge. Die UN und andere Staaten könnten es dem Vatikan gleichtun. Das ganze internationale diplomatische Konstrukt des Ordens wäre dann in Gefahr.

Dass es mit derartig existenziellen Reformen nicht vorangeht, kreidet mancher Unterstützer Boeselagers auch ihm persönlich und seiner Tendenz zum übervorsichtigen, zaghaft taktierenden Vorgehen an. In den Wochen nach seinem Rausschmiss hatte ein ganzes Heer von Rittern für den abgesetzten Großkanzler gekämpft. Dabei hatten viele von ihnen die eigene Zukunft im Orden aufs Spiel gesetzt. Und Leute wie Odendall oder Sehnaoui hatten durch die medialen Nachwehen des Konflikts zeitweilig auch mit der eigenen Reputation für ihren Einsatz bezahlt, in Odendalls Fall konnte man sagen: wieder einmal. Und es waren während der Krise nicht nur Nerven und Zeitreserven verbraucht worden, sondern im Fall der deutschen Assoziation auch eine erhebliche Menge Geld, sowohl für die Rechtsberatung als anschließend auch für das Mandat einer Kommunikationsagentur, die den Großkanzler bei der Bewältigung der komplett eskalierenden medialen Situation unterstützt hatte. Mit alldem hatte man Boeselager das Amt gerettet und ihn, fand man, zu einer handlungsstarken Führung des Ordens befähigt, die Festing nun nicht länger ausbremsen konnte.

Darum erwarteten die meisten dieser Leute von Boeselager nun Aufklärung, Ausmistung, Durchgriff, Ergebnisse. Man wollte einen echten, überzeugenden Neuanfang. Doch in dieser Hinsicht hatte Boeselager auch für viele der eigenen Unterstützer bisher nicht geliefert. Zu viel im Orden war geblieben, wie es gewesen war. Ein weiteres Mal war bei den Maltesern die Euphorie eines Aufbruchs einer gewissen Ernüchterung gewichen. So sehr, dass im Vorfeld der 2019 anstehenden Ordenswahlen auch aus dem Lager des Großkanzlers heraus diskret und international alternative Kandidaten für das Amt abgeklopft worden waren. Doch am Ende hatte man niemanden gefunden, der fachlich gerüstet, beliebt und erfahren genug, gleichzeitig bereit für den Alltag in der wunderlichen Parallelwelt des Magistralpalastes gewesen wäre. Damit bleibt Boeselager der Mann, auf den man unter den Präsidenten setzt, als die Spitze des Ordens sich im Mai 2019 zu den ersten Regierungswahlen seit Festings Rücktritt auf dem Aventin trifft.

Der Wind

Während die Alphatiere des Ordens für ein finales Wahlgefecht auf dem südlichsten Hügel Roms zusammenkommen, sammeln sich in dem kleinen Städtchen Lourdes im nördlichen Vorgebirge der Pyrenäen mehr als 7000 Malteser zur alljährlichen internationalen Wallfahrt des Ordens. Aus der ganzen Welt waren dafür Malteserteams mit kranken und behinderten Menschen eingeflogen. Nach der Wahl stoßen auch die Ordensregierung, Präsidenten und Professen aus Rom dazu.

Albrecht Boeselager hatte, trotz aller Kritik an seiner defensiven Führung, einen erdrutschartigen Sieg erlebt. Fast alle, die man mit Festing assoziiert hatte, auch Duncan Gallie und John Critien, hatte man abgewählt. Dagegen wurden Boeselager und die Minister und Räte um ihn herum allesamt im Amt bestätigt. Sogar der Bolivianer Mauro Bertero Gutierrez, »Wachhund« des Großmeisters, war jetzt Regierungsrat. Die Wahl war der Schlussstrich für die Ära Festing. Nun wurde ein neues Kapitel aufgeschlagen. Und als man sich abends in Lourdes beim Drink an der Hotelbar Anekdoten vom Regime des durchgeknallten Diktators Festing erzählte, hatte die Mythenbildung und Geschichtsschreibung der Sieger begonnen.

Unter Festings Freunden ist die Verbitterung darüber oft größer, als man sich das in Boeselagers Umgebung bewusst macht. Unverändert halten viele von ihnen an der Theorie von den ominösen Trust-Millionen als wahren Grund für Festings

Abdankung fest. Und viele sind auch weiterhin felsenfest davon überzeugt, dass Boeselager und seine Leute dabei sind, den Orden religiös zu entkernen und zu einer säkularen NGO zu degradieren.

Die Gespräche mit Akteuren oder Beobachtern der römischen Schlacht, die in Lourdes meist konspirativ in abgelegenen Cafés oder den hintersten Ecken der Hotelbalkone stattfanden, brachten nicht immer die besten Seiten der Informanten zum Vorschein. Ihre Gesichter wurden im Laufe solcher Unterhaltungen manchmal hart, verkniffen, hämisch oder selbstgerecht.

Doch ganz gleich auf welcher Seite die Leute standen, egal, ob sie zu den Gewinnern oder Verlierern der jüngsten Ereignisse gehörten: Es gab, jedenfalls in Lourdes, immer ein Thema, das sie tatsächlich noch mehr beschäftigte als die Ordenskrise, eines, auf das sich auch die zerstrittensten Parteien sofort einigen konnten, und das war der Dienst an den Kranken. Es war ein Thema, bei dem alle Gesichter wieder aufgingen und schön wurden.

Es muss einem erst einmal gelingen, den Kult der Malteser um den Dienst am Kranken mit dem ersten Eindruck eines aristokratisch geprägten Ordensteams zusammenzubringen. Herren, die sich zur Begrüßung reflexhaft vor den Damen verneigen, deren Hände wiederum in vorauseilender Erwartung des sogleich auf sie niedergehenden Handkusses automatisch nach oben schweben. Konversation als leichtes, lustiges Ballspiel, bei dem der Ball kaum je den Boden berührt. Bevor die Damen in ihre Kittel und die Herren in ihre Overalls schlüpfen, dominiert modisch der Trachtenjanker, die Cordhose, der Perlenohrring und bei den Frauen ab 45 die kokett als Haarreif in die Frisur gesteckte Sonnenbrille.

Es ist nicht so leicht, sich dieses Publikum im Nahkampf mit der gefüllten XXL-Windel eines schwerbehinderten Menschen vorzustellen. Und es ist auch nicht so, als ob es allen hier nur um die Kranken ginge. Die Zahl der Malteser in Lourdes übersteigt die ihrer mitgereisten Kranken bei Weitem, die internationale Wallfahrt ist neben allem anderen eben auch ein riesiges gesellschaftliches Event, im Orden nennt man diese Tage im Mai die »Brunft«.

Aber schon wenn am Flughafen die Kranken und Rollstuhlfahrer in Empfang genommen werden, hat die Begegnung eine bemerkenswerte Wirkung auf die Malteser. Die ganze Aufmerksamkeit, die krisenresistente Konversationskunst, die stoische Selbstsicherheit im Auftreten, die gesellschaftliche Energie – das alles wendet sich jetzt auf einen Schlag den Kranken zu, so wie Eisenspäne sich auf einen Magneten ausrichten. Es wird zusammen geschwätzt, gefeixt und gelacht, als sei man schon ein ganzes Leben lang befreundet. Die Kranken kommen aus allen Gesellschaftsschichten und leben größtenteils in Heimen im Einzugsgebiet des Malteser-Teams. In vielen Fällen fliegt man tatsächlich schon seit Jahren gemeinsam nach Lourdes, andere sind das erste Mal dabei, es macht keinen Unterschied.

Während des Fluges werden geübt Windeln und Katheter gewechselt. Eine stolze Malteserdame mit betonierter Föhnfrisur, von der man sich am Abend zuvor nicht sicher war, ob sie einen auch nur eines Blickes würdigen würde, wenn man sie anspräche, geht zwischen den Sitzen vor einem schwerbehinderten Mann auf die Knie. Er muss sich offenbar erleichtern. Sie öffnet ihm die Hose und führt den Inhalt pinkelflaschenwärts. Es geht einiges daneben. Sie nimmt es ungerührt mit der Routine einer kampferprobten Mutter hin.

Das wird am Ankunftsort so weitergehen. Schon im Terminal wartet ein internationales Malteser-Begrüßungskomitee am Gepäckband, nimmt Koffer und Rollstühle entgegen, begrüßt die Kranken wie sehnlichst erwartete liebe Verwandte. Matthew

Festing hatte immer zu dieser Truppe gehört und hier gut gelaunt gedröhnt und gepoltert, bis man ihn zum Großmeister gemacht hatte.

In Lourdes selbst dreht sich alles nur noch um die kranken Gäste. Sie werden im Hospital eingecheckt und ab dann rund um die Uhr betreut. Die Ordensleute stehen jeden Tag um fünf Uhr früh auf, um nach einer Morgenandacht rechtzeitig zu deren Erwachen bei ihren Schützlingen zu sein, denen sie beim Duschen, Anziehen und Frühstücken helfen und bei all den Dingen, die man tagsüber in Lourdes so macht: Messen feiern, gemeinsam beten, zur Beichte gehen, sich in den Heilquellen baden lassen, an Lichterprozessionen teilnehmen, im Eiscafé sitzen und Kippen rauchen. Wenn die Kranken abends im Pyjama in den Betten liegen, stellt ein Teil der Malteser die Nachtwache. Der Rest geht meist spätestens nach zwei Bier schlafen, weil am nächsten Morgen um fünf wieder alles von vorne losgeht.

Sich körperlich derartig zu verausgaben, sich im Extremfall auch mit Exkrementen, Erbrochenem und Eiter auseinanderzusetzen, wäre gar nicht zwingend nötig. Es wäre ohne Weiteres möglich, das im Orden reichlich vorhandene Geld in gute Krankenpfleger zu stecken und den mühsamen Teil dieser Betreuung auszulagern. Dann wäre man vielleicht tagsüber auch ausgeruhter, könnte hin und wieder eine Schnabeltasse reichen, eine Hand halten, gemeinsam beten, es sich leicht machen. Es scheint aber für die Malteser ein geradezu liturgischer Sinn im persönlichen Vollzug der Drecksarbeit zu liegen. Als hätte man nie aufgehört, die Hausregeln des ersten Ordenshospitals in Jerusalem zu befolgen, in denen die Brüder aufgefordert worden waren, die schmutzigen Betttücher der Kranken persönlich und »gerne« zu wechseln.

Wahrscheinlich gibt es für all das auch schlechte Gründe. Malteser, für die der Kult um die Kranken eigentlich die Feier der eigenen Tugend bedeutet, der demonstrativ zur Schau gestellte Nachweis für die »Aristokratie des Herzens«, von der im Orden immer wieder mal die Rede ist. Vielleicht suchen Teile des ehemaligen Adels im Dienst an den Kranken auch einen Kontext, der ihnen noch das Gefühl gibt, etwas Besseres zu sein. Weil ja tiefes, barmherziges Hinabneigen gleichzeitig auch auf die Höhe des sich neigenden Ritters verweist.

Aber in Wirklichkeit machen die meisten hier nicht den Eindruck, als ob sie durch diesen Dienst Mängel kompensieren müssten. Die Leute wirken eher glücklich angefixt von dem, was sie hier zusammen mit den Kranken erleben. So sehr, dass die meisten von ihnen ihr ganzes Leben lang nicht mehr aufgehört haben herzukommen. Rundliche Professritter genauso wie römische Playboys, englische Traditionalisten genauso wie deutsche Reformer. Festing hatte zwischen seinem ersten Mal als junger Mann und seinem Antritt als Großmeister kein Jahr in Lourdes verpasst. Boeselager ist seit seinem Erlebnis an der Heilquelle auch jedes Jahr hier. Es ist ein faszinierender Gedanke, dass die Sache mit den Kranken, auf der die Malteser sich vor einem Jahrtausend gegründet haben, den Orden offenbar bis heute und über alle mörderischen Konflikte hinweg stabil zusammenhält.

Ich war als Reporter dabei, nicht als Pfleger. Das war ganz angenehm, ich konnte mich dann für wichtige Gespräche in gemütliche Restaurants zurückziehen, während die anderen Popos sauber machten oder Kranke durch den strömenden Regen schoben. Aber weil ich, sozusagen als Embedded Journalist, als Teil eines Teams angereist war, packte ich auch gelegentlich mal mit an.

Irgendwann bat man mich, kurz einem jungen Mann im Rollstuhl Gesellschaft zu leisten; nennen wir ihn Michael. Er war als Kind von einem Laster überfahren worden. Seitdem konnte er nicht mehr laufen, war auf einem Auge blind, hatte schwere Hirnschäden und lebte im Heim. Gegen die Kälte hatte man ihm gehäkelte Decken um Schultern und Beine gewickelt, er saß in seinem Rollstuhl, und wir hatten erst ein paar Minuten lang geplaudert, als er völlig unvermittelt anfing, von der Liebe Gottes zu sprechen.

Er tat das so, wie das eigentlich nur möglich ist, wenn man diese Liebe nicht nur erlebt, sondern geradezu darin gebadet hatte. Er hatte sie so glaubhaft präsent, dass man als Zuhörer gar nicht anders konnte, als selbst daran zu glauben, sie eigentlich selbst zu spüren. Ich war darauf null vorbereitet, aber es war so unbeschreiblich tröstlich und schön, dass ich schnell einen Hustenanfall simulieren und umständlich meine Nase putzen musste, damit der krumm in seinem Rollstuhl sitzende Michael nicht sah, dass ich heulte und das auch eine ganze Weile lang nicht so richtig in den Griff bekam.

Das würde mir in diesen Tagen mit Michael so ähnlich noch ein zweites Mal passieren, und dann noch ein drittes Mal, als ich eine an Multiple Sklerose erkrankte Frau kennenlernte. Und natürlich befanden wir uns an einem Wallfahrtsort, an dem man ununterbrochen mit Gebeten und frommem Liedgut beschallt wird, also der kompletten religiösen Hyperindoktrination ausgesetzt ist. Und ich hatte sehr wenig geschlafen.

Aber seitdem werde ich das Gefühl nicht mehr los, dass die Sache mit den Kranken und den Maltesern vielleicht doch viel größer ist, als ich bis dahin begriffen hatte. Viele dieser Kranken müssen täglich Dinge ertragen, die man seinem ärgsten Feind nicht wünscht. Die meisten von ihnen würden wohl sofort mit jedem Gesunden tauschen, wenn sie könnten. Und trotzdem kam es mir so vor, als hätten viele von ihnen in ihrem ganzen Leid, vielleicht sogar deswegen, einen besonderen Zugang zu einer Dimension, die den meisten Gesunden verschlossen ist. Und ich frage mich, ob nicht die Kranken diesen Orden mindestens genauso stärken und aufrichten wie umgekehrt. Der Orden hatte ein Jahrtausend an Epochenbrüchen, Revolutionen, Weltkriegen überlebt und jede erdenkliche Korruption des eigenen Auftrags und Charismas. Er ist immer noch intakt, obwohl die Inselreiche längst verloren, die Schiffsflotten versenkt, die Aristokratie abgeschafft ist. Und vielleicht besteht er eigentlich nur deshalb noch, weil er durch all diese Jahrhunderte immer an den Kranken festgehalten hatte, vom Seligen Gerhardt in Jerusalem bis zu Giacomo Dalla Torre in Rom.

*

Der Großmeister wird an diesem Samstagnachmittag für eine Sakramentsprozession vor der Felsenkathedrale von Lourdes erwartet. Die gesamten maltesischen Heerscharen kommen deshalb auf dem riesigen Vorplatz zusammen, es sind etwa 7000 Ritter, Damen und Kranke.

Ein eisiger Wind treibt tiefe dunkle Regenwolken aus den Bergen über das Tal. Aus allen Gassen der kleinen Stadt kommen nun Ritter und Damen in Landesformationen auf den Platz marschiert. Fast alle haben Kranke in Rollstühlen und Rikschas dabei.

Die Schweizer singen beim Einmarsch laut Marienlieder. Bei den Franzosen und den Spaniern laufen Kinder in geschneiderten Uniformen und Barett vorneweg. Es kommt ein Zug von Amerikanern, augenscheinlich eine Mischung aus East-Coast-Geldadel und robusten Mid-West-Typen in Multifunktionswesten und Combatstiefeln. Es folgen Kubaner, Libanesen, Ungarn, Delegationen aus Böhmen, Monaco, Hongkong, dem Irak und Palästina. Zug für Zug ziehen die Länder ein, viele mit flatternden Bannern und Standarten, und stellen sich in Kadern auf, die allmählich den gesamten Platz füllen. Nur in der Mitte halten Ordner einen mehrere Meter breiten Korridor frei.

Es erinnert tatsächlich alles stark an den Aufmarsch der Sturmtruppen in »Star Wars«, kurz vor der Landung des Imperators.

»Da kommen die Goldfasane«, sagt ein Ordensmann und zeigt nach hinten. Am Ende des Platzes marschieren die Professritter, Präsidenten, Minister und Offiziere auf den Menschenkorridor zu. Darunter das nicht ganz vollständige Ensemble des vergangenen Dramas als geschlossene Formation: Erich Lobkowicz, Duncan Gallie, Gian Luca Chiavari, Albrecht Boeselager, John Critien, Marwan Sehnaoui. Und schließlich, an der Spitze seiner neu gewählten Regierung: Giacomo Dalla Torre, ein alter Herr mit Schnurrbart, prominenten Schneidezähnen, sehr großen Ohren und besonders lieben Augen.

Der Großmeister trägt, genau wie seine Männer, ein Barett und die Dienstuniform des Ordens, einen schwarzen Kampfanzug mit breitem Ledergürtel und goldener Malteserkreuzschnalle. Sichtlich widerwillig und mit sehr betrübter Miene geht Dalla Torre jetzt durch die wartenden Kohorten, deren aufgeregtes Gemurmel dabei brausend anschwillt. Immer wieder mal entfährt der einen oder anderen Dame dabei ein Hofknicks, einzelne Herren verbeugen sich unkoordiniert. Der emeritierte Archäologieprofessor Dalla Torre macht ein verknautschtes Gesicht, er wäre sichtbar gerne ganz woanders.

Der Großmeister und die Goldfasane verschwinden hinter der Kathedrale, wo sie sich die Ordensgewänder anlegen und zu einer gewaltigen Prozession aufstellen. An der Spitze ein Kardinal, drei Bischöfe und über 150 Priester, dahinter Fahnenträger der nationalen Assoziationen.

Dann setzt die Prozession sich zu Trommeln und Trompeten in Bewegung. Schließlich erreicht sie die Front der Kathedrale. Der Kardinal steht jetzt unter einem Baldachin vor dem Heer der Malteser. Dann nimmt er die goldene Monstranz mit dem Allerheiligsten, der gewandelten Hostie, in beide Hände. Als er sie in die Höhe hebt, fallen die Ritter. Die gesamten Tausendschaften auf dem Vorplatz, alle nationalen Kader des Ordens stürzen geschlossen und gleichzeitig auf die Knie, auch der alte Großmeister kniet auf dem nassen Steinboden.

Diese Malteserritter, die sich mal nicht dem Papst und mal nicht dem Großmeister beugen wollten, mal nicht den Deutschen und mal nicht den Italienern, mal nicht dem Ordensrecht und mal nicht dem Kirchenrecht, all diese Ritter unterwerfen sich nun in einem einzigen, bedingungslosen Glaubensakt mit Körper und Seele einem Gott, der nackt in die Welt gekommen und nackt am Kreuz gestorben war. Der daran wahrscheinlich ähnlich schief gehangen und geächzt hatte wie jetzt viele der behinderten Menschen in ihren Rollstühlen. Der schon deshalb den Kranken besonders nah und ähnlich gewesen sein muss, ähnlicher wahrscheinlich als den uniformierten Goldfasanen. Ganz abgesehen davon, dass er rein formell leider nicht die adelsrechtlichen Voraussetzungen zur Zulassung eines Ehren- und Devotionsritters erfüllt hätte, die nötig wären, um ihr Großmeister werden zu dürfen. Und darin liegen wohl die ganze Absurdität und zugleich die wahre, geheimnisvolle Stärke des Malteserordens.

Nach der Prozession reißt der Wind die Wolkendecke auf, obwohl es noch nieselt. Man blickt nach oben und sucht den Himmel ab in der Hoffnung, über dem pilgernden Ordensheer einen Regenbogen zu entdecken, seit der Sintflut das biblische Zeichen für den Bund Gottes mit den Menschen. So ein Regenbogen käme jetzt natürlich schon gut. Es kommt keiner. Aber die Sonne, immerhin.

Nachwort und Dank

Das vorliegende Buch behandelt die jüngste Krise der Ordensregierung und damit nur einen kleinen Teilaspekt der eigentlichen Tätigkeiten der Malteser. Es gäbe aus dem Orden auch unzählige andere, viel schönere Geschichten zu erzählen.

Heinrich Böll hat einmal gesagt, er würde die »allerschlechteste christliche Welt der besten heidnischen vorziehen, weil es in einer christlichen Welt Raum gibt für die, denen keine heidnische Welt je Raum gab: für Krüppel und Kranke, Alte und Schwache, und mehr noch als Raum gab es für sie: Liebe für die, die der heidnischen wie der gottlosen Welt nutzlos erschienen und erscheinen«.[xvi]

Dieser Liebe haben die Malteser sich spürbar und glaubhaft verschrieben, und ich habe aus meinen eigenen Beobachtungen keine Zweifel daran, dass der treue Dienst des Ordens an den Armen, Leidenden und Vergessenen die Welt tatsächlich zu einem besseren, reicheren und schöneren Ort macht.

Aber ich bin auch überzeugt davon, dass dieser Liebesdienst seine echte, ganze Schönheit erst dann entfalten kann, wenn auch die weniger schönen Aspekte der Wirklichkeit auf dem Tisch liegen und angstfrei verhandelt werden. Das gilt für den Orden genauso wie für die Kirche als Ganzes. Dieser Wahrheitsfindung soll dieses Buch dienen.

Für die Recherche habe ich mehr als 400 interne Dokumente, Briefe, E-Mails, Gutachten, Protokolle, Tagebuchauszüge und

Berichte ausgewertet, mit über 50 Ordensleuten, Zeugen und Protagonisten dieser Geschichte in sieben Ländern insgesamt etwa 90 Stunden Interviews geführt. Darunter mit amtierenden und ehemaligen Regierungsmitgliedern, mit Assoziationspräsidenten, Professrittern und kirchlichen Würdenträgern. Wo ich die Gedankengänge oder Gefühle der Protagonisten beschreibe, basieren diese auf solchen Dokumenten oder Gesprächen.

Ich danke den vielen Menschen innerhalb und außerhalb des Malteserordens, die bereit waren, für dieses Buch mit mir zu sprechen und meine Recherche mit Material und Hinweisen zu unterstützen.

Ich danke Ralf Markmeier dafür, sofort an dieses Buch geglaubt und es mit seinem Enthusiasmus möglich gemacht zu haben.

Und allen Mitarbeitern bei HarperCollins, die diese Veröffentlichung unterstützt haben, besonders Nannette Elke.

Ich danke meinen sorgfältigen Lektoren Thomas Schmitz und Matthias Michel.

Ich danke Bernhard Meuser und Volker Zastrow für ihr Wohlwollen, ihre Begleitung, ihren Rat und ihre unschätzbar wertvollen Hinweise.

Ich danke Helena S., ohne deren Hilfe ich die Transkription der Interviews niemals bewältigt hätte.

Ich danke meinen aufmerksamen und kritischen Gegenlesern.

Schließlich danke ich Uta Landt, die mir die Freude am Schreiben und den Mut dazu gegeben hat. Und allen, die mich seither haben schreiben lassen, insbesondere Clara Drexler, Alexander von Schönburg, Sonja Banze, Philipp von Studnitz, Wolfram Weimer, Markus Hurek, Michael Naumann, Hartmut Palmer, Georg Löwisch, Christoph Schwennicke und Alexander Marguier.

Mehr als allen anderen danke ich meiner geliebten Frau Esther.

Personen- und Ortsregister

Die Hauptakteure in der Reihenfolge ihres Auftretens:

Andrew Bertie
Britischer Professritter, als 78. Großmeister des Malteserordens im Amt von 1988 bis zu seinem Tod 2008.

Matthew Festing
Britischer Professritter, als 79. Großmeister des Malteserordens im Amt von 2008 bis 2017, als ihn der Papst nach einer kommissarischen Untersuchung des Ordens zum Rücktritt aufforderte, zuvor tätig als Soldat und Kunstexperte und erster Großprior des 1993 wiedererrichteten Großpriorats von England.

Albrecht Freiherr von Boeselager
Seit 2014 amtierender Großkanzler und somit Außenminister des Malteserordens. Der Deutsche wurde Ende 2016 kurzzeitig von Großmeister Matthew Festing abgesetzt – mit weitreichenden Folgen.

Papst Franziskus
Bürgerlich Mario Jorge Bergoglio, seit 2013 Oberhaupt der katholischen Kirche, vormals Erzbischof von Buenos Aires.

Kardinal Raymond Burke
Amerikanischer emeritierter Erzbischof und Kurienkardinal. Seit 2014 Kardinalpatron des Malteserordens. Zuvor Kardinalpräfekt der Apostolischen Signatur.

Erich Prinz von Lobkowicz
Seit 2006 Präsident der deutschen Assoziation des Malteserordens

Marchese Gian Luca Chiavari
Von 1999 bis 2014 Schatzmeister des Malteserordens.

Jean-Pierre Mazery
Von 2005 bis 2014 Großkanzler des Malteserordens

Marwan Sehnaoui
Präsident der libanesischen Assoziation des Malteserordens, 2017 Mitglied der päpstlichen Kommission zur Untersuchung der Absetzung Boeselagers.

Christophe Drzyzdzinski
Von 2014 bis 2017 Kabinettschef von Großmeister Matthew Festing.

Marc Odendall
Philanthrop und ehemaliger Investmentbanker, 2017 Mitglied der päpstlichen Kommission zur Untersuchung der Absetzung Boeselagers, bis 2019 im Vorstand der päpstlichen Finanzaufsichtsbehörde AIF.

Ferner treten auf:

Eugenio Ajroldi di Robbiate
Kommunikationschef und Pressesprecher des Malteserordens

Gianfranco Ghirlanda
Jesuit, ehemaliger Rektor der päpstlichen Universität Gregoriana in Rom, 2017 Mitglied der päpstlichen Kommission zur Untersuchung der Absetzung Boeselagers.

Kardinal Angelo Becciu
Kurienkardinal und päpstlicher Delegat beim Malteserorden.

Giacomo Dalla Torre
Italienischer Professritter, als 80. Großmeister des Malteserordens im Amt von 2018 bis zu seinem Tod 2020, emeritierter Professor der Archäologie.

Papst Benedikt XVI.
Bürgerlich Joseph Ratzinger, emeritierter Papst, zuvor als Kardinal Präfekt der Glaubenskongregation.

Henry Sire
Britischer Historiker, Autor und mehrjähriger Bewohner des Magistralpalastes.

Gloria Prinzessin von Thurn und Taxis
Unternehmerin und Dame des Malteserordens.

Duncan Gallie
Britischer Professritter, ehemaliger Kanzler des englischen Großpriorats, von 2009 bis 2019 Mitglied der Ordensregierung.

Ernst Freiherr von Freyberg
Schatzmeister der deutschen Assoziation des Malteserordens und zeitweise Chef der Vatikanbank.

János Graf von Esterházy de Galántha
Seit 2014 Schatzmeister des Malteserordens als Nachfolger von Gian Luca Chiavari.

Uberto Serlupi
Römischer Berater und zwischenzeitlich Kandidat für das Amt des Schatzmeisters.

Kardinal Paolo Sardi
Von 2010 bis 2014 Kardinalpatron des Malteserordens.

Carlo d'Ippolito di Sant'Ippolito
Italienischer Professritter, von 2011 bis 2014 Großkommandeur des Malteserordens.

Ludwig Hoffmann von Rumerstein
Österreichischer Professritter, von 2014 bis 2019 Großkommandeur des Malteserordens.

Dominicus Freiherr von und zu Mentzingen
Seit 2014 Präsident der Rechnungskammer des Malteserordens.

John Critien
Professritter aus Malta, von 2014 bis 2019 Mitglied des Souveränen Rates, amtierte in den Wochen nach der Absetzung Albrecht Boeselagers als Interims-Großkanzler.

Anthony Robbie
Ehemaliger Kaplan des Magistralpalastes.

Jack Straker
Ehemaliger Adjutant von Großmeister Festing.

Kardinal Pietro Parolin
Kurienkardinal, seit 2013 Staatsekretär seiner Heiligkeit und somit die Nummer zwei im Vatikan.

Kardinal Gerhard Ludwig Müller
Ehemaliger Präfekt der Glaubenskongregation.

Ariane Slinger
Vermögensverwalterin.

Erzbischof Silvano Tomasi
Emeritierter Erzbischof und langjähriger Diplomat des Vatikans.

Die Schauplätze:

Palazzo di Malta
Auch Magistralpalast oder Großmagisterium. Sitz der Ordensregierung und des Großmeisters. Als einer der beiden Hauptsitze des Malteserordens exterritoriales Gebiet im Zentrum von Rom auf der Via Condotti, unmittelbar bei der Piazza di Spagna.

Villa del Priorato di Malta
Kurz Villa Malta oder Magistralvilla. Gelegen auf dem Aventin, dem südlichsten Hügel von Rom, ist die Villa Malta samt der neben ihr errichteten Ordenskirche ebenfalls exterritoriales

Gebiet des Ordens. Alle fünf Jahre findet hier die Wahl des Großmeisters und der Ordensregierung statt.

Verschiedene Orte in Rom und weltweit

Orte von historischer Bedeutung für die Malteser:

Jerusalem

Heilige Stadt gleichermaßen der Juden, Christen und Muslime. Gehört zur Zeit der Ordensanfänge zum Reich der muslimischen Fatimiden, nach der Eroberung im ersten Kreuzzug christlich beherrscht. Für fast 200 Jahre Sitz des Ordens, dann für ein weiteres Jahrhundert Verlegung des Standorts nach Akkon in Galiläa.

Rhodos

Mit päpstlicher Erlaubnis Anfang des 14. Jahrhunderts nach der Vertreibung aus dem Heiligen Land und einem Zwischenspiel auf Zypern in Besitz genommen. Erste osmanische Eroberungsversuche werden vereitelt, doch 1523 fällt die Insel vor der kleinasiatischen Küste an Sultan Süleyman den Prächtigen. Die Johanniter packen ihr Hab und Gut und landen nach ein paar Zwischenstationen schließlich in Malta.

Malta

Nach dem Verlust von Rhodos an die Osmanen für zweieinhalb Jahrhunderte Sitz des Ordens und Stützpunkt seiner höchst effizienten Kriegsflotte. 1798 kampflose Übergabe der Insel an die französischen Revolutionstruppen unter Napoleon Bonaparte und Vertreibung der Ritter, doch der Name Malteser hat bis heute Bestand.

Rom

Der Legende nach 753 vor Christus gegründet, jahrhundertelang Zentrum des Imperium Romanum und seit mehr als zwei Jahrtausenden Mittelpunkt der westlichen Christenheit. Heute dreifache Hauptstadt: Italiens, des Vatikans – und des Malteserordens, der seit dem Jahr 1834 in der Ewigen Stadt seinen Sitz hat.

Lourdes

Südfranzösischer Wallfahrtsort, in dem vor anderthalb Jahrhunderten mehrfach die Muttergottes dem Hirtenmädchen Bernadette Soubirous erschienen ist. Dem aus einer Grotte entspringenden Wasser werden Wunderheilungen zugeschrieben. Dorthin Organisation von jährlichen Pilgerzügen durch die Malteser, die ihren Dienst an den kranken und behinderten Pilgern als praktizierte Nächstenliebe verstehen – die Grundlage des Ordens seit dessen Gründung.

Bibliografie

Böll, Heinrich – »Eine Welt ohne Christus«, in: Karlheinz Deschner (Hrsg.) *Was halten Sie vom Christentum?*, München: List, 1957

Bradford, Ernle – *Kreuz und Schwert: Der Johanniter / Malteser-Ritterorden*, Universitas-Verlag, 1983

Colonna, Marcantonio – *Der Diktatorpapst. Aus dem Innersten seines Pontifikats*, Bad Schmiedeberg: Renovamen Verlag, 2018

Deutsche Assoziation des Malteserordens – *Der Malteserorden in Deutschland*, Haar/München: Verlag Lutz Garnies, 2011

Freiherr von Heereman, Franziskus – »Barmherzigkeit und Kampf: Einige Gedanken zur militärischen Vergangenheit der Malteser«, in: *Tuitio Fidei – Cahier Spirituel de l'Ordre de Malte*, Helvetische Assoziation des Malteserordens, 2017

Klement, Katja – *Gottes Gastgeber: Die Ritter des Hospitals von Jerusalem – Die vatikanische Handschrift Vat. Lat. 4852*, Books on Demand, 2010

Lewitscharoff, Sibylle – *Das Pfingstwunder,* Berlin: Suhrkamp, 2016

Martel, Frédéric – *Sodom. Macht, Homosexualität und Doppelmoral im Vatikan*, Frankfurt a.M.: S. Fischer, 2019

Peyrefitte, Roger – *Malteser Ritter*, Karlsruhe: Stahlberg Verlag, 1957

Pery, Jenny – *Andrew Festing: Face Value*, Third Millennium Publishing, 2015

Schneider-Ferber, Karin – *Ritter im Exil: Die Geschichte der Johanniter*, Darmstadt: Konrad Theiss Verlag, 2016

Staehle, Ernst E. – *Die Geschichte der Johanniter und Malteser*, 2002, Gnas: Weishaupt Verlag, 2002

Sire, Henry J. A. – *The Knights of Malta,* 1994, London: Yale University Press, 1994

Sire, Henry J. A. – *The Knights of Malta: A Modern Resurrection*, Third Millennium Publishing, 2016

Wienand, Adam (Hrsg.) – *Der Johanniter-Orden. Der Malteser-Orden*, Köln: Wienand Verlag und Medien, 1999

Anmerkungen

i Zitiert nach: Sire, Henry J.A. – *The Knights of Malta: A Modern Resurrection*, 2016, Third Millennium Publishing, S. 1

ii Zitiert nach: Klement, Katja – *Gottes Gastgeber: Die Ritter des Hospitals von Jerusalem – Die vatikanischen Handschriften Vat. Lat. 4852*, 2010, Books on Demand, S. 166

iii Zitiert nach: Freiherr von Heereman, Franziskus – »Barmherzigkeit und Kampf: Einige Gedanken zur militärischen Vergangenheit der Malteser«, in: *Tuitio Fidei – Caher Spirituel de l'Ordre de Malte*, 2017, Helvetische Assoziation des Malteserordens, S. 30

iv Zitiert nach: Schneider-Ferber, Karin – *Ritter im Exil: Die Geschichte der Johanniter*, 2016, Konrad Theiss Verlag, S. 88

v Zitiert nach: Schneider-Ferber, Karin – *Ritter im Exil: Die Geschichte der Johanniter*, 2016, Konrad Theiss Verlag, S. 163

vi Zitiert nach: Sire, Henry J.A. – *The Knights of Malta: A Modern Resurrection*, 2016, Third Millennium Publishing, S. 7

vii Zitiert nach: Schneider-Ferber, Karin – *Ritter im Exil: Die Geschichte der Johanniter*, 2016, Konrad Theiss Verlag, S. 10

viii Zitiert nach: Pery, Jenny – *Andrew Festing: Face Value*, 2015, Third Millenium Publishing, S. 11

ix Zitiert nach: Pery, Jenny – *Andrew Festing: Face Value*, 2015, Third Millennium Publishing, S. 17

x Zitiert nach: Lewitscharoff, Sibylle – *Das Pfingstwunder,* 2016, Suhrkamp, S. 31

xi Zitiert nach: James Caroll – *Pope Francis is the Anti-Trump,* The New Yorker, 1. Februar 2017 xii Zitiert nach: Sire, Henry J.A. – *The Knights of Malta: A Modern Resurrection*, 2016, Third Millennium Publishing, S. 270

xiii https://www.thetablet.co.uk/news/981/former-knights-of-malta-associate-pleads-guilty-to-abuse-of-boys

xiv Zitiert nach: Martel, Frédéric – *Sodom. Macht, Homosexualität und Doppelmoral im Vatikan*, Frankfurt a.M.: S. Fischer, 2019

xv https://www.ncregister.com/daily-news/order-of-malta-holy-see-remain-at-odds-over-inquiry-commission

xvi Böll, Heinrich – »Eine Welt ohne Christus«, in: Karlheinz Deschner (Hrsg.): *Was halten Sie vom Christentum?*, List, 1957, Seite 22